U0639015

"国家社会科学基金一般项目"
（14BZX100）

"国家社会科学基金后期资助项目"
（19FZXB025）的阶段性成果

《韩非子》
伦理思想研究

张丽苹◎著

天津出版传媒集团

天津人民出版社

图书在版编目（CIP）数据

《韩非子》伦理思想研究 / 张丽苹著. -- 天津 ：
天津人民出版社，2025. 1. -- ISBN 978-7-201-20607-3

Ⅰ. B226.55

中国国家版本馆 CIP 数据核字第 2024NH8870 号

《韩非子》伦理思想研究

《HANFEIZI》LUNLI SIXIANG YANJIU

出　　版	天津人民出版社
出 版 人	刘锦泉
地　　址	天津市和平区西康路35号康岳大厦
邮政编码	300051
邮购电话	(022)23332469
电子信箱	reader@tjrmcbs.com
责任编辑	郭雨莹
封面设计	卢炀炀
印　　刷	天津新华印务有限公司
经　　销	新华书店
开　　本	710毫米×1000毫米 1/16
印　　张	15
插　　页	2
字　　数	200千字
版次印次	2025年1月第1版　2025年1月第1次印刷
定　　价	88.00元

版权所有　侵权必究

图书如出现印装质量问题,请致电联系调换(022-23332469)

前　言

　　韩非作为法家思想的集大成者,其思想在中国古代思想史上占据着重要地位。在对儒、墨、道三家思想的批判继承上,以及对法家伦理思想进行整合的基础上,形成了自身的伦理思想体系。韩非以黄老道家的道德思想以及春秋战国时期的理论为根据,提出道德与事功之德之间存在的密切关联。他以事功来验证道德,使道德不再成为高高在上的形象,可望而不可即,而是让道德的作用具体化、外显化,使之可感可触。他以理释道,将天道引向治道,以此实现一个理想的"有道"社会。基于这样的思想基础,韩非将行为与目的连接起来,论证了人的原初状态与社会经验本性的对立统一。韩非依据历史观,认为人的原初状态是"不争"的,坚守内在的"仁",而人性对"利"的追逐,乃是由于历史发展和社会变化,原初状态被打破,人进入社会状态之后所具有的经验本性。由此,探讨了公义、公利和私义、私利,将公义、公利归于社会公德,私义、私利归于个体道德,而个体道德最终要以社会公德为标准。韩非将个体道德与社会公德的对立统一运用于实践中,即是其刑德关系的展开,在这个过程中,刑法的治国方式得到了道德上的正义性和正当性的论证。

　　韩非在道德实践方式的思考中,指出法的道德教化意义在于营造一种良性的社会生活秩序,也由此提出人的道德素质需要一个改善和转化的过程。人道德素质的提升一方面需要外在法的规范,另一方面也需要内在德性的涵养。韩非从修身则德真、修身则体道上对之进行论述,同时,还指出君主德性修养的必要性,形成了君必惠民、抱法而治、信用术势的道德认识,其目的是为了提升个体的道德境界,成就理想人格,从而实现个体道德与社会规范的和谐统一。

在对韩非伦理思想的梳理基础上,认为韩非的伦理思想具有道德与利益的博弈、德礼与刑法的交织以及因循等理论特征,本书的最终目的,是通过韩非伦理思想体系的整体梳理,对当今和谐社会的建设以及整体道德素质的提升发挥可资借鉴的作用。

目　录

绪　论

一、选题的意义

韩非,战国末期韩国人,韩王室的公子,生卒年不可确考,主要活动年代在公元前280—前233年。他是法家思想的集大成者,其理论在中国传统思想文化中占有重要地位。

韩非生活的年代,正是战国七雄相互征战,希图凭借实力统一中国的关键时期。那时的武士将领在战场上施展自己的军事才华,指挥大军克敌制胜。策士说客凭借三寸不烂之舌,游说君王,博得地位。韩非作为韩国的公子,早年师从荀子,修得满腹经纶,也希望在历史的转折关头崭露头角。

在思想理论上,这也是一个大变革时期,由百家争鸣到诸子合流,建立统一文化的转型期。自春秋以来,诸侯异政,百家异说,他们都从各自的立场出发,企图匡时救弊,重整乱世。韩非也从天下一统的政治大势出发,在对诸子思想以及前期法家思想进行批判吸收的基础上,建构了自身的思想体系,从而不仅为确立和维护统一的封建大帝国提供了理论工具,而且回应了重构价值信仰和文化秩序的时代课题。

韩非的学说直面具体的现实问题,他在人性论、道德观等思想体察上都是极为深刻的。韩非师从荀子,荀子明确提出了"性恶"①,而韩非认为人好利避害,是人之常情。②侯外庐先生在《中国思想通史》一书中辨析道:"荀子主张忍性情、慎积习,最后说到人们要规之以礼义的王制;韩非在性恶论的出发点虽然继承了荀子,而在其主张上则重性情之'自为',最后规之以当世的法度。"③ 根据侯外庐先生的辨析,再次阅读《韩非子》,发现书中只是主张人的行为具有"好利恶害"(《难二》,第893页)的倾向,但这与荀子的性恶论还是有区别的,于是现代有些学者认为"好利恶害"并不能作为先天"性恶"的依据,从而主张韩非的人性论应该是一种"自然人性论""人情论"。④

韩非的人性论是其伦理思想的重要组成部分,是其思想体系的基石。其"好利恶害"的人性价值判断,一方面是对荀子人性恶的主张的纠偏,另一方面也是对人存在本性的客观评价,他从生存论角度正视了人的本性的一种可能倾向,由此演绎出自身的一套伦理对应策略,应该说这套伦理对应策略是有一定针对性和现实意义的。同时,这种体认方式和逻辑推进角度,对当时儒家思想是一种有力的评判,也是人性论思想研究的重要补充。

在道德观上,韩非主张刑德参用,他说:"故人主自用其刑德,则群臣畏其威而归其利矣。"(《二柄》,第120页)在《难势》篇中还有一段重要的文字,"抱法处势则治,背法去势则乱。今废势背法而待尧、舜,尧、舜至乃治,是千

---

① 《荀子·性恶》,[清]王先谦撰:《荀子集解》,中华书局,2010年,第434页。

② 陈奇猷校注:《韩非子新校注》,上海古籍出版社,2000年。《韩非子》以陈奇猷校注为准,以下只标页码。《韩非子·难二》篇曰:"好利恶害,夫人之所有也"(《难二》,第893页),《八经》篇也说:"人情者,有好恶,故赏罚可用"(《八经》,第1045页)。

③ 侯外庐:《中国思想通史》(第一卷),人民出版社,1957年,第618页。

④ 张纯、王晓波:《韩非思想的历史研究》,中华书局,1986年,第76页;谷方:《韩非与中国文化》,第313页;周炽成:《荀子韩非子的社会历史哲学》,中山大学出版社,2002年,第111~115页;韩东育:《关于先秦时期的"人情论"》,《日本近世新法家研究》(附论二),中华书局,2003年,第321页。

世乱而一治也。抱法处势而待桀、纣，桀、纣至乃乱，是千世治而一乱也。且夫治千而乱一，与治一而乱千也，是犹乘骥骃而分驰也，相去亦远矣"（《难势》，第946页）。仔细分析这段话可知，韩非在主张"抱法处势"的同时，并没有完全否定道德的功用，[①]在其伦理思想中，社会秩序的维护除了运用刑法外，还应该辅之以道德。

由以上分析可见，韩非的思想，就像磁铁一样吸引着人们关注的目光，而其伦理思想的丰富性总能让人咀嚼出新的味道。作为当代的一名粗浅的研究者，笔者站在前人研究的基础上，本着忠于原典的原则，力求梳理出较合乎韩非伦理思想特征的理论。

首先，韩非思想中包含着丰富的道德命题。如"以法为教，以吏为师""制财利则主失德""重积德则无不克"等，这些命题中既有"法"，也有"德"。而且从其篇章来看，其中有《主道》《二柄》《八奸》《内储说上七术》《功名》《难势》等主张术、势的内容，但是也有《有度》《观行》《大体》《忠孝》等强调个体道德修养的思想。因此，我们不能简单地把韩非视为专任法术，"不道仁义"的法家代表，从其道德命题的视角出发，可以肃清长期以来人们对韩非的误读。《韩非子》对儒家、墨家等传统道德教化的批判，是有一定道理的，在战火纷飞、诸侯割据的时代，如何巩固政权、保全国家？韩非给出了别具一格的思考，其思想的出发点是为了"制天下"，最终目的是实现社会的公正。基于此，仔细研读《韩非子》一书，从中梳理出伦理思想，还原韩非法德兼施的真实面目，是一个必要的学术课题。

其次，为研究韩非思想提供了一个新的思维角度。目前，研究韩非的著作很多，内容涉及哲学、文学、史学、法学、语言学、管理学、社会学、心理学、

---

① 许建良：《韩非的刑德世界图式》，《苏州科技学院学报》（社会科学版），2007年第4期，第14~21页。

政治学、教育学、公共关系学等,但是综合研究韩非伦理思想的著作相对较少,所以笔者不揣冒昧,准备在前人研究的基础上进一步研究这个问题,深入系统地挖掘韩非的伦理思想,以弥补学术研究上的缺陷。

再次,为丰富和补充中国伦理思想研究史料尽一点绵薄之力。综观中国古代的思想研究成果,儒家伦理思想受到统治阶级的追捧,始终居于文化的主流,而对儒家之外的学说研究较粗浅,如今兴起的国学热,视角大多也只是关注儒家的经典。中华五千年的灿烂文化融合了儒、道、法、墨、名、纵横等各家思想,我们在学习研究古人的智慧时,应该博取众家之长,不能无视儒家之外的优秀智慧。因此,站在客观的角度审视韩非的伦理资源,可以给中国传统伦理思想研究提供新的思路,丰富和完备中国古代的伦理思想研究。

最后,韩非的伦理思想具有重要的现实意义,特别是对中国社会的发展,其中有许多可供借鉴的思想资源。比如,韩非主张人性“好利恶害”,重视“利益”,针对这样的价值取向提出自己的伦理对策。如今的中国社会经济发展迅猛,如何保障公民对经济利益追求的合法性? 如何保证公民的合法权利? 韩非的人性论思想都给了我们很好的启示。另外,韩非思想中关于法德思想的辨析,对于今天中国新旧体制、新旧观念的改革都有一定的借鉴意义,有利于营造一个更加公正、和谐的社会。

二、研究的现状

目前为止,内地(大陆)有一些关于《韩非子》思想研究的专著和论文资料,港台地区也有这方面的资料可供参考。翻阅这些资料发现,其中包括政治、经济、文化、教育、管理、历史、军事等方面,从研究内容看,主要集中于韩非的人性观、历史观、哲学观、道德观等方面,它们从不同的理解角度做出评

论,由此在韩非思想内涵理解上形成了较大分歧。我们大致可以把这些观点归纳成以下四个方面:

(一)在人性论方面,韩非是否主张性恶①

韩非师从荀子,而荀子著有《性恶》篇,荀子在人性论上主张后天的教化,即"化性而起伪"②,通过教化化恶为善;韩非认为人好利避害,是人之常情③。关于韩非人性善恶的讨论,历来研究者们有不少争论。有些学者认为无论从师承关系,还是本身思想上判断,韩非都是主张性恶的。持这样观点的代表人物有郭沫若、冯友兰、熊十力等。郭沫若在《十批判书》中认为,"荀子提倡性恶,他的结论是强调教育与学习,目的是使人由恶变善。韩子不是这样,他承认人性恶,好,就让他恶到底,只是防备着这恶不要害到自己,而充分地害人"④。冯友兰在《中国哲学史》上指出:"'人情者有好恶,故赏罚可用。'盖人之性惟知趋利避害,故惟利害可以驱使之。法家多以为人之性恶。韩非为荀子弟子,对于此点,尤有明显之主张。"⑤熊十力也说:"韩非子以为人之性,本无有善。凡人皆挟自为心,只知有利而已矣。韩非受学荀卿,卿言性恶,韩非之人性论,实绍承荀卿性恶说,此无可讳言也。"⑥也有一些学者认为韩非的人性论是一种"自然人性论""人情论",比如侯外庐在《中国思想

---

① 宋洪兵在其博士论文《韩非子政治思想再研究》中,对有关韩非子学术思想的学术争论进行了论述,他从人性论、历史观、道德思想倾向、法术势的侧重以及韩非思想的影响等方面进行归纳和总结,笔者在收集资料时,参考了宋洪兵博士的行文思路,将韩非人性论、历史观、道德思想倾向,以及法术势何者为中心的研究现状进行了再梳理和整合。

② 《荀子·性恶》,[清]王先谦撰:《荀子集解》,中华书局,2010年,第438页。

③ 《韩非子·难二》曰:"好利恶害,夫人之所有也"(《难二》,第893页),《八经》篇中说:"人情者,有好恶,故赏罚可用"(《八经》,第1045页)。

④ 郭沫若:《韩非子的批判》,《十批判书》,东方出版社,1996年,第395页。

⑤ 冯友兰:《中国哲学史》(上),华东师范大学出版社,2000年,第243~244页。

⑥ 熊十力:《韩非子评论》,台湾学生书局,1978年,第16~18页。

通史》一书中辨析道："荀子主张忍性情、慎积习，最后说到人们要规之以礼义的王制；韩非在性恶论的出发点虽然继承了荀子，而在其主张上则重性情之'自为'，最后规之以当世的法度。"① 根据侯外庐的辨析，韩非的人性论不同于荀子的性恶论，韩非接受了荀子对人性恶的思考，从而主张人性是自利自为，所以，韩非的人性论应该是一种"自然人性论""人情论"。②

（二）韩非是否认为历史是进化的

《五蠹》篇中提道："上古竞于道德，中世逐于智谋，当今争于气力"以及"世异则事异""事异则备变"，还有"不期修古，不法常可，论世之事，因为之备"等观点，一些学者据此认为韩非的历史观体现出一种由低级向高级不断发展变化的"进化史观"。③但也有学者提出了相反的观点，认为韩非的历史观只包含着历史演变完全由外在环境和物质条件决定，而一个社会的"进化"不仅只有物质条件的发展，还应该有道德素质和内在价值的提升。显然，韩非的历史观并没有全面地阐释这一见解，所以不能说韩非的历史观是

① 侯外庐：《中国思想通史》（第一卷），人民出版社，1957年，第618页。

② 持此观点的研究者如韩东育，他认为法家诸子的一贯主张是"因人情"，人的"好利恶害"和"趋利避害"是人的实情。参阅韩东育：《〈性自命出〉与法家的"人情论"》，《史学集刊》，2002年第2期，第9~14页。商原李刚认为"韩非子继承了荀子的这一经验论倾向，把现实的人性描述为趋利避害的自然本性，……韩非子并不去判断人性的善恶价值，而是着力于把人性作为一不变的事实进行描述。换言之，人性的善恶是无关紧要的，关键是对人性的特点进行准确把握。因此，法家的人性论是一种经验的人性论，与道家和孟子先验的人性论有明显的区别"。参阅商原李刚：《道、法人性论之维的现代审视》，《哲学研究》，2006年第5期，第43~48页。

③ 持此观点的研究者如胡适说："韩非是一个极信历史进化的人。"参阅胡适：《中国古代哲学史》，安徽教育出版社，1999年，第374页；陈启天也认为韩非上古不同于中世、中世不同于当今是一种进化的历史哲学，参阅陈启天：《韩非子参考书辑要》，中华书局，1945年，第59~60页。另外持有此观点的著作有：童书业：《先秦七子思想研究》，齐鲁书社，1982年，第217页；刘泽华主编：《中国古代政治思想史》，南开大学出版社，1992年，第137页；姚蒸民：《韩非子通论》，东大图书有限公司，1999年，第100页。

"进化史观"，他只是体现了一种无所谓"进化""退化"的"变古"史观、"变化"史观、"演化"史观。①

（三）韩非是否主张"非道德"

《韩非子》一书中有"不务德而务法"（《显学》，第1142页）、"上法而不上贤"（《忠孝》，第1152页）、"君通于不仁，臣通于不忠"（《外储说右下》，第803页）的思想主张，这些思想遭到了后来学者的广泛批判，认为韩非专任法治，不尚仁义。如近代的章炳麟批评韩非不讲仁义，"今无慈惠廉爱，则民为虎狼也"②。郭沫若认为韩非的思想"没有什么仁义道德可讲"③，萧公权认为"韩非讲私人道德与政治需要根本不相容，而加以攻击"④。针对以上"非道德主义"的观点，一些学者也提出了自己的看法，如朱伯崑认为："韩非抨击了孔孟的道德说教，不赞成以德教治国，并非废弃伦理规范，要人们不忠不孝，不仁不义，如同禽兽一样，过着毫无道德观念的放荡生活，或者如道家所提倡的过着离群索居的隐士生活。在道德问题上，他同儒家争论的焦点，不是要不要道德，而是如何理解人类的道德生活，怎样确立和实行封建制所需要的理论规范。"⑤张申也提出韩非主张"法治"，但是并不否定道德，因为韩非充分肯定了道德（君德、臣德）的社会作用，认为道德的养成与政治的强制

---

① 比如冯友兰认为韩非的历史观就是"变古"历史观。参阅冯友兰：《中国哲学史》（上），华东师范大学出版社，2000年，第237页。还有张子侠：《关于韩非历史观的几个问题》，《史学史研究》，1997年第4期，第43~48页；王邦雄：《韩非子的哲学》，东大图书有限公司，1983年，第141页；张纯、王晓波：《韩非思想的历史研究》，中华书局，1986年，第59页；韦政通：《中国思想史》（上），上海书店出版社，2003年，第246页。

② 章太炎：《国故论衡·原道下》，《中国近代学术经典·章太炎卷》，上海古籍出版社，2003年，第109页。

③ 郭沫若：《韩非子的批判》，《十批判书》，东方出版社，1996年，第389页。

④ 萧公权：《中国政治思想史》（一），辽宁教育出版社，1998年，第216页。

⑤ 朱伯崑：《先秦伦理学概论》，北京大学出版社，1984年，第271页。

之间并不存在根本的矛盾,韩非的思想特征在于重法轻德、以德辅法。陈少峰指出:"韩非子亦并非不重道德","在韩非子的君主论中,既塑造了专制君主的形象,同时也表达了理想王人格的理论,透露着追求公平的道德色彩"。①

在韩非道德思想研究中,有一本专著值得一提,那就是台湾学者黄信彰的《专制君王的德行论:〈韩非子〉君德思想研究》,此书主要探讨了韩非隐藏、融合于法、术、势之间的君德观,使君主在潜移默化中,一方面施展君道,一方面也修养君德。黄信彰认为《韩非子》一书中提出了一套教导君主成为"明主""明君"的君德思想,作为君王治国时所必守的理念。②

笔者认为韩非并不是主张"非道德",其在《二柄》篇和《难势》篇中都有刑德参用的论述,"故人主自用其刑德,则群臣畏其威而归其利矣"(《二柄》,第120页)、"抱法处势则治,背法去势则乱。今废势背法而待尧、舜,尧、舜至乃治,是千世乱而一治也。抱法处势而待桀、纣,桀、纣至乃乱,是千世治而一乱也。且夫治千而乱一,与治一而乱千也,是犹乘骥骝而分驰也,相去亦远矣"(《难势》,第946页)。可见,韩非在主张"抱法处势"的同时,并没有完全否定道德的功用,③其在伦理思想中主张社会秩序的维护除了运用刑法外,还应该辅之以道德。

(四)韩非思想中"法""术""势"何者为中心的争论

韩非思想中融合了法、术、势三位一体的概念。《定法》篇中主张"法""术"并用,他说:"君无术则弊于上,臣无法则乱于下,此不可一无,皆帝王之

---

① 陈少峰:《中国伦理学史》(上),北京大学出版社,1996年,第114、119页。
② 黄信彰:《专制君王的德行论:〈韩非子〉君德思想研究》,秀威资讯,2006年,第3页。
③ 许建良:《韩非的刑德世界图式》,《苏州科技学院学报》(社会科学版),2007年第4期,第14~21页。

具也"(《定法》,第957~958页);《难势》篇中强调"法""势"结合的重要性:"抱法处势则治,背法去势则乱"(《难势》,第946页);《外储说右下》将"势""术"并举:"故国者,君之车也,势者,君之马也。无术以御之,身虽劳,犹不免乱。有术以御之,身处佚乐之地,又致帝王之功也"(《外储说右下》,第830页)。显然,"法""术""势"三者在韩非思想中占据了重要地位,嵇文甫这样表述"法""术""势"三者之间的关系:"大概韩非之说,'法'、'术'、'势'三者并重。没有'势'则无以行其'法'、'术',没有'术'则无以行其'法'而得其'势',没有'法'则'势'与'术'徒足以资人作恶而乱天下。"① 冯友兰概括说:"韩非以法术势三者,皆'帝王之具',不可偏废。"② 嵇文甫和冯友兰的观点都认为韩非思想中的法、术、势是处于循环互补的状态,三者无法找出中心。而梁启超认为韩非的思想是"法治主义",认为韩非的"法治主义"与"术治主义""势治主义"是根本相反的。关于法、术、势三者何为中心的争论大致可以归纳为以下几个代表性的观点:

第一种观点是主张"法治中心"的观点。代表人物是杨幼炯,他认为韩非思想"盖集儒道法三家之学说,而以法治主义为中坚"③。台湾学者王邦雄也持这种观点:"韩非子政治哲学之整体架构,虽由法术势等三种基料结合搭建而成,然其根本精神,实以法为其中心。"④ 第二种观点是主张"术治主义"。熊十力认为:"韩非之书,千言万语,一归于任术而严法。虽法术兼持,而究以术为先。"⑤ 饭冢由树也主张:"韩非是彻头彻尾站在君主的立场上来考虑政治,其最大的政治目的在于稳定君主的地位和由君主控制的巩固的

① 嵇文甫:《先秦诸子政治思想述要》,《嵇文甫文集》(上),河南人民出版社,1985年,第203页。
② 冯友兰:《中国哲学史》(上),华东师范大学出版社,2000年,第239页。
③ 杨幼炯:《中国政治思想史》,商务印书馆,1998年影印版,第155页。
④ 王邦雄:《韩非子的哲学》,东大图书有限公司,1983年,第235页。
⑤ 熊十力:《韩非子评论》,台湾学生书局,1984年,第22页。

国内政治"，认为"法、术、势三者之中，术是最重要的"。①第三种观点主张
"势治主义"。如谷方认为："韩非思想的核心既不是'法'也不是'术'而是
'势'。'势'即权势，主要是指君主的统治权力。"②高柏园认为："法、术、势三
者之间并非一平列的关系，而是一优先性关系，此中乃是以势为优先，而法
与术皆只是助成君势之充分伸张之方法与条件而已。"③

以上以观点分歧的方式阐述了学者们对韩非思想的研究状况，研究成
绩硕果累累，收效显著。但是时代在进步，学术在发展，依照学术发展无止
境的高标准来衡量过去的研究，我们会发现过去对韩非思想的研究还有许
多工作要做，特别是韩非思想中存在的伦理道德命题，这是一个深远而必要
的课题，可以为我们还原一个更为真实的韩非。

在不多见的韩非思想研究中，有几篇博士论文值得探讨与分析，它们是
黑龙江大学关立新博士的《〈韩非子〉思想研究》、吉林大学张伯晋博士的《法
家伦理思想体系的最终建构——以韩非与〈韩非子〉为研究对象》、东北师范
大学宋洪兵的《韩非子政治思想再研究》、华东师范大学孙颖的《韩非政治哲
学思想研究》、苏州大学刘小刚的《韩非道论思想研究——政治哲学视角的
解读》。从标题来看，后三篇论文主要是从政治视角来解读韩非的思想；而
关立新博士的论文涉及面则较广，包含韩非的哲学思想、伦理思想和法治思
想。关立新博士的论文从本体论、认识论、历史观中提炼出韩非的哲学思想
基础；在伦理思想方面，论述了韩非的人性论、自然道德论、功利主义、基于
利己自卫的人际交往原则、女性伦理，其中既有前人的研究视角，也有自身
的新意，这无疑是具有开创意义的。此篇论文的不足之处在于过于泛泛而

① ［日］饭冢由树：《韩非子中法、术、势三者的关系》，《中国人民大学学报》，1993年第5期，第
66~71页。

② 谷方：《韩非与中国文化》，贵州人民出版社，1996年，第170页。

③ 高柏园：《韩非哲学研究》，文津出版社，1994年，第97页。

谈,对原典的分析较少,使其诸多观点缺少直接的依据。张伯晋博士的论文创新之处在于用伦理学的概念来划分韩非的伦理思想体系,分别从元伦理、规范伦理、应用伦理来阐述法家和韩非的伦理思想,角度较为新颖,并提出韩非的道德思想具有相对主义的色彩,较有启发。只是在具体的分析过程中不够深入,概念运用的依据也不够充分。韩非的政治思想一直成为研究者关注的话题,在这方面孙颖博士和刘小刚博士都有自己的研究,孙颖博士主要从国家意识和国家政治角度做出探究;刘小刚博士侧重于君道、道法。宋洪兵博士的研究视角不同于二者,他立足肃清历史渊源,运用西方政治哲学术语对韩非的政治思想进行解读,但是其论文中运用较大篇幅来阐述"专制"概念和先秦诸子的政治思想,对韩非的政治思想反而较少论述,加之其关注历史资料的理清,对韩非的政治思想挖掘得还不够深入。

　　以上是对韩非思想研究现状的一个简要的文献综述,由于资料有限,所做评述难免有不够准确之处,敬请专家学者指正。

三、研究的思路

　　一般而言,伦理讨论的是人与人、人与社会发生关系时应遵循的道理和准则。道德是人们生活和行为的规范,伦理表明的是一种关系,道德问题是伦理学的基本问题,伦理规范的确立需要考虑道德要求的技术性处理。因此,我们研究伦理思想就需要回答道德的根据和标准、道德的范畴以及道德的修养方法等问题[①],通过这样的讨论,探求关于获得幸福生活的方式和由获得幸福的生活方式去澄清建立伦理规范的要求[②]。笔者基于这样的思路

---

① 王辉:《〈管子〉伦理思想研究》,东南大学人文学院博士论文,2010年12月。
② 赵汀阳:《论可能生活》,上海三联书店,1994年,第16~17页。

来研究韩非的伦理思想,大致将其分成三个部分:即道德思想所依据的宇宙本原,道德思想所涉及的范畴以及道德落实于具体实践的操作方法。当然,这样的思路也是借鉴了导师许建良《魏晋玄学伦理思想研究》一书的行文结构。

韩非的道德思想体系并不是纯粹的形而上或者形而下,而是兼具二者,换句话说,韩非道德思想中形而上的讨论,都是为其道德实践原则张目的,即"道""德""理";而其对道德范畴的不同认识也是试图给道德行为一个不同于儒、墨的评判标准,即人性论、名实论、公私论、刑德论;最后在宇宙本原和道德范畴的认知下展开道德实践的探究,即道德教化、道德修养和理想人格。

韩非所依据的宇宙本原是"道","道者,万物之始也"(《主道》,第66页),"道者,万物之所以成也"(《解老》,第411页),这表明"道"是宇宙万物的本原和内在依据,天地万物之所以存在和发展,都是"道"的功能和作用,"万物得之以死,得之以生;万事得之以败,得之以成"(《解老》,第411页)。在韩非看来,"道"之所以能成为万物的本原,除了"道"永恒无极,在时空上无边无垠,关键在于"道"是一种"无状之状,无物之象"的存在。正因为"道"无形无象,无声无状,所以才能虚静淡泊,无事无为;正因为"道"没有任何规定性和欲望造作,所以才能放任自然,无为而无不为。"道"作为万物万事的总根源广大而无边,宇宙万物都由于得到一部分道而产生和发展,再者,"道"成就万物的实践过程是一种"德",万物的成就,对万物而言是一种获得,所以,"德者,内也。得者,外也"(《解老》,第370页)。万物所获得的成就以不同的特征和规定呈现出来,如方圆、轻重、大小、白黑、坚脆等,这便是"理"。这套以"道""德""理"为基本框架的宇宙观是韩非道德思想的本体构思。基于这样的建构,韩非提出了体道、积德和缘理的行为原则。"道"由于虚静无为故能包罗万象,囊括万理,所以,人们要深谋远虑,功成业就,就必须体现和效法

"道"，实行虚静无为。与体道一样，积德就是要求人们虚心而不偏执，不受意念的牵制和主观干扰，以此积累自己的精气。缘理是依循事物的特征而行为和行动。总的说来，正是由于"道"的宏大无垠，万物万事斟酌用之才获得了得以安身立命之"德"和"理"，即事物的内在规定性。

既然万物万事都是源于"道"而生，那么基于"道"而来的一系列道德规范就有了根基，并在此基础上展开新的构建，韩非也正是以此对现实社会进行了深刻的认识和反思，并通过人性论、形名观、公私观、刑德观等道德范畴呈现出来。韩非认为"好利自为"和"趋利避害"是人的一般本性，无所谓"善"或者"恶"，因此道德行为应该以反映实际情况的"人情"为出发点和评价标准，即"凡治天下，必因人情"（《八经》，第1045页）。从深层次上讲，从"人性"到"人情"，是韩非道德认知上的一个飞跃，也是其道德实践的进一步尝试。在韩非的时代，用善恶来分辨道德行为是常见的情况，善恶的分辨是一个道德认知的过程。道德认知通常探讨"是什么"的问题，因此善恶的分辨所解决的就是什么是善、什么是恶。从逻辑上看，"是什么"与"应当做什么的"之间，并不存在蕴含的关系。因此，韩非避开了人性善恶的探讨，指出从"人情"出发才是切合实际的思维路径，认识"人情"，以此指导人们在道德实践中应该做什么。顺应"人情"，自然也成为统治者治理天下的依据之一。

韩非的独特见解同样表现在形名关系中。对事物的认识，需要借助一定的思维形式表现出来，名就是这样一种基本的形式。要确定认识中的是非，就不得不考察名实关系，正是在此意义上，韩非主张"循名实而定是非"（《奸邪弑臣》，第282页）。如果名正确地反映了事物，就可以使不同的对象得到确定，反之，名不符实，则会对认识事物带来混乱，这便是韩非重视名实关系的认知背景。由此，韩非提出："君操其名，臣效其形，形名参同，上下和调也。"（《扬权》，第152页）这里的名即是言，形即是事，形名关系在道德实践中就是言与事的关系："刑名者，言异事也"（《二柄》，第126页），陈奇猷认为，

"异"字当理解为"与","刑"是"形"的借字,①而"言"是指臣下提出的建议、方法等,事则是按照言所进行的活动,因此名实相符与言事相当就呈现为一种统一的关系。韩非之所以如此强调名实相符、形名相当,正在于名正才能物定,"形名参同"才能"上下和调"。

韩非的形名观在伦理思想上的贡献,一方面体现在行为的规则上,即事、功、言的一致。《二柄》篇云:"审合刑名。刑名者,言异事也。为人臣者陈而言,君以其言授之事,专以其事责其功。功当其事,事当其言,则赏;功不当其事,事不当其言,则罚。"(《二柄》,第126页)这里实际上以政治主张的形式,提出人臣必须按照自己的言论去施行,人臣依言而行的结果便是功,言与功通过事而相互沟通,通过考察言与事、事与功的关系,就可确认言与功是否相当。由此,名与形的对应就转化为言与事的对应,而言与功的一致就照应了名实相符的思想。韩非形名观在伦理思想上的贡献,另一方面体现在其是用参验的方法进一步说明了必须对名进行实践检验,由此得出的认识才具有合理性,得出的结果才具有正当性。韩非提出:"因参验而审言辞"(《奸邪弑臣》,第282页),参验包含了参与验,参即"行参","参伍之道,行参以谋多,揆伍以责失"(《八经》,第1563页),"行参"是一种运筹谋划的思维活动,其目的是保证实践的成功。"揆伍"是排列各种材料并加以比较,以寻找失误的原因,这也是一种与"行参"相似的理性思考过程。而"验"是指事实验证:"验之以物"(《八经》,第1063页)。韩非注重将"参"与"验"统一起来,"无参验而必之者,愚也,弗能必而据之者,诬也"(《显学》,第1125页)。而"参"与"验"正好对应了"言"与"事","行参"侧重于对言做理论上的审辨,"验"即是对事实及活动的结果进行验证。参验的方法在韩非的政治实践中

---

① 陈奇猷注释说:"'异'当为'与'音近之误,盖汉之后,之部之'异'转化而与鱼部之'与'音近。……'形名'之'形'当作'形',作'刑'者借字也。"(《韩非子·二柄》注一,第127页)

体现为"结智"与"验"的统一："是以事至而结智,一听而公会。听不一则后悖于前,后悖于前则愚智不分;不公会则犹豫而不断,不断则事留。……是以言陈之日,必有策籍,结智者事发而验。"(《八经》,第1049页)"结智"就是集结众智,逐一听取各方意见,综合加以考辨。从总体上说,"结智"属于主观上的理性研究,它最后需要接受事实和实践的检验,这样,韩非就将参验的思想具体化。可见,韩非对形名关系的探讨不仅仅局限于一种逻辑上的辩论,它是与其应用伦理紧密相连的,为其法治思想的提出以及君主统治人臣提供道德上的正当性评价。

公与私是一对很重要的道德范畴,它融合了认识论和实践论两个方面,对公与私关系的不同认识,直接影响到伦理学家对自身理论体系的构建。总体上看,儒家在公私关系上主张大公无私、崇公抑私。孔子从仁爱的思想原则出发,提出"天下为公"①的社会道德理想。孟子提出"老吾老以及人之老,幼吾幼以及人之幼"②的社会道德构想。荀子则提出了"至道"的社会理想:"至道大形,隆礼至法则国有常,尚贤使能则民知方,纂论公察则民不疑,赏免罚偷则民不怠,兼听齐明则天下归之。然后明分职,序事业,材技官能,莫不治理,则公道达而私门塞矣,公义明而私事息矣。"③这些社会理想的描述各不相同,但是都与孔子"天下为公"的社会理想相一致。应该说,儒家看到了公与私的对立,在二者的关系处理中,儒家主张个体舍弃一己私利,维护国家、社会之公利。但是在构建社会规范的过程中,儒家又侧重于个体道德之公的推崇,将个体道德作为社会公德的起点,这样,难免冲淡了社会之

---

① 《礼记·礼运》记载:"孔子曰:大道之行也,天下为公。选贤与能,讲信修睦。故人不独亲其亲,不独子其子,使老有所终,壮有所用,幼有所长,矜寡孤独废疾者皆有所养。男有分,女有归。货恶其弃于地也,不必藏于己;力恶其不出于身也,不必为己。是故谋闭而不兴,盗窃乱贼而不作,故外户而不闭,是谓大同。"(《礼记·礼运》,[清]孙希旦撰:《礼记译解》,中华书局,1989年,第581~582页。)

② 《孟子·梁惠王上》,方勇译注:《孟子》,中华书局,2010年,第12页。

③ 《荀子·君道》,[清]王先谦撰:《荀子集解》,中华书局,2010年,第238~239页。

公。如在忠与孝不能两全的情况下,孝往往更受推重。韩非看到儒家公私观的弊端,儒家承认私的存在,但却扼杀了私的合理性,使个体利益完全服务于社会利益,社会利益成为个体利益的总和。因此,韩非首先在人性论中指出"自利自为""趋利避害"是人的一般本性,在此基础上,肯定了私的存在,并认为人与人之间的交往报着计算之心,君臣、父子亦是如此。公是与私相对称的,"古者苍颉之作书也,自环者谓之私,背私谓之公,公私之相背也"(《五蠹》,第1105页),既然公与私相背,那么怎样的行为才可称为"公"?韩非进一步说:"明主之道,必明于公私之分,明法制,去私恩。夫令必行,禁必止,人主之公义也。必行其私,信于朋友,不可为赏劝,不可为罚沮,人臣之私义也。"(《饰邪》,第366页)由此看来,利天下利国利君是公义,利己利身利家是私义。而实现公利、公义的有效途径是:"息文学而明法度,塞私便而一功劳"(《八说》,第1027页),即反对儒学、张明法度,堵塞以权谋私的私利之门,公平赏罚、论功行赏。

无论是儒家还是韩非,都推崇"公","公"范畴的伦理意义在于它代表一种社会公德的特定道德标准,其道德行为主体是国与君;私代表的是个体的利益。韩非主张公私分明,他认为社会的利益不能代表个体的利益,社会公德也不是个体道德的扩大或延伸,因此在道德实践中,社会利益、国家利益与个体利益之间必然存在矛盾。那么韩非是如何调和这一矛盾的呢?他认为私利与公利都具有道德上的正当性,但是由于二者在本质上相互对立,所以需要确立一个最高的道德原则作为道德评价的总依据,这个总原则一旦确立,社会才能形成一致的道德秩序。韩非确立的这个总原则即是以合于目的的功用为标准。具体到公利与私利的取舍上,即以是否有利于国家富强为准则。在《韩非子》一书中,富字出现93处,强字出现126处,富强合用有10处。如"故名赏在乎私恶当罪之民,而毁害在乎公善宜赏之士,索国之富强,不可得也"(《六反》,第1001页)、"母不能以爱存家,君安能以爱持国?

明主者,通于富强则可以得欲矣。故谨于听治,富强之法也"(《八说》,第1037页)。韩非以国家富强作为道德实践价值取向与战国末期的时代背景紧密相关,战国末期诸侯争霸,如何能保证存活下去,民众能过上稳定的生活?这些都需要强大的国家作为后盾,需要充裕的粮食、严明的纪律、稳定的秩序作为保证。而国家富强背后的道德行为主体是国与君,国与君对于功用的追求最终都是为了国家的富强,这样,韩非就把君主的私利融入国家富强的公利中,君主作为国家利益的代表,抽离了其作为个体的自然属性,只剩下代表国家道德的社会属性。当然,这只是韩非的主观设想,在现实当中君主的人性是不可能被抽离的。在国家富强的总原则下,韩非的道德实践规则得以逐渐展开。

以实用为道德实践的总原则,韩非进一步探讨了刑与德、法与德的关系,由于韩非将具体的"刑"提升到一般的"法"的高度,所以关注法与德的关系是韩非伦理思想的显著特色。韩非在《五蠹》篇中提到道德规范的起源涉及三个方面:圣王有意识的制定、约定俗成的风俗,以及经济上的考量。这样看来,道德规范应该起源于国家治理的需要,当作为一种约束力保留下来,就成为约定俗成的风俗,而经济上的宽裕与否直接影响着道德的品质,总体而言,道德规范的起源是应社会需要而存在的。至于何种道德规范更利于社会的发展与人的需要,春秋战国时期诸子学派提出不同的学说,主要是从内在的道德修养与外在的强制规范两个途径加以研究。前者以儒家仁、义、礼为代表,后者以法家的法为表征,这两种道德实践都有其价值和功用,只是韩非认为在战国时候诸侯争霸的时代,应该更强调运用一种外在的强制力量规范人心和社会,而"法"恰恰具备这样的特征。这样,韩非就从国家富强和安宁的角度赋予"法"道德上的合理性和正当性。由此,韩非的道德实践路径与儒家就有了一些差异,他构建起"以法为教"的道德教化思想、"身以积精为德"的道德修养思想,以及"随于外物之规矩"的理想人格思想。

从道德根据、道德范畴、道德修养的分析中,总结出韩非伦理思想的特征为道德与利益的博弈、德礼与刑法的交织,以及因循与治道的融通。由此,从道德的理论到实践的过程梳理韩非的伦理思想,既有理论层面的呈现,又有具体道德实践方法的思考,希冀展现出韩非伦理思想形成的整体框架。

四、研究的方法

第一,文献分析法。为了对《韩非子》伦理思想进行翔实、深入的了解和剖析,本书对相关原著进行研读与比照。本书力求以一个客观的视角,审视各家典籍,从伦理思想的切入点对其进行新的梳理,尝试找到新的研究点与脉络。

第二,比较研究法。对于《韩非子》伦理思想的研究,仅借助于其自身内容的平面泛化性解读,势必无法透析其整体的历史嬗变,因此必须展开多方位的纵向、横向的对比。通过历时性的纵向比较,可以更好地探寻《韩非子》伦理思想的发展规律与内在逻辑性;通过共时性的横向考察,可以更易找到其理论特点。

第三,历史与逻辑统一法。为了避免断章取义,还原思想家的历史本真意图,笔者将在阅读相关原著的基础上,通过大量的历史相关文献比对以及逻辑的推导进行考证和取舍。

第一章 《韩非子》及其生成的时代土壤

任何一种思想的产生,都可以在时代背景中寻找到相应的生长土壤。本章首先对春秋战国时期的社会特征进行宏观的概述,同时介绍韩非的生平及相关情况,为更好地理解韩非的伦理思想提供必要的背景知识。

一、春秋战国时期的时代特征

在中国历史上,春秋战国是一个大变革的时期。井田制的瓦解,催生了一种新的生产关系,在新兴的生产关系下,国家政权形式也在发生变化,自西周以来的传统统治秩序遭到了疯狂的批判,新兴的中央集权国家正在形成。政治上的变革必然导致社会价值观的改变,对功利实用和物质欲望的追逐成为那个时代普遍的生活态度。社会各个领域既定秩序的失衡,要求社会重新自我整合,使变动中的各方面因素在新的条件下再度协调统一,进而走向新的平衡与稳定。此时,综合百家之说,建立统一的意识形态成为思想家要考虑的重要课题。

(一)制度的裂变与法的高扬

西周时期形成的礼乐规范制度到春秋战国时期面临极大挑战,社会陷入"失序"的状态,这种"失序"的状态源于经济、政治、宗法制度的破坏与瓦解,而新的社会调控手段——法,则得到空前的高扬。

1.井田制土崩瓦解,出现私田

井田制是西周时实行的土地制度。土地归周天子所有,他依靠溥天之下的土地,控制王臣。《诗经·北山》曰:"溥天之下,莫非王土;率土之滨,莫非王臣。"①周天子把土地划分成井字形,把土地和土地上的人口赐给各级贵族,让他们建立起诸侯国,世世代代享用。

西周末,由于铁器的使用和牛耕的出现,提高了生产能力,人们开垦荒地,这些新开垦的荒地属于私田,不属于周天子所有。私田的拥有者可以占有土地的收获物,用于交换,这大大提高了百姓种田的积极性,他们热衷于开垦私田,对公田的耕种没有兴趣,于是公田大量荒芜。正如《国语·单襄公论陈必亡》中所描述的场景:"泽不陂,川不梁,野有瘦积,场功未毕,道无列树,垦田若艺。"②

随着公田的没落,国君、诸侯、大夫的赋税逐渐减少,他们就开始向私田征税。要征税,首先要承认私田的合法性,于是,各国纷纷进行税赋制度的改革,齐国的管仲推行"相地而衰征",鲁国实行"初税亩"和"作丘甲",郑国子产实行"作封洫""作丘赋",这些都公开承认了私田的合法性。这样,公田就逐渐走向衰落和瓦解,新的生产关系得以确立。

新兴的封建生产关系取代了奴隶制,为法家的建立创造了最根本的经济基础。

2.礼治遭冲击,分封制瓦解,中央集权制逐渐形成

在周朝建立之初,统治者通过分封确立了以诸侯血缘身份关系为核心的身份等级制度,"礼乐"作为身份等级的政治准则、道德规范,包含了种种

---

① 《诗经·小雅·北山》,周振甫:《诗经译注》,中华书局,2002年,第312页。

② 《国语·单襄公论陈必亡》,[春秋]左丘明:《国语》,王芳、丁富生译注,山西古籍出版社,2007年,第23页。

典礼仪式,周代的礼乐包括君位的嫡长子继承制、爵与谥的制度、官僚制度、法律制度,以及音乐舞蹈的规则等。西周统治者以"亲亲""尊尊"为基本原则,实行分封制,以血缘关系建立了宗法等级社会。随着时间的推移,先是天子与诸侯的血缘关系逐渐淡化,周礼的宗族基础受到冲击,当时朝觐天子的诸侯已不多,贡赋不及时以及其他越礼的行为屡见不鲜。诸侯之间更是恃强争霸、征战不断,春秋初年一百七十多个国家到战国后期只剩下"七雄",数字缩减背后隐藏的是血腥的战争和阴谋。诸侯僭越天子,卿大夫威胁诸侯,"田氏代齐"、韩赵魏"三家分晋"、鲁国的"三桓之乱",都是典型的表现。战争的频繁给当时的人们带来无穷灾难,结束分裂、走向统一日益成为普遍的呼声。

随着兼并战争日益加剧,集中全国的人力物力以谋求胜利,从而获得生存和发展,已经成为人们的迫切需要。于是各诸侯国试图通过本国内部整顿来加强中央集权。这些变法运动对旧有的秩序深有触动,并最终导致了中央集权制的建立和逐步成熟,从而取代了旧有的分封制。中央集权制的最大特点就是君主权力至上,而君权至上的实现又需要借助以君权为中心的官僚制度。

这个时期,君主将全国的行政、军权和财权集于一身,如此,使得中央对地方的指挥变得游刃有余。在封建领主制中,领主的土地所有权和政治统治权是统一的,而在封建地主制中,地主和农民都视为国家的臣民,在政治上都要服从封建国家的统治,他们彼此之间不再具有领主与领民那样的君臣关系,这就为全国统一奠定了基础。

同时,封建官僚制又打破了西周以来按血缘关系世代世袭的制度,实现由世袭制向封建官僚制的过渡。这样,官僚的政治权力与经济利益就具有了流动性,而官员们也失去了昔日由血缘宗法而来的"贵戚之卿"的特权,君与臣的关系也由血缘关系转化为买卖雇佣关系,正如韩非所言:"臣尽死力

以与君市,君垂爵禄以与臣市。"(《难一》,第851~852页)

3.宗法、伦理道德遭到破坏,导致法的高扬

韩非曾引子夏的话说:"《春秋》之记臣杀君、子杀父者,以十数矣。皆非一日之积也,有渐而以至矣。"(《外储说右上》,第767页)诸侯国内部为了争权夺利而导致祸乱不止,同时,周初形成的人伦关系也受到冲击。一个典型的事例即是季氏的"八佾舞于庭"。"八佾舞于庭"折射出当时整个社会礼制崩坏的情况。在宗法分封制下,周天子既掌握祭祀权,又掌握征伐权,现在这一套被打乱了,礼乐征伐由自天子出变为自诸侯出,乃至自大夫出。

对于周初的社会伦理状况,王国维曾经指出周的宗法特点,周朝的制度不同于商朝,一是"立子立嫡"的制度,由此而生宗法和丧服之制;二是"庙数"制度;三是同姓不通婚制度。周朝设立这些制度,以纲纪天下,目的在于纳全民遵守道德,使天子、诸侯、卿大夫、士、庶民,以成一道德之团体。周朝的"礼化"制度,对周朝初年的社会稳定起了重要作用。但是这种制度从春秋开始逐渐崩溃,诸侯国君废嫡立庶、废长立幼的事件冲击了嫡长子继承制,诸侯不朝冲击了庙数制度,而以两性关系为基础的家庭伦理也被破坏,出现了"婚姻之道废,则男女之道悖,而淫佚之路兴"①的状况。伴随着宗法制的破坏,人们行为的约束力锐减,统一的国法就显得日益必要。

同时,在这样一个"争气力",推崇战功的时代,儒家主张"道之以德,齐之以礼"的德治思想,显然已经不切实际,而提倡"势治"的法家思想,正迎合了各国政治的需要,因此法家思想大行其道,成为战国时期的显学。法家主张"以法治国",崇尚"法治",并在理论层面提出了一整套思路和方法。当时各诸侯国都开始运用法来治国,并确立起立法的基本原则,如"事断于法""刑无等级"。"事断于法"是指运用法的手段来裁决一切违法乱纪的行为;而

---

① 《说苑·政理》,[西汉]刘向:《说苑校证》,中华书局,1987年,第172页。

"刑无等级"则是补充了法适用的对象范围,它反对"礼不下庶人,刑不上大夫"的等级制度,主张任何等级的人违法,都应该受到法的制裁。

对法的高度推崇,让我们看到文化传统上的质变,顾炎武曾评价:"春秋时犹尊礼重信,而七国则绝不言礼与信矣。"①社会的调控手段由礼向法过渡。由于春秋战国剧烈的时代变化,"礼崩乐坏"的社会环境为法治的高扬创造了有利的外部条件,法律的调控功能空前地突出出来。韩非"抱法处势"(《难势》,第946页)思想的提出,正是这一时代思潮的印证。

(二)世风败坏,重功尚利

春秋战国时代是我国古代社会变革最激烈的时期,社会形态的转变,旧制度废新制度兴,由此导致社会失范,并引致很多负面的效应,如道德沦丧、物欲横流、谋杀篡弑等。

这个时期,城市也在快速地建设和发展,工商业蓬勃发展,新城市如雨后春笋般地发展起来。如齐国就出现了"地方千里,百二十城"②的现象。城市的规模扩大,内部结构也发生了变化,并且向手工业中心和商业都会发展,在各个城市中还设置了"市",作为人们交易的公共场所。

不过,在城市的繁荣背后隐藏着诸多问题。当时城市的普遍风气是"游侠盗逞,作巧奸冶"。对此,司马迁描绘道,"闾巷少年,攻剽椎埋,劫人作奸,掘冢铸币,任侠并兼,借交报仇,篡逐幽隐,不避法禁,走死地如鹜者,其实皆为财用耳","游闲公子,饰冠剑,连车骑,亦为富贵容也。弋射渔猎,犯晨夜,冒霜雪,驰阬谷,不避猛兽之害,为得味也。博戏驰逐,斗鸡走狗,作色相矜,

---

① 《周末风俗论》,[清]顾炎武著,黄汝成集释:《日知录集释》,上海古籍出版社,1985年,第749页。

② 《战国策·齐策一》,[西汉]刘向编订:《战国策》,上海古籍出版社,2010年,第521页。

必争胜者,重失负也"。①这些人好勇斗狠,作奸犯禁,奢华无度,将社会搅得混乱不堪。

在城市之外,乡村的社会风气同样恶劣。战乱和社会动荡给乡村以深刻影响:就个人而言,"巧言令色,能小行而笃,难于仁"者,"嗜酤酒,好讴歌巷游,而乡居"者随处可见;②就群体而言,家庭成员之间、邻里之间关系疏远,残酷的暴行屡见不鲜。还有上层贵族的淫奢怪习,也在社会中蔓延,齐景公喜欢男扮女装,这在当时也成为时尚。此种情景,与当时人们追逐利益的价值观念紧密相关。战国时期,利益成为驱使人们行为的唯一标准,"民之于利甚勤,子有杀父,臣有杀君,正昼为盗,日中穴阫"③,还有"忍亲戚兄弟知交以求利"④、"嗜欲得而信衰于友"⑤的情况比比皆是。在"唯利是图"的价值观引导下,仁义忠信等被人们轻视,彼此猜疑,情感淡薄,人际关系日益恶化。

春秋战国时期,对功利的追逐是普遍的生活态度,特别是齐、晋两国。司马迁在《史记·货殖列传》中说:"齐、赵设智巧,仰机利。"⑥《管子·水地》则说:"晋之水枯旱而运,瘀滞而杂,故其民谄谀葆诈,巧佞而好利。"⑦齐国统治者夺取政权采用了以利赢得民心的手段。晋国六卿也实施了相似的策略。齐景公时,田釐子"收赋税于民以小斗受之,其禀予民以大斗"⑧,"由此田氏得

---

① 《史记·货殖列传》,[西汉]司马迁撰:《史记》(卷129),中华书局,1963年,第3271页。

② 《大戴礼记·曾子立事》,[清]王聘珍撰:《大戴礼记解诂》,中华书局,1983年,第75页。

③ 《庄子·庚桑楚》,[清]王先谦撰:《庄子集解》,中华书局,1987年,第197页。

④ 《吕氏春秋·孟冬纪·节丧》,许维遹撰:《吕氏春秋集释》,中华书局,2010年,第222页。

⑤ 《荀子·性恶》,[清]王先谦撰:《荀子集解》,中华书局,2010年,第444页。

⑥ 《史记·货殖列传》,[西汉]司马迁撰:《史记》(卷129),中华书局,1963年,第3270页。

⑦ 《管子·水地》,黎翔凤:《管子校注》,中华书局,2004年,第831页。

⑧ 《史记·田敬仲完世家》,[西汉]司马迁撰:《史记》(卷46),中华书局,1963年,第1881页。

齐众心,宗族益强,民思田氏"①。齐简公时,田常和监止为左右相,二人不和,但是监止受齐简公宠幸,田常想到的计策仍是"大斗出贷,以小斗收"以获取民众支持。在晋国,晋六卿废除了百步为亩的旧田制,采用了从一百六十到二百四十步为一亩的大亩制。同时,取消公田,废除劳役地租,按田亩征收实物地租。亩制的增大使得相同面积的土地亩数减少,地租相应降低,百姓从中获利,六卿因此赢得民众支持。

只是,齐国与晋国对利益的追求不同。齐国人好利是商业发展的结果,晋国人好利是受自然资源贫瘠的影响。相对于齐国而言,晋国人众地薄,民生困窘,民众追逐利益多是为了满足基本的物质需求。如《毛诗正义》中写道:"《葛屦》,刺褊也。魏地陋隘,其民机巧趋利,其君俭啬褊急,而无德以将之"②;"《园有桃》,刺时也。大夫忧其君国小而迫,而俭以啬,不能用其民,而无德教,日以侵削,故作是诗也"③;"《十亩之间》,刺时也。言其国削小,民无所居焉"④。司马迁也说:"中山地薄人众,犹有沙丘纣淫地余民,民俗慓急,仰机利而食。"⑤所以,同是逐利,齐国崇尚奢华,而晋国重节俭。也正是因为晋国地理环境因素的制约,导致了晋国法家重视刑法的事实,这也是刑法理

---

① 《史记·田敬仲完世家》,[西汉]司马迁撰:《史记》(卷46),中华书局,1963年,第1881页。

② [西汉]毛公传、[东汉]郑玄笺、[唐]孔颖达等正义:《毛诗正义》,中华书局,1980年影印《十三经注疏》本,第356下~357上页。

③ [西汉]毛公传、[东汉]郑玄笺、[唐]孔颖达等正义:《毛诗正义》,中华书局,1980年影印《十三经注疏》本,第357下页。

④ [西汉]毛公传、[东汉]郑玄笺、[唐]孔颖达等正义:《毛诗正义》,中华书局,1980年影印《十三经注疏》本,第358中页。

⑤ 《史记·货殖列传》,[西汉]司马迁撰:《史记》(卷129),中华书局,1963年,第3263页。

论得以产生的条件之一。①

因此,随着工商业的发展以及自然因素的影响,人们追逐利益之心日盛,欲望无限膨胀,讲求功利实用,注重现世的享受,这些普遍的生活态度和社会风气引起了韩非的深思,从而为其"好利恶害"的人性论主张提供现实的土壤。

(三)权威观念失效,思想学说繁荣

春秋战国时期,由于统治者开始重用人才,使得有才平民崛起。"任人才与重公法之观念兴起,尤以任用人才,不问出身,而每以贵族之外之人士为辅弼,更足以动摇封建政治之本质"②这一现象,一方面动摇了权威观念,进而影响统治者的统治;另一方面也使这一时期的思想学说异常活跃和繁荣。

在这个大的时代环境中,韩非所处的韩国也经历着内忧外困的形势,秦国早就将韩国视为腹心之疾;而韩国当时的形势也是法制不明,权臣当道,用人不当,内政混乱,外事失措,国势削弱,备受侵略与屈辱,韩非对此极为不满。《史记·老子韩非列传》中记载:"非见韩之削弱,数以书谏韩王,韩王不能用。于是韩非疾治国不务修明其法制,执势以御其臣下,富国强兵而以求人任贤,反举浮淫之蠹而加之于功实之上。以为儒者用文乱法,而侠者以武犯禁。宽则宠名誉之人,急则用介胄之士。今者所养非所用,所用非所养。

————————

① 冯友兰在《中国哲学史新编》中将春秋战国时期的法家划分成齐法家和晋法家,他说:"战国中、晚期的几个法家的大人物中,申不害是郑人。郑为韩所灭,所以申不害也是韩人,又是韩国的宰相。他和韩非是韩人,商鞅是魏人。韩、魏和赵当时称为三晋。这些人都是晋法家。齐国的封建改革,在管仲死后,有了停滞。但是齐国的法家思想一直在发展。《管子》书中的法家思想,是在管仲的旗帜下发展起来的,也就是说从管仲的在政治上和经济上一些改革的措施推演出来的,是这些措施在理论上的发挥。由这方面看,齐国的法家思想,不能说就是管仲的思想,但可以说是管仲的思想的发展。"[冯友兰,《中国哲学史新编》(第一册),人民出版社,1982年,第226~227页。]

② 姚蒸民:《法家哲学》,东大图书股份有限公司,1999年,第14页。

悲廉直不容于邪枉之臣,观往者得失之变,故作《孤愤》《五蠹》《内外储》《说林》《说难》十余万言。"

战国末期,当韩非努力建构一种新的社会秩序时,他需要对当时的社会形态作出回应:其一,在举世逐利的情况下,应该如何看待利? 其二,随着儒家价值观念和社会调控手段的崩溃,如何树立法的正当性,以及法是否与德一样具有同样的调控机制? 其三,利、法与德、礼的关系如何?

韩非将这些问题放在一起,思考一种学说如何"物化"为可以操作和实现的技术和制度,从而解决日益迫切和紧张的社会秩序问题。他从人性论的角度肯定了追逐功利的合理性,并对古代道德规范的起源和功能进行了阐释,确认了德、礼的合理性和必要性。难能可贵的是,韩非把对功利与法的重视与道德联系起来,对功利的追求实际是一种实用价值倾向,实用即能满足人们的基本需要,而法家理论的出发点正是最为现实的生存需求,人们的基本需求满足,就能安定民心,稳定社会秩序,这是最为真实可靠的寄托,这样以人们的生存需要为纽带,以安定民心,稳定社会秩序为目的,赋予实用价值正当性的同时,也就赋予了实用以道德的合理性,从而抹去了道德原本神圣的不切实际的光环;对法的重视更是如此,法的功用在于利于国家富强,在分崩离析的时代境况中,"法"的硬性调控作用就显得尤为必要,也更能保障人们获得更好的生活。这在韩非看来才是最大的"仁义道德"。因此他才一反惯常的教化方法,坚定地主张"以法为教"的道德教化方式。

(四)小结

春秋战国时期,封建体制失衡,贵族权力式微,干戈不休,新政权成立;工商业繁荣,城市兴起,道德信仰泯灭,这是一个政治、经济、社会结构全面动摇的危机时代,这样的时代催生着思想、文化的巨变,有识之士们努力寻找一副有效的良药,医治时代之病,安定社会人心。于是百家争鸣,处士横议,他们围绕如何重新弥合被分裂的"道术"而寻求出路,而法家韩非的理论就在这争鸣的时代绽放其绚丽的色彩。他继承并阐发了诸子各家思想,重点以"法"的道德正当性与正义性为切入口,抓住了时代的命脉,提出了相应的方案。

二、韩非其人、其行、其书、其学

(一)其人、其行

韩非是战国末期杰出的法家思想家。他的思想极其丰富,对中国社会的思想文化有着巨大的影响。关于他的生平事迹,司马迁在《史记·老子韩非列传》中有过论述:

> 韩非者,韩之诸公子也。喜刑名法术之学,而其归本于黄老。非为人口吃,不能道说,而善著书。与李斯俱事荀卿,斯自以为不如非。非见韩之削弱,数以书谏韩王,韩王不能用。于是韩非疾治国不务修明其法制,执势以御其臣下,富国强兵而以求人任贤,反举浮淫之蠹而加之于功实之上。以为儒者用文乱法,而侠者以武犯禁。宽则宠名誉之人,急则用介胄之士。今者所养非所用,所用非所养。悲廉直不容于邪枉之臣,观往者得失之变,故作《孤愤》《五蠹》《内外储》《说林》《说难》十余万言……人或传其书至秦。秦王见《孤愤》《五蠹》之书,曰:"嗟乎,寡人得见此人与之游,死不恨矣!"李斯曰:"此韩非之所著书也。"秦因急攻韩。韩王始不用非,及急,乃遣非使秦。秦王悦之,未信用。李斯、姚贾害之,毁之曰:"韩非,韩之诸公子也。今王欲并诸侯,非终为韩不为秦,此人之情也。今王不用,久留而归之,此自遗患也,不如以过法诛之。"秦王以为然,下吏治非。李斯使人遗非药,使自杀。韩非欲自陈,不得见。

秦王后悔之,使人赦之,非已死矣。①

关于韩非的生平资料,在《史记》中的《秦始皇本纪》《韩世家》《六国表》《李斯列传》,以及《战国策·秦策五》《韩非子》中的《存韩》《问田》等也都有记载,但是以上的文字是最为详尽的记述。根据这些内容以及后人对韩非生平及学术活动所进行的大量考证,可以大概了解韩非的一些信息。

一是韩非出身于韩国王室。"韩非者,韩之诸公子也。"一句可以为证。"公子"一词本指诸侯之庶子。《礼记·玉藻》中有:"公子曰臣孽"②,孙希旦《集解》云:"公子,谓诸侯庶子也,木之旁荫者曰孽,故以为庶子之称。"③"诸"字训为"众",因此,"诸公子"与"公子"意思基本相同。由此推断,韩非为当时韩国的宗室之后,这样的身份为他洞察社会状况提供了机会。

二是韩非曾师从荀卿,与李斯同窗。《史记·李斯列传》记载:"李斯者,楚上蔡人也。年少时,为郡小吏……乃从荀卿学帝王之术。学已成,度楚王不足事,而六国皆弱,无可为建功者,欲西入秦。辞于荀卿……至秦,会庄襄王卒……"④由这段文字可知,李斯曾在楚国求学,学成后入秦,适逢秦庄襄王卒,庄襄王卒于公元前247年。而韩非的生卒年史籍中并无明确记载,近代学者对韩非生卒年仍有不少意见。据陈千钧考证,韩非生于公元前295年⑤;

---

① 《史记·老子韩非列传》,[西汉]司马迁撰:《史记》(卷63),中华书局,1963年,第2146~2155页。

② 《礼记·玉藻》,孙希旦撰:《礼记集解》,中华书局,1989年,第837页。

③ 在《韩非子》中这种用法也很多,如《扬权》篇云:"公子既众,宗室忧吟。"旧注为:"庶子既众,势凌适嫡子,故忧吟也。"《八奸》篇云:"侧室公子,人主之所亲爱也。"太田方注:"《礼记》:'公庶子生,就侧室。'《左传》注:'侧室,支子'。公子,母亲以下非嫡者也。"

④ 《史记·李斯列传》,[西汉]司马迁撰:《史记》(卷87),中华书局,1963年,第2539~2540页。

⑤ 陈千钧:《韩非新传》,诸子集成(卷六),《韩非子集解》,上海书店,1986年,第12页。

据陈奇猷考证,韩非生于公元前298年①;据钱穆推测,韩非的生卒年约在公元前280年至公元前233年②,本书倾向于赞同钱穆先生的观点。由此,推定韩非与李斯曾是同学是极有可能的。至于韩非与荀卿的师承关系,无论从历史记载还是韩非的思想主张上看,都可得以证明,这一点在后文韩非的思想渊源中会有详尽阐述。

三是韩非在韩国郁郁不得志,他几次向韩王提出建议,都得不到采纳。究其原因是韩王本身胸无大志,韩王周围亲信又对韩非进行排挤。韩非的人生历经韩国最后三侯——韩釐王(前295—前273)、韩桓惠王(前272—前239)、韩王安(前238—前230),正是韩国处于秦、魏、楚三个大国之间,形势十分危险的时期。

四是韩非出使秦国。韩非的政治活动最为完整的就是出使秦国的经历。《史记·秦始皇本纪》说:"十年,李斯因说秦王,请先取韩以恐他国,于是使斯下韩。韩王患之,与韩非谋弱秦。"③《史记·韩世家》说:"王安五年,秦攻韩,韩急,使韩非使秦。"④按始皇九年及十三、十四年均有事于赵。十年李斯请先取韩,以秦欲专力于赵也。所谓"取韩"或"攻韩",在韩非使秦前,恐怕是一种计议,所以韩非在王安五年奉命使秦。

综上所述,关于韩非的一生可以做出如下勾画:他应该生活在战国末期,社会逐渐从分裂走上统一的历史进程中,目睹了期间发生的一系列历史事件。其一生经历了为韩国当政者(桓惠王、韩王安)谋划国政、学于荀子、遍览诸子、出使秦国、著文立说,最后为李斯陷害,在秦国监禁的时候自杀。

---

① 陈奇猷:《韩非生卒年考》,《韩非子新校注·附录六》,上海古籍出版社,2000年,第1211~1213页。

② 钱穆:《先秦诸子系年》,香港大学出版社,1956年,第620页。

③ 《史记·秦始皇本纪》,[西汉]司马迁撰:《史记》(卷6),中华书局,1963年,第230页。

④ 《史记·韩世家》,[西汉]司马迁撰:《史记》(卷45),中华书局,1963年,第1878页。

从韩非的经历来看,他一生的活动无不与韩国的图存政治有关。韩非师从荀子,并且对先秦儒、道、墨、名家的思想都有所接触和了解,从而为其构建伦理思想体系奠定了坚实的理论基础。韩非因为贵族的身份使他更为关注国家的存亡,并对现实政治进行冷静审慎的批判态度,能够针对性地提出问题和解决问题,因此,其学说是富有理论价值和长久生命力的。

(二)其书、其学

1.《韩非子》的编定及版本

韩非的思想资料主要保存在《韩非子》一书中。最初,《韩非子》一书称为《韩子》,宋代以来,因为韩愈被称"韩子",所以才改为《韩非子》。关于此书的著录,班固在《汉书·艺文志·诸子略》中,因袭了刘向《别录》、刘歆《七略》的体例,著录"《韩子》五十五篇",并没有分卷,这是目前所能见到的最早记载。后来,南朝梁阮孝绪《七录》中称"《韩子》二十卷"①,对《韩子》的分卷做了说明。《北史·公孙表传》也称"韩非书二十卷"②。此后,《隋书·经籍志》《旧唐书·经籍志》《新唐书·艺文志》《宋史·艺文志》,以及宋代郑樵《通志·艺文略》等,都对《韩子》分卷做了说明,著录"《韩子》二十卷"。今本的《韩非子》共五十五篇,分二十卷,从卷数和篇数上看,与《汉书》《七录》以及历代史书的记载是一致的。

《韩非子》一书的编定成集是一个较为复杂的问题,学界对此也有过一些探讨,概括起来,大致有以下几种看法:

其一,《韩非子》的编定者是韩非的弟子或者后学。《四库全书总目·子部三·法家类》说:"疑非所著书本各自为篇。非殁之后,其徒收拾编次,以成一

---

① 《七录》已亡佚,此处引文见《史记·老子韩非列传》张守节(《正义》)所引,但张守节误将《七录》写为《七略》。

② 《北史·公孙表传》称公孙表上北魏道武帝(公元398—409年在位)"韩非子二十卷"。

帙。故在韩、在秦之作均为收录,并其私记未完之稿亦收入书中。名为非撰,实非非所手定也。"①认为其书的编者是韩非的弟子。台湾学者郑良树也认为编纂者是韩非的"学生或后学"②。

其二,认为是秦朝主管图书档案的御史编定。持此观点的是张觉,他说:"《韩子》应在公元前230年到前208年间已由秦朝的御史编定成书"③,"而到汉朝文帝、武帝之时,它已广为流传了"④。

其三,认为《韩非子》此书在秦灭六国之后已经整理编成,成为秦朝皇室图书馆的藏书,不过其内容还不完善。其中李斯也参与了编定的工作。该书最后的校定是刘向,《初见秦》一文就是这个时候编进去的。⑤

总体来看,各家的观点都有所差异,但是有一点是比较明确的,即从先秦古籍成书的体例来看,诸子的著作一般来说都不是某一个人编成,尽管最后的定型是某人完成,但编集成书却经历了一个较长的过程,《韩非子》也是如此。

《韩非子》自编集成书后,经历了不同的版本。查看清代人的序跋,我们得知乾嘉时代的一些学者看到并影抄、刊刻了宋版的《韩非子》,这就是南宋时所刻的"乾道黄三八郎本"。这一刻本在清代曾被李奕畴(字书年)所藏,后来亡佚了,所以现在看到的是它的影抄本或者翻刻本。此外,吴鼒(字山尊)在嘉庆丙子年(1816年)借到李奕畴的藏本,叫人影抄了一部,并在丁丑年(1817年)由顾广圻负责校刊,于戊寅年(1818年)五月刻成。由于吴鼒把

---

① 《四库全书总目·子部三·法家类》,[清]永瑢等撰:《四库全书总目》,中华书局,1965年,第848页。

② 郑良树:《韩非之著述及思想》,台湾学生书局,1993年,第600页。

③ 张觉:《〈韩非子〉编集探讨》,《贵州文史丛刊》,1990年第3期。

④ 张觉:《韩非子全译·前言》,贵州人民出版社,1992年,第6页。

⑤ 持此观点是徐敏,并在《〈韩非子〉的流传与编定》一文中阐述了此观点,刊于《社会科学战线》,1982年第1期。

它题名为《乾道本韩非子廿卷》，所以现在也习惯把它称为"乾道本"。

"丛刊本"是指1919年，上海商务印书馆印《四部丛刊》，其根据黄丕烈校过的述古堂影抄本影印的，一般习惯称"四部丛刊本"《韩非子》，简称"丛刊本"。

除了宋刻本的影印本和仿刻本外，《韩非子》的重要版本还有明代正统十年（1445）所刻《道藏》中的《韩非子》，嘉靖戊午（1558）张鼎文校刻的《韩非子》，万历六年（1578）门无子订正、陈深刊刻的《韩子迂评》，明万历十年（1582）赵用贤校刻的《韩非子》（习称"管韩合刻本"）。当然，明清以来还有很多版本，但是大多都源自上述版本。

目前，《韩非子》一书出现了多种校注本。如《韩非子集解》《韩子新释》《韩非子校释》《韩子浅解》《韩非子校注》等，其中，陈奇猷著的《韩非子集释》，后经修订，于2000年出版了《韩非子新校注》，此书不仅继承了《韩非子集释》的优点，详细考察了各本异同和各家之说，再加上作者的按语，还吸收了近几十年来考古的新发现，成为当前研究韩非最好的本子。

在篇目的真伪上，学界基本上没有人认为《韩非子》五十五篇全部是韩非亲笔所作，只是在具体篇章的文献考订上存有较大分歧。如胡适认为，"《韩非子》只有十分之一二可靠"①。与之相对的是陈奇猷的观点，他认为全书除《存韩》篇中李斯驳韩非及李斯上韩王二书、《内外储说》《难四》《难势》掺杂了注家观点外，只有《人主》《制分》两篇不是韩非所作。其余均为韩非所写。②当然，绝大多数的学者对这个问题还是持审慎的态度，从篇目内容的角度进行考证。容肇祖《韩非子考证》中认为，全伪、部分伪、疑伪者有十四篇，全真者有十三篇；梁启雄《韩非子浅解》前言部分认为，全伪、部分伪、

---

① 胡适：《中国古代哲学史》，安徽教育出版社，1999年，第12页。

② 陈奇猷：《韩非子真伪考》，《韩非子新校注》附录，上海古籍出版社，2000年，第1200~1201页。

有问题者十二篇,真、无大问题、思想同、似真者三十篇;陈启天《增订韩非子校释》认为,伪、部分伪、不可无疑、可疑者二十篇,真、可视为真者二十四篇。基于这样的研究背景,笔者在进行韩非伦理思想研究时,即从《韩非子》一书包含的思想入手,分析文本资料,因此并不涉及篇章真伪对韩非思想研究的影响的讨论。

2.韩非思想的渊源

从韩非的生平事迹中,我们可以推断出其学说形成的大致路径和学说特征的形成缘由。韩非生活于战国末期这样一个大变革时代,作为贵族,深深忧虑韩国的生死存亡,这形成其关注政治,并思考如何才能顺应历史潮流,制定适合时势的理论。韩非师从荀子,而荀子深受稷下学宫中各派思想的影响,因此,韩非在稷下学宫中对先秦各家思想都有接触和了解,并批判性吸收融合,最终得以自成一家;加之韩非是先秦法家思想的集大成者,其必然吸收并发挥了前期法家思想,成为思想理论最为完备的法家思想家。

稷下学宫创于战国时期齐桓公田午执政时期,到了齐威王、齐宣王时期,随着田齐国势的强盛,学宫也日益兴盛,在齐宣王时期达到鼎盛。当时,"自如邹衍、淳于髡、田子、接舆、慎到、环渊之徒七十六人,皆赐列第为上大夫,不治而议论,是以齐稷下学士复盛,且数百千人"[①]。后来至齐襄王、齐王建时期,稷下学者相继离去,逐步走向衰落,最后随齐国灭亡而终结,前后历时一百三十多年。

稷下学宫是当时社会大变革的产物,是为了满足统治者需要而兴办的,其根本的目的是着眼于现实的政治需要,为统治阶级的长治久安提供理论上的说明。稷下学宫具有自身的治学传统:第一,参与政治。稷下先生是

---

① 《史记·田敬仲完世家》,[西汉]司马迁:《史记》,上海古籍出版社,1997年,第1530页。

"不任职而论国事"①,齐国政府为了鼓励稷下先生善议政事而采取了一系列的措施。比如有功绩者授以"大夫之号",并且享受优厚的待遇;论政不合者也不加罪,等等。第二,著书立说和收徒授业。在稷下学宫,各个学者或学派为了使自己的学说或主张得到广泛传播,不仅"上说下教",而且还采取"著书"的形式。稷下学宫的治学传统影响着韩非,韩非将自己的政治热情诉诸笔端,写出了许多抨击时政的文章。

韩非作为荀子的学生,自然也受到荀子思想的影响。荀子年十五游学于齐,并于齐襄王时在稷下拜为"最为老师"。荀子的思想学说中最为重要的特点是注重人为,强调人的能动性,体现出现实主义的倾向。在人性论上主张人性恶,荀子的伦理思想中,"性恶""群""伪"是三个重要的概念,"性恶"和"群"构成了人作为类的内在道德价值的两个端点,"性恶"是指向个体的,因此,对于个体而言,终其一生是通过"伪"的过程达到抑恶扬善。对于群体而言,也是通过个体的"伪"渐渐达到整个社会抑恶扬善的积淀过程,从而使个体不断地集合在一起,最终形成和谐有序的强大群体。荀子作为先秦礼学思想的集大成者,对礼的地位是极为重视的,但是他也看到传统儒家单纯依靠礼治而轻视刑罚的弊端,主张教化与刑罚相结合。"礼以齐之,乐以化之,而尚有冥顽不灵之民,不师教化,则不得不继之以刑罚,刑罚者非徒惩已著之恶,亦所以慑余人之胆而遏乎恶于未然也。"②将韩非思想与荀子思想相比,他们之间既有着继承性,又有自身的创新性。韩非也重现实,注重功用;但在人性论上却并没有非善即恶的判断,认为"好利恶害"是人的本性,从而走上了自然主义的人性论;与荀子援法入礼相比,韩非完成了由礼到法的过渡,将法提高到治国的重要地位,由此成为法家最后也是最完备的代表

---

① 《盐铁论·论儒》,王利器校注:《盐铁论》,中华书局,1992年,第149页。

② 蔡元培:《中国伦理学史》,上海书店,1984年,第28页。

人物。

　　法家的思想传统对韩非的学说产生了直接而深刻的影响。就先秦学派而言,法家是先秦诸子的最后一个学派,它的产生和发展时间并不久远,其迅速发展并占据统治地位,除了具体的历史环境因素外,其他学派的理论来源更是其直接和决定性的因素,法家正是对儒、墨、黄、名、兵等诸子之学,进行批判继承的基础上发展起来的。故他们能从正反两个方面吸收其成果,从而建立自己的学说。从法家那里我们能看到其他学派学说的影子,如道家的自然天道观,因任自然的无为而治以及对人治的否定;黄学思想中因道而法的过程和刑名学说;儒家的正名思想以及贵贱的等级制;墨家的尚同思想及社会功利观;名家的循名责实思想,兵家的赏罚、言信、一民、诈术等,这一切都为法家所综合吸收,然后以法为熔炉构建了自己的学说。法家内部各自的思想侧重点不同,商鞅将"法治"作为强国利民的重要工具;申不害提出了重"术"的思想,阐述了君主如何驾驭群臣之术;慎到重"势",把掌握政权作为得势与否、势大势小的唯一标准。韩非对法、术、势都持肯定的态度,但指出强调其一的片面性,他说,商鞅、申不害"二子之于法术皆未尽善也"(《定法》,第963页)、"商君虽十饰其法,人臣反用其资,故乘强秦之资,数十年而不至于帝王者,法不勤饰于官,主无术于上之患也",相反,"申不害不擅其法,不一其宪令则奸多";"虽用术于上,法不勤饰于官之患也"(《定法》,第959页)。于是,韩非纠正了申不害言术,商鞅言法的偏颇,综合他们的长处,吸取慎到的势治,建立了以法治为中心的法、术、势相结合的完整的法家思想体系。

(三)小结

　　《韩非子》一书的编定经历了较长的过程,虽然其中一些篇章的真伪有争议,但学界基本上认为《韩非子》一书是韩非所著。当然,任何言说都是时代的言说,任何学说都是个人的学说,韩非的贵公子身份以及一生的活动是形成其伦理思想的重要前提。在其所处的时代,学术思想也经历着裂变和融合,稷下学宫的兴起与发展为诸子思想交流提供了自由的平台,无论是儒家一脉、老庄之学、墨家一派、法家一支,都提出了自己的思想体系,韩非正是批判地吸收了他们的思想,逐步建立起自己的伦理思想体系。

第二章 "顺于天道"之道德根据论

韩非的伦理思想融合了对个体和社会的双重思考,在这种双重思考中,我们依然能窥探其对"道""德""理"等形上概念的探究,这也成为其伦理思想的理论之源。本章各节将阐述韩非伦理思想的基础,即"道"作为一切规范的形上基础或原则,在这样的形上基础或原理的意义下,"道"才成为了韩非伦理思想的"规范准绳"。如墨子以"天志"作为行动的形上理念,韩非则以"道"作为一切事物与人事的形上基础,即以"道"作为"德""理"的形上基础。其在《解老》《喻老》篇中以解读《老子》的方式阐述自己的观点,将"道"与"德"、"道"与"理"紧密联系起来,论证了"道"与"德"、"道"与"理"的关系,即自然的一般规律与万物的特殊规律的关系。由此构建了以"道""德""理"为基本范畴的宇宙观。①

一、"万物之始"之"道"论

先秦时期的哲学范畴中,"道"是一个十分重要的概念,几乎在这一时期所有的道德命题中都离不开对"道"的研究,只是随着"道"含义的演变,各家

---

① 本书所采用的道德根据论、道德范畴论和道德实践论的写作思路,参照了笔者导师许建良先生《魏晋玄学伦理思想研究》一书的行文结构。

都给出了不同的理解。韩非面对人伦失序、民不聊生、社会混乱的现实场景,开始反思个体生命秩序和社会生活秩序的恢复和重建。正是在这样的思想背景中,韩非在广泛吸取诸子学说,特别是老子道家思想学说的基础上,逐步构建起以"道"为形上本体,以"德""理"为"道"形上本体意义发展的道德图式,并将之作为其道德思想的依据。

(一)"道"之内涵演变

"道"是韩非道德哲学中的重要概念,也是韩非伦理思想的基础,缺少了"道"的阐释,韩非的伦理思想体系就不完整,在《韩非子》一书中,韩非对"道"也做了详尽的探讨和研究。当然,"道"在先秦时期是一个发展的概念,为了能更好地了解《韩非子》一书中"道"的含义,我们还有必要对他之前"道"的内涵演变做一梳理,以厘清它们之间的内在关联。

在追溯一个字的含义发展时,我们从字的外形演变可以窥见它的变化,这也符合中国汉字的发展规律。中国的汉字通常是通过象形和会意两种形式来指称外在事物和表达抽象思维的,因此,要考证一个汉字的概念产生和演变历程,从其源头考察是比较合理的方法。

从字形上考证,"道"在金文中写法是"行"中间夹一"首"字,《尔雅·释宫》中解释为:"行,道也。"①可见,"行"的最初含义应该是道路。"首"的最初含义是人的头,故它可指代人。这样"道"的含义合起来就是人行于路途中,这应该是"道"取象于字形所获得的最初含义。后来,"道"引申为程序、法则、规律等,如今人们使用"道"字的含义既有其本来的意义,也有其引申义。那么,一个简单的"道"字如何具有成为抽象哲学范畴的条件呢? 根据孙熙国的考证,他给出了三个理由:其一,"道"的本义是人行于路途中,就表明人

---

① 《尔雅·释宫》,[东晋]郭璞注:《尔雅注疏》(卷四),上海古籍出版社,2010年,第238页。

应该遵循一定的程序和法规,否则会因偏离"道"而误入歧途。其二,根据字形推测,"道"具有"始""大""本"的意蕴。"首"意为"始",尾为终。《尔雅·释诂》曰:"首,始也"①,即是例证。另外,"首"还有"大"的含义,因此,"大"的含义也蕴含在"道"中。"道"作为"本"的含义可以从"本"与"始"的相通中得到推导,"本"为根本,《说文解字》曰:"木下曰本,从木,一在其下"②,木下即是根,根是草木开始生长的地方,这就与"始"在含义上相通了。其三,"道"与"导"具有内在关联,在"导"还没有产生之前,经常用"道"代替"导","导"字出现之后,它也直接地赋予"道"的含义中,比如《论语·为政》中"道之以政"③,"道"就理解为"导"。而"导"的本义为引导、指导,这样,"导"的本义就对"道"蕴义的哲学抽象性起了重要作用。④笔者认为,通过字源考证推演汉字内涵的演变是遵循中国造字传统的,虽然有些主观,但从其考证的过程来看是有一定合理性的,可以作为参考。

以上从字源学的角度阐述了"道"具有演变为抽象哲学范畴的条件,不仅如此,从先秦的典籍中同样可以窥探出"道"概念的变化。早在西周时期的《诗经》和《尚书》中就有"道"的多处用例,"道"在《诗经》中共出现了三十二次,其中既有"道"的本义运用,也有其隐喻的运用,比如《邶风》中的"道之云远,曷云能来"⑤中的"道"指的就是人行之道路;而《巷伯》中的"杨园之道,

---

① 《尔雅·释诂》,[东晋]郭璞注:《尔雅注疏》(卷四),上海古籍出版社,2010年,第12页。

② [东汉]许慎:《说文解字》,中华书局,1963年,第118页下页。

③ 《论语·为政》,杨伯峻译注:《论语译注》,中华书局,2009年,第11页。

④ 孙熙国在《先秦哲学的意蕴——中国哲学早期重要概念研究》一书中,对"道"的含义在先秦时期的发展做了详细的梳理,"道"从具体的"道路"演变为隐喻社会人伦,再上升为宇宙哲学的范畴。王辉在博士论文《〈管子〉伦理思想研究》中也将先秦"道"的演变归纳为这样一个过程。笔者赞同他们的观点,在韩非之前"道"的含义发展确实经历了这样一个过程,这也符合人类认知的规律。"道"上升为哲学范畴的三个理由,参见孙熙国:《先秦哲学的意蕴——中国哲学早期重要概念研究》,华夏出版社,2006年,第12~14页。

⑤ 《诗经·国风·邶风》,周振甫:《诗经译注》,中华书局,2002年,第47~48页。

狤于亩丘"①中的"道"字面意上指道路延伸到田亩之中,其中却隐含着小人在败坏国政的意思;《谷风之什·大东》中的"周道如砥,其直如矢"②。"周道"应该是喻指西周王朝的横征暴敛和残酷统治;《齐风·南山》中有"鲁道有荡,齐子由归"③,这里的"道"也不能解释为真的道路,而是指鲁国的统治安定,所以人民多归附于它。在《诗经》中,"道"的含义逐渐从本义中分离出来,具有了隐喻义,开始从一个具体对象的名称向哲学概念上升。在《今文尚书》中,"道"出现了约12次,它的运用多了一些道德判断的色彩,譬如《洪范》篇中出现了4个"道"字,但基本上已经不是本义,而是一种好恶正直的思想观念,上升为一种统治思想和方式,即"无有作好,遵王之道。无有作恶,遵王之路。无偏无党,王道荡荡。无党无偏,王道平平。无反无侧,王道正直"④。"道"在《今文尚书》中的运用,是"道"向抽象性概念和道德哲学范畴迈进的关键一步。

到春秋时期,论"道"之风盛行,百家争鸣的益处之一即是推进了"道"的含义抽象化的进程。在《左传》和《国语》中甚至出现了代表社会规律和人伦法则的"人之道"的用例。如《左传》:"事以厚生,生民之道于是乎在矣","敌惠敌怨,不在后嗣,忠之道也"⑤,"忠信卑让之道"⑥,"存亡之道"⑦。这里,人们将社会中各种现象和事物都上升到"道"的高度,国家要如何对待百姓?臣民要怎样才能尽忠?国家要如何才能长治久安?这些都归诸"道"的遵循,"道"就具有了人们应该遵循的法则之意。《国语·周语上》云:"道而得神,

①　《诗经·小雅·节南山之什》,周振甫:《诗经译注》,中华书局,2002年,第302页。

②　《诗经·小雅·谷风之什》,周振甫:《诗经译注》,中华书局,2002年,第329页。

③　《诗经·国风·齐风》,周振甫:《诗经译注》,中华书局,2002年,第139页。

④　《尚书·周书·洪范》,[清]孙星衍撰:《尚书今古文注疏》,中华书局,1986年,第305页。

⑤　《左传·文公六年》,[清]洪亮吉:《春秋左传诂》,中华书局,1987年,第364页。

⑥　《左传·文公元年》,[清]洪亮吉:《春秋左传诂》,中华书局,1987年,第352页。

⑦　《左传·昭公十三年》,[清]洪亮吉:《春秋左传诂》,中华书局,1987年,第711页。

是谓逢福。淫而得神,是谓贪祸。"[1] 这句话的意思是说,按照"道"的原则行事就能逢福,违反"道"就会得祸。因此"有道"才是"仁"的表现,即"晋君之无道莫不闻,……杀无道而立有道,仁也"[2]。这样,"道"就逐渐从人类社会的规律中抽象出具有一般意义的"人之道",即人类社会各种事物之"道"。《左传》和《国语》中不仅涉及"人之道",还提出了"天之道"。如"礼以顺天,天之道"[3]、"社稷无常奉,君臣无常位,……天之道也"[4],"天道无亲,惟德是受"[5],从用例中可以明显看出,"天之道"已经高于"人之道","人之道"已经被统摄于"天之道"之下。春秋时期,"人之道"与"天之道"的融合,使"道"由一个哲学概念明确上升为一个统摄宇宙和人生的最高本体。

而真正将"道"置于宇宙本体加以思考和探索的是《老子》。可以说,在《老子》中,"道"作为宇宙万物最高本原和本体概念得以最终完成。《老子》在对宇宙和人生进行思考时,尽力寻找一个最终的本原来作为人和万物的开端,以此来统摄宇宙和人生。《老子·第十六章》云:"万物并作,吾以观复。夫物芸芸,各复归其根。"[6]《老子·第二十五章》曰:"有物混成,先天地生。寂兮寥兮,独立不改,周行而不殆,可以为天下母。"[7]万物有"根"、有"母","根""母"都是无限物质世界背后存在的一个最终本原,并对之进行了描述,它"视而不见","听而不闻","搏之不得"[8],可是"其中有物","其中有象","其

---

① 《国语·周语上》,[春秋]左丘明:《国语》,山西古籍出版社,2007年,第14页。

② 《国语·晋语三》,[春秋]左丘明:《国语》,山西古籍出版社,2007年,第135页。

③ 《左传·文公十五年》,[清]洪亮吉:《春秋左传诂》,中华书局,1987年,第382页。

④ 《左传·昭公三十二年》,[清]洪亮吉:《春秋左传诂》,中华书局,1987年,第803~804页。

⑤ 《国语·晋语六》,[春秋]左丘明:《国语》,山西古籍出版社,2007年,第178页。

⑥ 《老子·第十六章》,[魏]王弼:《王弼集校释》,楼宇烈校释,中华书局,1980年,第35~36页。

⑦ 《老子·第二十五章》,[魏]王弼:《王弼集校释》,楼宇烈校释,中华书局,1980年,第63页。

⑧ 《老子·第十四章》,[魏]王弼:《王弼集校释》,楼宇烈校释,中华书局,1980年,第31页。

中有精,其精甚真,其中有信"①。于是,老子给它取名为"道"。他说:"吾不知其名,字之曰道,强为之名曰大。"②也就是说老子用"道"来统一命名"根"和"母",并从宇宙根源论的角度强调"道"的本原意义,"故道大,天大,地大,王亦大。域中有四大,而王居其一焉。人法地,地法天,天法道,道法自然"③。"道生一,一生二,二生三,三生万物。"④"道"是"人""地""天"效法和遵循的对象,因为,"道"作为万物的本原,与万物之间有衍生的关系。"道"先天地而生,并用"寂""寥""恍惚"等来规定"道"时,这就把道与具体对象区分开来,形而上的无状之状,无物之象的"道",与形而下的万物在某种意义上被划分为两个序列。对此,杨国荣评论道:"从逻辑上说,界限意味着分离,这样,《老子》的以道为宇宙之始基的同时又将道超验化,便内在地潜下了始基与万物分离的契机。"⑤

《老子》的探索将"道"超验化,使它处于与形而下的万物不同的序列,但是老子的"道"并不是纯粹的虚无,它也是"有物"的,"天下万物生于有,有生于无"⑥,"无"与"有"构成了《老子》"道"的主要特征,但是"无"与"有"并不是一对对立的概念,它们是辩证统一的。天下万物是"有"的存在,而"有"是源发于"无"的,也就是说"无"与"有"之间不能理解为生成的关系,《老子》是从宇宙本原的角度加以运思的。⑦许建良先生在《老子"无为而无不为"新探》

---

① 《老子·第二十一章》,[魏]王弼:《王弼集校释》,楼宇烈校释,中华书局,1980年,第52~53页。

② 《老子·第二十五章》,[魏]王弼:《王弼集校释》,楼宇烈校释,中华书局,1980年,第63页。

③ 《老子·第二十五章》,[魏]王弼:《王弼集校释》,楼宇烈校释,中华书局,1980年,第65页。

④ 《老子·第四十二章》,[魏]王弼:《王弼集校释》,楼宇烈校释,中华书局,1980年,第117页。

⑤ 杨国荣:《历史中的哲学》,华东师范大学出版社,2009年,第128页。

⑥ 《老子·第四十章》,[魏]王弼:《王弼集校释》,楼宇烈校释,中华书局,1980年,第110页。

⑦ 参见许建良:《老子"无为而无不为"新探》,《云南大学学报》(社会科学版),2006年第4期,第23~29页。

中更为明确地阐述了"无""有"与"道"的关系,他说:"我们把'道'称为'无'时,主要是为了说明万物发生初始阶段的情况,即'无,名万物之始';当万物得以生长、发展以后,我们就把'道'称为万物之母,即'有,名万物之母',因为,万物源于它而来。"① 所以,"无"只是《老子》对"道"作为世界本原的外在形态的一种把握和规定,而实际呈现于我们眼前的是万物具体的"有",由此看来,老子描述"道"的"无形""无物""无状",旨在说明"道"的广袤和无限,并具有生化万物功能的无限性,"道冲而用之或不盈,渊兮似万物之宗"② 即是例证。

"道"虽然是宇宙的最高本体,但并不是无所依的,一方面它以万物具体的"有"呈现自己;另一方面以"自然"作为自己的运行规律。正因为"道"以"自然"作为自己的运行规律,所以才说"道"即是"自然",这样的理解从"自然"与"道"的本义互通中也可以证明。《说文解字》曰:"自,鼻也,象鼻形。"③段玉裁解释说:"自下曰鼻也,则自鼻二字为转注……杨氏雄方言曰:鼻,始也;兽之初生谓之鼻,人之初生谓之首……今俗乃以自字为之,径作自子……今俗谓汉时也。"④ 看来,"自""鼻"二字是互相转注,"鼻"代表开始;"自"的本义也应该为初始,后引申为自己、自然,自己而然,是物的一种原初的状态,前面提到"道"具有"始"的意蕴,所以,"道"与"自然"的一个共同联系即是"始",由此,"道"即"自然"便讲得通了。

既然"道"依归"自然",那么"道"以怎样的方式依归"自然"呢?《老子》认为以"虚静""无为"的方式才能达到自然之境。这里需要强调的是,"无为"

---

①　许建良:《老子"无为而无不为"新探》,《云南大学学报》(社会科学版),2006年第4期,第23~29页。

②　《老子·第四章》,[魏]王弼:《王弼集校释》,楼宇烈校释,中华书局,1980年,第10页。

③　[东汉]许慎:《说文解字》,中华书局,1963年,第74上页。

④　[东汉]许慎撰,[清]段玉裁注:《说文解字注》,上海古籍出版社,1981年,第10上页。

并不是什么都不为,而是不能主观而为,要依据客观的条件和事物的本性而为,即"顺物而为"。外在的智巧虽然能达到一定效果,但并不是《老子》所提倡的,"古之为道者,非以明民也,将以愚之也。……以智治国,国之贼也;以不智治国,国之德也"①。以"智"这样的"有为"行为治国,是"国之贼";用"不智"治理国家,才是"国之德"。《老子》是想用"虚静""无为"的方式让人们实现返璞归真,免受名欲的烦恼,进而达到自然的境界。

至此,《老子》完成了"道"由一个哲学范畴上升为宇宙最高本原和本体概念的历程,并由道家其他人物逐渐完善。先秦时期,其他学派同样谈论"道",比如儒家的"仁爱之道",墨家墨子的"兼爱之道",法家的"刑法之道",都是具体的形而下之"道",是抽象的"道"在现实世界的运用和落实。当然,诸子各家对"道"的阐述主要从本根论和方法论上理解,本根论上的探究是为方法论服务,形而下之"道"的落实以形而上之"道"的存在为基础,因而,对形而上之"道"的理解难免流于主观和片面。

(二)"万物之始"之道

韩非之前,"道"的意蕴经历了"人行于途中"的本义——隐喻社会规律、人伦法则的引申义——成为统摄宇宙和人生的最高本原的本体概念,足见先秦诸子对"道"的重视。从"道"的内容来看,儒家、墨家分别从仁义礼智、兼爱非攻等形而下之"道"上进行阐述;《老子》则侧重于对形而上之"道"的论述,将"道"与"无"合而为一,从而将"道"超验化。而法家却是两者兼有,在形而下之"道"上,法家的特点是重在讨论刑法术势;对形而上之"道"的探讨继承了老子道家的思想,却又有所不同。如《管子》是将"道"与"气"合而为一,使"道"获得了更为实在的规定,从而也使"道"开始摆脱超验的形

---

① 高明:《帛书老子校注》,中华书局,1996年,第140~143页。

式。①《韩非子》一书中,《解老》《喻老》篇明确地表述了韩非之"道"继承了《老子》道论的实质,系统论述了"道"作为万物始源,是无形而又无处不在的存在;又系统论述了"人之道",辩证地分析了"虚静无为",进一步扬弃了《老子》超验性的"道",使"道"与治理国家的方法联系起来。

自从《老子》提出了以"道"为最高本体的学说,在先秦哲学中,"道"便成为一个高频率出现的词汇,儒家、墨家、法家都有用例。韩非的"道"论即从其本根性、整体性、独特性的特征展开讨论。

1."道"的本根性

在韩非的论述中,"道"依然是万物的根本。他说:

> 道者,万物之始,是非之纪也。是以明君守始以知万物之源,治纪以知善败之端。故虚静以待令,令名自命出也,令事自定也。(《主道》,第66页)

> 所谓"有国之母",母者,道也。道也者生于所以有国之术。所以有国之术,故谓之"有国之母"。夫道以与世周旋者,其建生也长,持禄也

---

① 《管子》继承了《老子》关于"道"为万物本源的看法,"万物以生,万物以成,命之曰道。"(《管子·内业》,黎翔凤:《管子校注》,中华书局,2004年,第937页。)"道"作为万物之本,不同于具体对象:"虚无无形谓之道"(《管子·心术上》,黎翔凤:《管子校注》,中华书局,2004年,第758页)。"道"的性状是"道在天地之间也,其大无外,其小无内"(《管子·心术上》,黎翔凤:《管子校注》,中华书局,2004年,第767页),而"气"的特性是"灵气在心,一来一逝。其细无内,其大无外"(《管子·内业》,黎翔凤:《管子校注》,中华书局,2004年,第950页)。在这两段论述中可见"道"与"气"呈现内在的相通性。《管子》进一步解释说:"凡物之精,此则为生,下生为谷,上为列星。""精也者,气之精者也。"(《管子·内业》,黎翔凤:《管子校注》,中华书局,2004年,第937页。)"有气则生,无气则死,生者以其气。"(《管子·枢言》,黎翔凤:《管子校注》,中华书局,2004年,第241页。)"气"作为细微的物质周流于天地之间,这样就扬弃了对"道"思辨性的解释,从形上的本根开始被还原为一种具有具体内容的实体(气)。(杨国荣:《道论:超验的进路及其衍化》,《历史中的哲学》,华东师范大学出版社,2009年,第129~131页。)

久。(《解老》,第398页)

韩非从"万物之始"和"是非之纪"两个方面来阐述"道"。这个观点与《老子》相似,《老子》言:"道生一,一生二,二生三,三生万物"[1],这是以万物发生的过程提出本原学说。而韩非"道者,万物之始",将老子描述性的话语简化为定义式的精炼判断,从存在论的角度阐述"道"[2],"道"是万物的本源、根基,"母者,道也"就是这个意思。换句话说,"道"即是"始",这里需要注意的是,"道者,万物之始"是指万物遵循"道"而生成,并不能推出"道"生万物的结论。[3]

另一方面,"道"还是"是非"的规则与标准。韩非有"万物莫不有规矩"(《解老》,第422页)的说法,这个"规矩"就是万物自身的标准,万物的标准各不相同,并且自身遵循着自身的"道"[4],不需要外在他物来发号施令。正是在这个基础上,韩非提倡"守始"与"治纪","始"即是"道",万物各自守住自身的"道",就能"知万物之源"。"纪"是"是非之纪",既然万物都有规矩,那么是非也存在于万物中,"道"就是万物是非的纲纪。"道"虽然是万物是非的纲纪,但它并非是万物的支配者,所以,"道"纲纪万物的方式是"虚静以待令,令名自命出也,令事自定也",是一种"自命""自定"的行为,并不需要外力的

---

①　《老子·第四十二章》,[魏]王弼:《王弼集校释》,楼宇烈校释,中华书局,1980年,第117页。

②　参见许建良《韩非"德则无德"的道德世界》一文,文中论述道:"'道'一方面是万物生命开始的象征,也就是说,万物的起始离不开'道'的推动。但是,应该注意的是,韩非这里重在从存在论的角度,来强调'道'在与万物组成的关系里的举足轻重性,而不是生成论上来表述两者的关系。"(许建良:《韩非"德则无德"的道德世界》,《湖南科技学院学报》,2006年第9期,第121~122页。)

③　许建良先生说:"'万物之始'标示的主要是,万物依顺'道'得以生成的意思,所以,称'道'为'始'。因此,无论如何也推不出'道'生万物的结论,这是应该注意的。"(许建良:《韩非"德则无德"的道德世界》,《湖南科技学院学报》,2006年第9期,第121~122页。)

④　参见"道者,下周于事,因稽而命,与时生死,参名异事,通一于情"(《扬权》,第152页)。

干预。因此"作为万物始源和是非纲纪的'道',虽然是万物存在的理由和先决条件,是判断是非的依据,并非万物的支配者,万物始终操纵自己决定自己命运的权利,'道'的功用就在于润滑万物自得行为实践的过程"①。

韩非虽然认同"道"作为世界本原的存在,但在"道"作为纲纪的标准上与《老子》是有所不同的。《老子》以知古始为道纪②,韩非以是非为道纪,二者有根本不同。《老子》是从本根论的角度加以阐释,韩非则是从制度、操作的层面加以阐发。是非是一种行为结果的价值判断,有是非,自然就需要相应的赏罚机制,以此才诉诸形而下的"法"的出场,韩非认为"法"是顺道而立,所以"法如朝露,纯朴不散,心无结怨,口无烦言"(《大体》,第555页),这样"法"就可以在客观上稽查万物的是非,君主将"法"作为治国之道就成为应当和必然的。据此,韩非子的"道"应该既包含形而上的本体意义,又包含形而下的指导意义。按照陈奇猷的理解,他将韩非的"道"区分成广义和狭义。"成万物者为广义之道;顺道而立法,以术为治众,此人主之道,是为狭义之道。"③ 这种观点也是较为合理的。

韩非认为,"道"不仅是万物的始源,它也是自然万物或人事社会规律的总根据。《解老》篇有言:

> 道者,万物之所然也,万理之所稽也。理者,成物之文也;道者,万物之所以成也……天得之以高,地得之以藏,维斗得之以成其威,日月得之以恒其光,五常得之以常其位,列星得之以端其行,四时得之以御

---

① 许建良:《韩非"德则无德"的道德世界》,《湖南科技学院学报》,2006年第9期,第121~122页。

② 参见"能知古始,是谓道纪"(《老子·第十四章》,[魏]王弼:《王弼集校释》,楼宇烈校释,中华书局,1980年,第32页)。

③ 《韩非子·主道》注三,陈奇猷:《韩非子新校注》,上海古籍出版社,2000年,第68页。

其变气,轩辕得之以擅四方,赤松得之与天地统,圣人得之以成文章。道与尧、舜俱智,与接舆俱狂,与桀、纣俱灭,与汤、武俱昌。以为近乎,游于四极。以为远乎,常在吾侧。以为暗乎,其光昭昭。以为明乎,其物冥冥。而功成天地,和化雷霆。宇内之物,恃之以成……万物得之以死,得之以生。万事得之以败,得之以成。道譬诸若水,溺者多饮之即死,渴者适饮之即生。譬之若剑戟,愚人以行忿则祸生,圣人以诛暴则福成。故得之以死,得之以生,得之以败,得之以成。(《解老》,第411页)

"道"并不是虚无的存在,它是一物之所以成一物的特性和内质;是稽考一理成其为一理的依据,即"万物之所然""万理之所稽"。又因为事物的"理"是不同的,不同的物有不同的"理",万物就有万理,而这些都源于"道"。所以,"道"成就了万物的存在即"万物之所以成"。从韩非的解释中可以看出,其肯定了"道"为天下母的含义,"道"为万物之始,所以成万物者"道"也,而成万物之理者也是"道",所以,"道者,万物之所以成也",又因为"道者,万物之所然也","道"是万物所以成,万物所然,那么,"道"就是天地万物的普遍法则,也是整个宇宙发展的客观规律,它是产生天地万物的总根源。

既然"道"是万物之始,是非之纪,那么,"天""地""维斗""日月""五常""列星""四时""轩辕""赤松""圣人"等得之,都能成就自身。同样,天地、日月、星辰以及各种自然现象之所以具有现存的特征,能够保持其一定的运行规律,都是"道"的作用。并且生于天地之间的人类,也是因为得"道",才能够成就各自的事业。所以,"道"是万物得以呈现自身的状态和性质的终极原因,也可以说是宇宙万物的一般规律,即"宇内之物,恃之以成"。

2."道"的整体性

"道"是万物的根本,其本身也是"有物"的存在,但却具有"弘大""无形"的特点。韩非说:

夫道者,弘大而无形。(《扬权》,第152页)

人希见生象也,而得死象之骨,案其图以想其生也,故诸人之所以意想者皆谓之象也。今道虽不得闻见,圣人执其见功以处见其形,故曰:"无状之状,无物之象。"(《解老》,第413~414页)

"道"是万物所以成,万物所以然的旨归,同时,"道"又是"弘大""无形"的,既可以周延万物,也可存于万物中。可"道"又是超越人的感官和理智的认识能力的,道不能闻见,无状,无形,但我们可以通过"象"来体道,这样,"道"就可以把握和利用,圣人可以根据"道"显露出来的功效来认知"道"。这里,韩非把"道"显露出来的功效比作可以见到的死象的骨骼,把想象出来的"道"比作想象出来的活象。由此说明,"道"虽然看不见、听不到,但还是可知的。

3."道"的独特性

上面讲到,"道"是万物的根本,弘大而无形,却又是可知之"象",只是这个"道"之象是不同于万物的,"道"具有自身的独特性。

首先,"道"的一个总体特征是不同于万物。韩非认为:

道者,下周于事,因稽而命,与时生死,参名异事,通一同情。故曰道不同于万物。(《扬权》,第152页)

凡道之情,不制不形,柔弱随时,与理相应。(《解老》,第411页)

可见,韩非从老子玄妙的语言中脱离出来,转向"道"的现实表现,以更好地理解"道"。"道"普遍存在于万事万物中,因循着自然规律,又根据事物中所具之道,各有其分,因其分不同对之进行命名。寄于事物中的"道"并不是无限的,不能常存①,因此"与时生死"②。"道"分于各事中,以名参之,便相异,但"以道观之",其"情"都相同,道之情实,不制作也不显形,柔弱随时变化,同万物的理相应。换言之,"道"散于万物中便呈现不同的姿态,合之于"道"便一理。所以,"道"与万物是不同的。

其次,"道"在不可见。韩非说:

> 道在不可见,用在不可知。虚静无事,以暗见疵。见而不见,闻而不闻,知而不知。(《主道》,第74页)

> 虚静无为,道之情也;参伍比物,事之形也。参之以比物,伍之以合虚……以赏者赏,以刑者刑。因其所为,各以自成。(《扬权》,第157页)

"道"弘大而无形,其特征是"虚静无为",所以是不可见,不可知的。但是,在现实的生活中,我们却能感受到"道"的存在和其发生的效用。通过参验具体的事物,判断其是否相合,"合"的标准即是"虚","虚"就是虚无没有任何成见,这样万物的事理就自然显露出来。也正因为"道"的不可见,我们必须在具体的事物中,以及事物之间的对比关系中认知"道"。

最后,"道"无处不在。"道"虽然不可见,但它却客观存在着。《解老》篇曰:

> 道与尧、舜俱智,与接舆俱狂,与桀、纣俱灭,与汤、武俱昌。以为近

---

① 《韩非子》在《解老》篇中提道:"道者,万理之所稽也……万物各异理,万物各异理而道尽稽万物之理,故不得不化。不得不化,故无常操。无常操,是以死生气禀焉,万智斟酌焉,万事废兴焉。"(《解老》,第411页)

② 庄子《秋水篇》云:"道无终始,物有死生"(《庄子·秋水》,[清]王先谦撰:《庄子集解》,中华书局,1987年,第144页)。"死生"即"生死"。

乎,游于四极。以为远乎,常在吾侧。以为暗乎,其光昭昭。以为明乎,
其物冥冥。而功成天地,和化雷霆。宇内之物,恃之以成。凡道之情,
不制不形,柔弱随时,与理相应。(《解老》,第411页)

从距离上描述,以为"道"远,却"常在吾侧",以为"道"近,却"游于四
极"。从明暗上描述,以为"道"暗,却"光昭昭",以为"道"明,却"物冥冥"。
"道"没有固定的形式,"柔弱随时,与理相应",我们无法从明暗、距离上给出
确切的描述。但是"道"的存在是有所参照的,它功成天地万物,甚至存在于
社会更迭的规律中,即"道与尧、舜俱智,与接舆俱狂,与桀、纣俱灭,与汤、武
俱昌"。为了把握"道",韩非还将"理"与"道"进行了对比,他说:

> 凡理者,方圆、短长、粗靡、坚脆之分也,故理定而后可得道也。故
> 定理有存亡,有死生,有盛衰。夫物之一存一亡,乍死乍生,初盛而后衰
> 者,不可谓常。唯夫与天地之剖判也具生,至天地之消散也不死不衰者
> 谓"常"。而常者,无攸易,无定理。无定理非在于常所,是以不可道也。
> 圣人观其玄虚,用其周行,强字之曰道,然而可论,故曰:"道之可道,非
> 常道也。"(《解老》,第414~415页)

万物的"理"各不相同,万物就有万理,"理"的特质可以通过"方圆""短
长""粗靡""坚脆"来区分,"理定"后即可"得道",万物的"理"还可以用"方
圆""短长""粗靡""坚脆"来划分,可见"理"具有固定性,即"定理",能被规定
的"理"不能称为"常",因为它"有死生,有盛衰",与之相反,"道"是无形的,
与天地剖判也具生,"不死不衰","无定理",是"不可道"的,圣人勉强为之命
名,完全是现实的需要。

需要注意的是,韩非以"理"来解释"道",这是不同于《老子》的。韩非认

为"理"是万物的条理,"道"是万理的总和,"道"总括了万物之理。即"道者,万物之所然也,万理之所稽也。理者成物之文也,道者万物之所以成也。……万物各异理。万物各异理,而道尽稽万物之理"(《解老》,第411页)。《韩非子》的"道"已经在形下的层面给《老子》的"道"比较明确的解释,使《老子》抽象的超越自然的"道"形显出来。

(三)"虚静无为"之道

韩非言"道"时,除了继承老子"道"之本根性的思想,还进一步阐发了《老子》虚静无为的思想,《扬权》篇直言:"虚静无为,道之情也。"①(《扬权》,第156页)"道"的实质是"虚静无为"。在《老子》《庄子》那里,"虚静"是一种内心境界,"无为"是一种外在行为之方,在韩非这里,虽然"虚静无为"的形上姿态减弱,作为一种具体的行事原则得以突显,但是还是在形上和形下两个方面进行了论述。接下来,我们就来仔细了解韩非的这一思想。

首先,韩非认为"道"在宇宙世界里体现出"虚""静"的状态。《主道》篇云:"道在不可见,用在不可知。虚静无事,以暗见疵。见而不见,闻而不闻,知而不知。"(《主道》,第74页)"道"不可见,不可知,是虚空的,在宇宙论的范畴里,"虚"的最初含义是空无,"虚,空也"②,所以"虚"对应于"道"弘大无形的整体性。同时,"道"也处于"静"的状态,"不离位曰静"(《喻老》,第436页),这里需要厘清的是,"虚空"并不是绝对的空无无物,而是"虚则德盛"(《解老》,第372页),"虚心以为道舍"(《扬权》,第157页),虚空一切杂念,才

---

① 在先秦哲学中,孟子论性,言及情,但没有对其做出解释,荀子提出了关于情的界说,他说:"形具而神生,好恶喜怒哀乐臧焉,夫是之谓天情。"(《荀子·天论》,[清]王先谦撰:《荀子集解》,中华书局,2010年,第309页。)又说:"性之好恶喜怒哀乐谓之情。"(《荀子·正名》,[清]王先谦撰:《荀子集解》,中华书局,2010年,第412页。)这就明确规定了情的内容就是"好恶喜怒哀乐"。

② 《广雅·释诂三》,[清]王念孙撰:《广雅疏证》,上海古籍出版社,1983年,第99页。

能融入"德"和"道"。"静"也不是绝对静止,而是"静则少费"(《解老》,第395页),不浪费,即谓"啬","啬"是符合"道"的规定的。①从实际的意义上理解,"虚"与"实"相对,"静"与"动"相对,"虚则知实之情,静则知动者正"(《主道》,第66页)。因此,在现实世界中,贤明的君主以"虚""静"修身治国,必能国富民强。由此可见,"虚""静"是道的精神在天地之间的显现,其必然贯穿于宇宙世界和现实世界的人类社会中。

其次,"无为"也是《韩非子》"道"论中的重要概念,《韩非子》中"无为"的用例有22处,其与"道"的直接关联出现在《扬权》篇中:"虚静无为,道之情也。""情"为实情、实质。当然,"无为"作为一个哲学范畴并非从韩非开始,他是对《老子》"无为而无不为"(《老子·第四十八章》)的自然继承。《老子》"道"的思想真谛之一是遵循"无为"—"无以为"—"无不为"这样一条思辨路线,"无为"为起点,"无以为"为中间阶段,"无不为"是前两个环节要达到的客观效应。"无为"并不是什么都不做,而是指不能乱为,不能有意而为,要遵循自然和事物的客观本性而为;"无以为"和"无不为"是两个不同的概念,"'无以为'指的是不存在作为'为'的理由,所以,不仅是有形行为上的自然无为,而且是无形意念上的自然无为,即在与他物的关系里,自然而然施行无为的行为之方,而不是有意追求无为。后者显然是在无为行为的支撑下,客观效果上体现的却是'无不为'的景象,'无不为'就是'无不成'。在物我关系里,'无不为'的行为主体既是我,又是他人(物),因为,物(人是万物中的一个存在)都具有自为的机能,外在的自然无为,正好给个体内在的自为机能的运作创设了最好的条件,所以才能实现'无不为'的效应,一种物我和

---

① 参见"众人之用神也躁,躁则多费,多费之谓侈。圣人之用神也静,静则少费,少费之谓啬,啬之谓术也生于道理。夫能啬也,是从于道而服于理者也。众人离于患,陷于祸,犹未知退,而不服从道理。圣人虽未见祸患之形,虚无服从于道理,以称蚤服。故曰'夫谓啬,是以蚤服'"(《韩非子·解老》,第395页)。

谐运作的境界"①。在韩非看来,"无为"同样是"道"的实质,其借用郑长者之言:"体道,无为、无见也。"(《难二》,第876页)要以"无为"、无成见之心去体会"道"。

在韩非的思想中,"虚""静""无为"都是"道"的实质,那么三者之间是独立的特征,还是互为关联呢?从字源上考察,"虚""静"的本义中都内含着"无为"的思想。《说文解字》云:"虚,太丘也。昆仑丘谓之昆仑虚。古者九夫为井,四井为邑,四邑为丘,丘谓之虚。"②"丘,土之高也,非人所为也。……一曰,四方高,中央下为丘,象形。"③可见,"虚"即是"丘","虚"的本义可归纳为大土山,大的居民区,四方高、中间低的山。同时,"丘"并不是人为的,是自然生成,从自然现象上看,"丘"是自然生成的,至于形状,完全依据其客观的本性而成,并没有人为的因素,是一种"无为"。"静,审也。"④段玉裁曰:"上林赋靓妆。张揖注曰:谓粉白黛黑也。按:靓者,静字之假借。彩色详审得宜,谓之静。考工记言:画缋之事是也。五色,疏密有章,则虽绚烂之极而无溃涊不鲜,是曰静。人心采度得宜,一言一事必求理义之必然,则虽辛劳之极,而无纷乱,亦曰静。引申假借之义也。"⑤可见,"静"的本义是一种有序的存在,各处其宜,无纷乱,静也。而"无为"的思想要求不能随意主观而为,要依据事物本性,这样"静"与"无为"的含义就内在相通了。综观韩非的论述,

① 许建良:《老子"无为而无不为"新探》,《云南大学学报》(社会科学版),2006年第4期,第23~29页。

② [东汉]许慎:《说文解字》,中华书局,1963年,第169页。

③ [东汉]许慎:《说文解字》,中华书局,1963年,第169页。

④ [东汉]许慎:《说文解字》,中华书局,1963年,第106页。

⑤ 《说文解字诂林·二十三·青部·静·段注》,丁福保编:《说文解字诂林》,上海医学书局石印,民国十七年,第2155页。

三者之间也是有着内在联系的,韩非认为"无为无思"为"虚"①,"不离位"是"静",即不乱为,这样看来,"虚""静""无为"三者中,"无为"是核心,"无为"体现了"道"作为宇宙世界最高本原的价值所在。

"无为"作为"道"的特点在《老子》那里仅从形而上的宇宙论上进行阐释,到韩非这里,"无为"不仅表征着"道"的本性,还演变为具体的形而下的道术。《主道》篇云:"明君无为于上,群臣悚惧于下。"(《主道》,第66页)明君如能善用"无为"之术,必能达到"无为而治",君主的"无为"才能反映在用人上,即是"物者有所宜,材者有所施,各处其宜,故上下无为"(《扬权》,第141页)。进一步而言,即是臣皆宜其能,胜其官,轻其任,是各处其宜。各处其宜则无讼无争,不会相互伤害,则君主无事,天下太平。韩非的"无为"思想已经不同于《老子》。韩非认为人在天道面前,还是有"有为"的一面,只是这个"有为"并不同于儒家的"为政以德"思想,儒家"为政以德"思想名虽美,实则如"尘饭涂羹可以戏而不可食也"(《外储说左上》,第683页)。韩非站在法家的立场上,从"法、术、势"的角度解读"无为",将《老子》的"无为"从形而上滑落到形而下,从而为"无为"思想开辟一个新的境界。这个新的境界即是让"无为"与"有为"有机地结合起来。他论证道:

> 为治者用众而舍寡,故不务德而务法。夫必恃自直之箭,百世无矢;恃自圜之木,千世无轮矣。自直之箭、自圜之木,百世无有一,然而世皆乘车射禽者何也? 隐栝之道用也……故有术之君,不随适然之善,而行必然之道。(《显学》,第1142页)

> 举事慎阴阳之和,种树节四时之适,无早晚之失,寒温之灾,则入

---

① 《韩非子》在《解老》篇中说:"贵无为无思为虚者,谓其意无所制也。夫无术者,故以无为无思为虚也。夫故以无为无思为虚者,其意常不忘虚,是制于为虚也。虚者,谓其意无所制也。今制于为虚,是不虚也。虚者之无为也,不以无为为有常。不以无为为有常,则虚。"(《解老》,第372页)

多。不以小功妨大务，不以私欲害人事，丈夫尽于耕农，妇人力于织纴，则入多。务于畜养之理，察于土地之宜，六畜遂，五谷殖，则入多。明于权计，审于地形、舟车、机械之利，用力少，致功大，则入多。利商市关梁之行，能以所有致所无，客商归之，外货留之，俭于财用，节于衣食，宫室器械，周于资用，不事玩好，则入多。入多，皆人为也。若天事，风雨时，寒温适，土地不加大，而有丰年之功，则入多。人事、天功二物者皆入多，非山林泽谷之利也。夫"无山林泽谷之利入多"，因谓之"宪货"者，无术之言也。（《难二》，第888页）

如果一定要用自然生长得直的竹竿做箭杆，那"百世无矢"；如果一定要用自然生长得圆的木材做车轮，就"千世无轮"。然而"自直之箭，自圜之木，百世无有一，然而世皆乘车射禽者何也？"这是因为用工具矫正自然物的方法已被人们所采用。韩非用"箭"和"车轮"做比喻，以证明人具有认识自然，掌握天时、地利，充分发挥人的主观能动性的能力，这就是所谓的"隐栝之道"。既然人有"隐栝之道"，那么人在与自然相处中就可发挥"人为"的作用。

在人与自然的关系中，韩非既重视"天功"，也强调"人为"，"举事慎阴阳之和，种树节四时之适，无早晚之失，寒温之灾，则入多"，这是"天功"；而"丈夫尽于耕农，妇人力于织纴"，"务于蓄养之利，察于土地之宜"，"明于权计，身于地形、舟车、机械之利"，"俭于财用，节于衣食"，则"入多"，这些都是人为的结果。天时的作用，人的努力，这两方面都能使收入增多，即是"人事、天功二物者皆入多"。韩非将"无为"和"有为"的辩证思想融入在一起的最终目的，是要将之用于治国之道，明君治国应懂得"君臣不同道"（《扬权》，第152页），"圣人不亲细民，明主不躬小事"（《外储说右下》，第830页）。最终达到君主"无事"，而臣"有事"的治国境界。

（四）小结

"道"在先秦时期是一个发展的概念,它从本义的运用逐渐分离出隐喻义,开始从一个具体对象的名称向哲学概念上升,在《老子》那里,"道"作为宇宙万物最高本原和本体概念得以最终完成。韩非继承了《老子》的道论,系统论述了"道"作为"万物之始"和"虚静无为"的特征。"道"是万物的根本,具有本根性,同时也是自然万物和人事社会规律的总根据。这样的"道"弘大无形,但是又不同于万物,它"下周于事,因稽而命,与时生死,参名异事,通一同情"。"道"不可见,却无处不在,因此,韩非以"理"释"道",这是不同于《老子》的。韩非的"道"已经不是《老子》纯粹形而上的抽象概念,而是结合道之分殊,万物异理,从形而下的层面给《老子》的"道"更为详尽的解释。在此基础上,韩非将"虚"与"静"作为"道"在宇宙世界中体现出的状态,将"道"的"无为"特性演变为形而下的道术,并使之成为治国之术,这样,韩非就逐步扬弃了《老子》超验性的"道",使"道"变得可触可感。

二、"德则无德"之"德"论

韩非的"道"论,在宇宙论的世界里涉及"万物之始"和"是非之纪"两个方面的含义。"道"是万物的本原和是非判断的标准,"道"在成就万物的实践中演绎着自身的功能,从另一个角度理解,"道"成就万物的实践过程即是一种"德",万物的成就,对万物而言即是一种获得,这样,"道""德"就相通起来。韩非认为:"道有积而积有功,德者,道之功。"(《解老》,第376页)"道"润滑万物需要一种外显形式,"德"即是"道"事功的外在表现形式,能够体现出"道"的功效。因此,韩非的"德"既有形而上的抽象特征,与"道"同义;又有形而下的具体特征,特指一般道德。

（一）"德"的内涵

学界多称韩非为"非道德主义"，认为韩非否定道德和道德的作用。[①]其实，在韩非的思想中，"道德"连用的用例有2处，"德"的用例有118处，韩非是从更为宽广的层面来解读"德"的。一方面，韩非的"德"与"道"相连，是"道"的具象；另一方面，"德"指一般道德，比如《奸劫弑臣》篇中提道："圣人为法国者，必逆于世而顺于道德。知之者，同于义而异于俗；弗知之者，异于义而同于俗。天下知之者少，则义非矣。"（《奸劫弑臣》，第287~288页）这里的"道德"就是一般的道德，即"义"。需要强调的是，在韩非那里，当"德"指一般道德时，"德"与"道德"便是同义词。如"上古竞于道德，中世逐于智谋，当今争于气力。"（《五蠹》，第1092页）与"古人亟于德，中世逐于智，当今争于力。"（《八说》，第1030页），这两句中的"道德"与"德"、"智谋"与"智"、"气力"与"力"都是同义的。接下来，我们仔细分析韩非"德"思想的内涵。

韩非之"德"，在宇宙世界中，是"道"的具象。《解老》篇云："道有积而积有功，德者，道之功。"（《解老》，第376页）道有"常"，"常"被积累下来就有了功效，功效体现在物事中，事成则功立，"德"就是"道"功效的显现。"道"是没有固定形态的，但它成就万物，成就万物的结果即是"德"的诞生。因此，《扬权》篇云："夫道者，弘大而无形。德者，核理而普至，至于群生，斟酌用之，万物皆盛，而不与其宁。道者，下周于事，因稽而命，与时死生，参名异事，通一同情。故曰道不同于万物，德不同于阴阳，衡不同于轻重，绳不同于出入，和不同于燥湿，君不同于群臣。凡此六者，道之出也。道无双，故曰一。"（《扬权》，第152页）道是弘大而无形的，不可见，不可知，在形下的层面是与人事

---

① 王充在《论衡·非韩》篇第一次明确提出了对韩非"非道德主义"的批判。他说："治国之道，所养有二：一曰养德；二曰养力。……夫德不可独任以治国，力不可直任以御敌也。韩子之术不养德，偃王之操不任力，二者偏驳，各有不足。"（刘盼遂：《论衡集解》，古籍出版社，1957年，第200页。）

相同合,因循自然的规律,与四时相生死,用名来参验万事万物,则万事万物各不相同,可用"道"来加以参验,万事万物都合于道之情①,这里的"通一同情"中的"一"是指"道",与"道无双,故曰一"中的一是相同的。"情"是指"道"之情,即"道"所呈现出来的样态。

"德"是依据"道"对事理进行验证即"核理",然后"普至"万物,是一个分殊的过程,万物根据自身情况"斟酌用之",由于万物是根据自身情况运用"德",因此万事皆能成就,但是"德"不会因为自身的成就而安息,它仍然运行不止。显然,在这里"道"与"德"有着必然的联系,"道"作为万物的本原,在成就万物的过程中发挥着自己的功能,"德"是"道"的功能的外在显现,是"道所出"的;对万物而言,根据自身的情况斟酌运用"核理"的结果,成就自身的价值,这就是"德"的体现。从功能上理解,"道"不同于万物,但是能成就万物,其价值也在万物中体现;德不同于阴阳,但能成阴阳之功,这里的"德"是指刑德,"阴阳"是指杀戮和庆赏,在杀戮和庆赏中贯穿着刑德的精神气质;"衡"即权衡不同于轻重,但能判定轻重;"绳"不同于出入,但能正出入②,"出入"即弯曲;"和"不同于燥湿,但能应付、调和燥湿;"君"不同于臣民,但能统治和驾驭臣民。"道""德""衡""绳""和""君"分别与"万物""阴阳""轻重""出入""燥湿""群臣"不同,虽然不同,但是前者具有成就后者的能力,同时,这种能力同来自宇宙本原的"道",所以,"道"是独一无二的,"故曰一"。"万物""阴阳""轻重""出入""燥湿""群臣"是与时兴废的万事万物,它们都是宇宙本原之"道"推进时所呈现出来的,与宇宙本原之"道"有着不同

---

① 何谓"道之情"?《韩非子》在《解老》篇中做了详尽的描述:"道尽稽万物之理,……是以死生气禀焉,万智斟酌焉,万事废兴焉。……道与尧、舜俱智,与接舆俱狂,与桀、纣俱灭,与汤、武俱昌。凡道之情,不制不形,柔弱随时,与理相应。万物得之以死,得之以生。万事得之以败,得之以成。"(《韩非子·解老》,第411页)

② 《有度》篇曰:"绳直而枉木斫。"(《韩非子·有度》,第111页。)

的境遇。

"德"是"道"的具象,万物的成就体现于内在的素质即是一种"德",体现于外在的获得即是一种"得"。"德"与"得"既有区别,又是相通的,韩非在《解老》篇中专门对此做出了论述,他说:

> 德者,内也。得者,外也。"上德不德",言其神不淫于外也。神不淫于外,则身全。身全之谓德。德者,得身也。凡德者,以无为集,以无欲成,以不思安,以不用固。为之欲之,则德无舍;德无舍,则不全。用之思之,则不固;不固,则无功;无功,则生于德。德则无德,不德则在有德。故曰:"上德不德,是以有德。"(《解老》,第370页)

"德"是一种内在的素质,它存于自身;"得"是一种外在的获得,它从外得来,"得"是"德"的转化,"德"是"得"的基础和条件。韩非认为"德"是人所有的精气,"身以积精为德"(《解老》,第428页),"神"是"精"的别名,人所得的精气就是他的"德",所以人的精气应该保持,"不淫于外",精气存于身,则"身全","身全"才叫"德"。进一步分析,对人而言,"德"是内在的方面,"得"是人对于外界的欲求,有了对外的欲求就是"神淫于外",所以,韩非认为"得"的对象应该是"身",促使"身全"的"得",才是"上德",按照韩非的逻辑理解,"身全"即是让身安全,不犯法①。这样,"得"向"德"的转化就是"得身"的过程,人的身是德性的栖息地,即是"德"的安身之处。换言之,"德"的价值实现需要外在的条件,没有自身的安身之处,"德"也失去了存在的意义,"身"即成为"德"价值实现的归依处,"得身"昭示着"德"生成的方向和过程;

---

① 陈奇猷先生注释说:"神不游于外则不犯法禁而受刑罚,则身全。身全则是德(身全尤重于庆赏),故德之要在于得身也。"(《韩非子·解老》注四,陈奇猷:《韩非子新校注》,上海古籍出版社,2000年,第371页。)

"身全"昭示着"德"的成效和价值所在。

在《解老》篇中,韩非依然继承了《老子》的思想特点,推崇"无为"的思想,认为有德的称谓,实际是进入了无德的境地;真正的道德是不以德来标榜自己。那么真正的"德"应该具有怎样的品质? 它应该是"无为""无欲""不思""不用"的,"无为"则"德"聚于心,"无欲"则"德"才能成,"不思"则"德"安于心,"不用"则"德"才能固定下来。反之,"为之欲之",神则淫于外,"身"则不全,"德"就失去了安身的居所;"用之思之",这种故意的行为必将使"德"不能固其所,"德"不能巩固,就不能产生很大的功效,即"无功","无功"则"无德",这里的"无德"是指人的有意行为影响了"德"的聚合,反而是一种无德的行为;不故意施为,不显示自身的效用来实现自身的巩固,不标榜自己有德,这是一种"不德",而"不德"才是"上德",才是真正的"有德"。总体说来,真正的"德"是没有名号的,它自身具有丰厚的德性,却不以"德"自称。

"上德"不以"德"自称,同时,"上德"还具有"虚"的品质。《解老》篇云:"所以贵无为无思为虚者,谓其意无所制也。夫无术者,故以无为无思为虚也。夫故以无为无思为虚者,其意常不忘虚,是制于为虚也。虚者,谓其意无所制也。今制于为虚,是不虚也。虚者之无为也,不以无为为有常。不以无为为有常,则虚。虚则德盛;德盛之为上德。故曰:'上德无为而无不为也。'"(《解老》,第372页)"虚"的特征是无为无思,有意为虚,并不是真正的虚,它只是一种主观的"为",并非"无为"。由于德有"舍",要使德进入"舍","舍"就必须"虚",也就是说,"虚"是指空出"舍"来让外在的"德"进来,"德"要多,就需要"虚"①,即"虚则德盛",让"德"不断地产生和积聚才是"上德",

---

① "虚"能促使"德盛",所以《韩非子》"重积德",他说:"知治人者其思虑静;知事天者其孔窍虚。思虑静,故德不去。孔窍虚,则和气日入。故曰:'重积德。'夫能令故德不去,新和气日至者,蚤服者也。故曰:'蚤服,是谓重积德。'积德而后神静,神静而后和多,和多而后计得。"(《解老》,第396页)

这些都是"无为"的结果。

至此，韩非从"道""德""得"相通的意义上来界定"德"，"德"是"道"的具象，两者的结合连接了形而上和形而下两个方面，让二者在不同的领域发挥其价值和意义。对万物而言，根据自身的情况实行合乎"道"的实践，得到"德"的稽核，以求得到自身最大价值的实现，并将这种德性外显出来。这样的理解显然是对《老子》思想的有价值的阐发。①在"德""得"相通的意义上，韩非重在道德与价值之间的转化，这种转化并不是毫无条件的，而是以"无为""无欲""不思""不用"为条件，将内在的德性转化为外在的价值获取，应该说"得"才是"德"存在的意义所在，"德"只有外显出来，成就万物，使万物获取价值，才能促使"道""德""得"内在循环的生生不息。

（二）"义者，谓其宜也"

"德"是"道"的具象，"德"是"得"的内在基础和条件，"得"又是"德"价值实现的必然呈现，这些应该是韩非对抽象道德的理解。不仅如此，韩非还从抽象的道德到具体的道德规范，层层推进，将道德进一步具体化。

"义"在《韩非子》一书中共出现约一百四十处，从伦理学的角度，"义"可理解为一种道德原则。就儒家而言，既讲"仁"，也讲"义"，"仁者人也""义者宜也"，"仁"即是仁爱相亲，在人际关系的处理中，就是要把别人看作与自己同类的人，侧重人的内心；"宜"是当然之意，是指在处理人际关系时总有当与不当的区分，侧重外在的规范，并依靠规范的遵守来保证"义"。《孟子·告子上》中有一段集中的对话：

---

① 参见许建良《韩非"德则无德"的道德世界》一文中的"对万物而言，合自身本性规律的实践，不仅能够得到理想的稽核，而且也是自身价值的最大实现，是最到位的内在德性的外在化。这些无疑显示了他对老子精神的精确把握"。[许建良：《韩非"德则无德"的道德世界》，《苏州科技学院学报》（社会科学版），2006年第9期，第121~125页。]

告子曰:"食色,性也。仁,内也,非外也;义,外也,非内也。"

孟子曰:"何以谓仁内义外也?"

曰:"彼长而我长之,非有长于我也;犹彼白而我白之,从其白于外也,故谓之外也。"

曰:"异于白马之白也,无以异于白人之白也;不识长马之长也,无以异于长人之长与?且谓长者义乎?长之者义乎?"

曰:"吾弟则爱之,秦人之弟则不爱也,是以我为悦者也,故谓之内。长楚人之长,亦长吾之长,是以长为悦者也,故谓之外也。"

曰:"耆秦人之炙,无以异于耆吾炙。夫物则亦有然者也,然则耆炙亦有外与?"①

从这段对话中可知,告子将"仁"与"义"的概念做了严格的划分,即"仁内义外",显然,孟子是不赞同这样的观点的,孟子认为"仁""义"都是发自内在的。从这段"仁内义外"的辩论中,我们可以了解到,"仁"是人性自然的情感,"义"是一种外在规定,它与血缘没有关系。"义"作为外在的运思,它可以通过训练养成习惯从而使外在的义变成人的内在素质之一。也正是在这个意义上,韩非展开了对"仁""义"的讨论,《解老》篇云:

仁者,谓其中心欣然爱人也。其喜人之有福,而恶人之有祸也。生心之所不能已也,非求其报也。故曰:"上仁为之而无以为也。"(《解老》,第374页)

义者,君臣上下之事,父子贵贱之差也,知交朋友之接也,亲疏内外之分也。臣事君宜,下怀上宜,子事父宜,贱敬贵宜,知交朋友之相助也

① 《孟子·告子上》,杨伯峻:《孟子译注》,中华书局,2005年,第255~256页。

宜,亲者内而疏者外宜。义者,谓其宜也。宜而为之,故曰:"上义为之而有以为也。"(《解老》,第374页)

"仁"是人性的自然流露,是发自内心地欣然爱人的情感,饱含对善的追求,对恶的抗拒,这是人与生俱来的本性,不会因外界的影响而改变。韩非关于"仁"的看法与孔子的观点有某种暗合,但是又有所不同。在韩非看来,"仁"是无法压抑的与生俱来之心,不求回报,是人类共同的情感,这与道德善恶无关,只是人类的一种美好期待,所以,"上仁"是没有目的性的"仁",即"上仁为之而无以为"。

"义"在韩非那里具有多种含义,首先,"义"是一种等级秩序,即"君臣上下""父子贵贱"。行"义",有利于国家社稷的巩固,正所谓"信义,则近亲劝勉而远者归之矣"(《外储说左上》,第609页)。其次,"义"是内在的仁形于外的具体行为,是外在人与人之间的适宜度,是朋友之间、亲疏内外之间的相处之道。"宜"即是适宜,应当。"臣事君""下怀上""子事父""贱敬贵""交朋友之相助""亲者内而疏者外"都是适宜和应当的,适宜和应当的行为就应该遵行,并努力"为之"。从行为主体的角度看,应该遵行外在的规定,这是"义"的要求,那么应该遵行怎样的规定?即"义"的内容是什么?从以上论述中可知,韩非仍然把"上下""贵贱""内外"作为一种道德规范加以遵从,这与韩非强调外在秩序的作用是分不开的,"上义"是需要人们正确地去行为,道德的目的性,在"义"的规定中变得具体而强烈起来。

(三)"礼者,所以貌情也"

"礼"是先秦时期重要的道德概念,在《韩非子》一书中出现了87次。如果说春秋战国时期礼崩乐坏标志着传统文化的解体,那么,"礼"的重构则成为新兴封建文化的肇端。欲要重构"礼",就需要找到它的根源,关于"礼"的

根源,《荀子》中有过较为详尽的论述,《荀子·礼论》篇曰:

> 礼有三本:天地者,生之本也;先祖者,类之本也;君师者,治之本
> 也。无天地恶生? 无先祖恶出? 无君师恶治? 三者偏亡焉无安人。故
> 礼上事天,下事地,尊先祖而隆君师。是礼之三本也。①

关于"礼"的三本,以上内容显示其指向是不一致的,天地是万物的本原;先祖是人类的本原;君师是社会治乱的本原。而"礼"是不能脱离社会和人类的存在而产生的,"礼"的真正本原只有天地。究其原因,第一,天地是人类社会得以存在的物质前提,也为人类社会提供了广阔的生存空间,人类从自然界中获取生存的养料,从本质上看,天地比先祖和君师更根本。第二,人类是通过天的规律来制定人类社会的礼仪,即"象天而制礼"。由天象而引发人们对人类社会规则的确立,《周易》中也有:"仰则观象于天,俯则观法于地,观鸟兽之文,与地之宜。"②由此看来,"礼"根源于贯通整个宇宙的统一秩序和法则。作为宇宙中的人类,必然要遵循这一规律。《荀子》说:"礼者,人道之极也"③,"礼"是人道的终极标准,是人之所以为人的根本标准,因此,对"礼"的遵循和维护成为实现个体生命价值的最根本手段。

荀子是韩非的老师,《荀子》中"礼"的思想必然会对韩非有深刻影响。韩非从人类社会道德规范的角度阐述"礼"。《解老》篇云:"礼者,所以貌情也,群义之文章也,君臣父子之交也,贵贱贤不肖之所以别也。"(《解老》,第376页)"礼"是人情的外在表现,是各种人际关系适宜制度的形式,"礼"体现了规范的正当性要求。具体说来,"礼"是"仁"的外在表现,是"义"的制度化

---

① 《荀子·礼论》,[清]王先谦撰:《荀子集解》,中华书局,2010年,第349页。

② 《周易·系辞下》,陈鼓应、赵建伟注译:《周易今注今译》,商务印书馆,2007年,第650页。

③ 《荀子·礼论》,[清]王先谦撰:《荀子集解》,中华书局,2010年,第356页。

形式,是贵贱、贤不肖的区别标准。韩非肯定了"礼"的规范性存在,但是他也对"礼"进行了区分,即区分了众人之礼和君子之礼:

> 众人之为礼也,以尊他人也,故时劝时衰。君子之为礼,以为其身;以为其身,故神之为上礼;上礼神而众人贰,故不能相应;不能相应,故曰:"上礼为之而莫之应。"众人虽贰,圣人之复恭敬尽手足之礼也不衰。故曰:"攘臂而仍之。"(《解老》,第376页)

一般人行礼,是为了尊重他人,是发自人情的需要,是内心感情的表现形式。所以,一般人行礼就时勤时怠;君主行礼,是为了完善自身的修养,因此会专心致志来实行礼的规范。因为一般人和君主行礼的目的不同,所以一般人与君主在礼上很难达成共鸣,出现"上礼为之而莫之应"和"攘臂而仍之"的现象就不足为怪了。从众人之礼与君子之礼的差异中,韩非看到"礼"作为规范存在的内在局限,即"礼"对于一般民众而言是松散的规定,"礼"的保障实施并不是依靠强制力而是君主内在道德的约束。韩非对"礼"的属性认知,以及"礼"在社会中运用的弊端,为他以法修正礼的规则,以法保证道德规范的实行,提供了理论上的预设。

韩非对"礼"的重构就在于认清了过分繁复的礼仪规则,阻碍了人们之间的情感沟通,成为人们互相指责的根据,成为社会矛盾的根源。所以韩非最终赞同《老子》的观点,对"礼"评价道:

> 由是观之,礼繁者,实心衰也。然则为礼者,事通人之朴心者也。众人之为礼也,人应则轻欢,不应则责怨。今为礼者事通人之朴心,而资之以相责之分,能毋争乎?有争则乱,故曰:"礼者,忠信之薄也,而乱之首乎。"(《解老》,第380页)

（四）"道法万全"

"仁""义""礼"是具体的道德德目，这些德目在诸子各家尤其是儒家学派中得到充分的阐释，就狭义的一般道德而言，"仁""义""礼"无疑具有道德的功用，并且具有作为道德规范的正当性；而"法"作为一种外在的、强制性的硬性规定，自然会被排除在道德思想之外。韩非却另辟蹊径，他看到"仁""义""礼"只是在强调人间需要仁爱，却忽略了应该如何仁爱人间的问题，而"法"正是解决这一问题的最好途径。①从表层的说教转向深层的问题探讨，韩非的"法"的价值意义不再是单一的，而是多层次的，具有了道德的功效和力量。

从宇宙本原的角度看，韩非将"法"与"道"并连，合称"道法"。《韩非子》一书中"道法"的用例约为5个，其中作为动词使用的有2例②，能作为讨论对象的自然是名词的用法。作为名词的用法时，"道法"是"道"与"法"的整合，"法"是"道"精神的外在显现和凝聚。《大体》篇云："守成理，因自然；祸福生乎道法，而不出乎爱恶；荣辱之责在乎己，而不在乎人……因道全法，君子乐而大奸止。淡然闲静，因天命，持大体。故使人无离法之罪，鱼无失水之祸。如此，故天下少不可。"（《大体》，第555页）韩非认为社会的混乱并不是出于"爱恶"，而是出于"道法"的欠缺，可见，"道法"是整治社会的根本，依据"道法"就能够达到"人无离法之罪，鱼无失水之祸"的境界，即能够实现相对公

---

① 许建良先生在《韩非的"刑德"世界图式》中评论道："采用法是为了解决如何才能仁爱人间的问题，而不是局限于谈人间需要仁爱的问题，这是法家超越儒家的高明之处。我们在解决韩非选择法的用意的问题之后，对法师什么的问题，就不得不明辨，不然，推重法的行为本身的价值意义就无所附丽。"这个观点抓住了韩非用"法"的道德功效，是有一定说服力的。[许建良：《韩非的"刑德"世界图式》，《苏州科技学院学报》（社会科学版），2007年第11期，第14~20页。]

② "道法"作为动词使用有2例，"时称诗书，道法往古，则见以为诵"（《难言》，第48页），"道私者乱，道法者治"（《诡使》，第998页）。

正,避免错乱。

"道法"不同于"仁""义""礼"等道德范畴,它是外在于人的客观存在,内在的"善"或善行在"道法"面前也黯然失色。《说疑》篇云:"若夫后稷、皋陶、伊尹、周公旦、太公望、管仲、隰朋、百里奚、蹇叔、舅犯、赵衰、范蠡、大夫种、逢同、华登,此十五人者为其臣也,皆夙兴夜寐,卑身贱体,竦心白意,明刑辟、治官职以事其君,进善言、通道法而不敢矜其善,有成功立事而不敢伐其劳。"(《说疑》,第973页)事情的成功不在于"其善""其劳",而是"通道法",人依循"道法"做事,事即能成功。这样看来,依法即是依道,"法"能促进社会的安定和幸福,这对于人们而言就是最大的福祉。因此,韩非才说:"以道为常,以法为本。"(《邪饰》,第359页)

"法"是一种万全之道,它能显示相对公正的价值取向。《邪饰》篇中韩非论述了"法"与"智"的区别,他说:"故镜执清而无事,美恶从而比焉;衡执正而无事,轻重从而载焉。夫摇镜则不得为明,摇衡则不得为正,法之谓也。故先王以道为常,以法为本。本治者名尊,本乱者名绝。凡智能明通,有以则行,无以则止。故智能单道,不可传于人。而道法万全,智能多失。夫悬衡而知平,设规而知圆,万全之道也。明主使民饰于道之故,故佚而有功。释规而任巧,释法而任智,惑乱之道也。"(《邪饰》,第359页)"道法"具有"镜执清""衡执正"的能力,"无事"是它们的行为原则,"无事"即无为,在"无为"的轨道上稽核"美恶",权衡"轻重",可以获得相对公正的价值追求,所以,"法"是一种万全之道,它"因自然""持大体",追求人与自然的和谐一体,其最终目标是"平"与"圆"。而"智"则不如"道法"全面,"智"多有失误,抛开"法",只依靠智慧来处理事务,往往是惑乱人心,社会不得安宁;"法"才是整治社会、稳定社会之万全之道。

(五)小结

韩非的"德"是"道"的具象,是"道"的功能的外在显现,"德"与"得"是相通的,内在的"德"要转化为外在的"得"才是实现了"德"的真正价值,而"德"与"得"的转化条件即是遵循无为的轨道,在因循万物本性中施行和实践。韩非对"德"的概念的形而上论述旨在显明"德"的存在,以及"德"对维护人类社会秩序的意义和力量。也正是在这个理解上,其对"德"展开了更为宽泛的阐释,将能维护社会稳定,能促进人们得到实际仁爱的"法"作为重要的道德规范,"法"是"道"的精神的凝聚,依法而行即是遵循了道的精神;并将"法"与"仁""义""礼"并列,敏锐地指出儒家以"血缘爱"为标志的仁义的局限性,以及繁复的礼仪给社会带来的危害,认为"赏罚分明"的"刑法"才是爱民的表现,才是产生爱的根源。韩非将"法"与"德"结合起来的观点,突破了之前道德思想的藩篱,无疑是道德思想发展的重要环节。

三、"缘理而动"之"理"论

"理"一词,在战国以前的典籍中很少出现。即使偶有用例,也没有太多的哲学含义,只是指一种官职,或者是指治理,再者是指分划地界。[1]到了战国时期,"理"作为一种哲学概念逐渐被学者们重视。管子和庄子对此做了比较早的论说。管子说:"阴阳者,天地之大理也,四时者,阴阳之大经也"[2]、"尊天地之理,所以论威也"[3],可见,管子之"理"是天地万物之理。庄子在

---

① 谷方:《韩非子与中国文化》,贵州人民出版社,1996年,第219~220页。
② 《管子·四时》,黎翔凤:《管子校注》,中华书局,2004年,第838页。
③ 《管子·侈靡》,黎翔凤:《管子校注》,中华书局,2004年,第638页。

《则阳》篇中指出,"万物殊理"①,《秋水》篇也说,"知道者必达于理,达于理者必明于权,明于权者不以物害已"②。庄子之"理"是分理、殊理。韩非沿着这个方向发展,使"理"处于道和物的中间。周炽成认为:"由于理的引入,韩非便建立了一个道、理、物的三相结构。它不同于《周易》的道、器二相结构("形而上者谓之道,形而下者谓之器")。"③庞朴也指出,韩非的"理"相当于"形而中"④。它是沟通形而上之道和形而下之器的中间环节。⑤

(一)"道者,万理之所稽"

韩非的"理"处于"道"与"物"的中间,这样看来,韩非的"理"与道家《老子》的"道"之间存在必然的联系,那么,这个联系是什么? 韩非是如何用可知的"理"来解释无形无象的"道"?"理"对"道"的解释和发挥呈现怎样的特色? 接下来,我们将讨论这些问题。

在韩非那里,"理"与"道"是紧密相连的,"理"是"道"的外显和中介,是事物相互区分的准则,万物因"理"而互不相同,而"理"源于"道"。《解老》篇曰:

---

① 《庄子·则阳》,[清]王先谦撰:《庄子集解》,中华书局,1987年,第233页。

② 《庄子·秋水》,[清]王先谦撰:《庄子集解》,中华书局,1987年,第144页。

③ 周炽成:《法家的道理之论:从管子到韩非子》,《华南师范大学学报》(社会科学版),2007年第6期,第3~7页。

④ 庞朴:《一分为三》,海天出版社,1995年,第261页。

⑤ 研究韩非"理"的学者不乏少数,比如蒋重跃的《韩非的道理论及其在诸子天道观中的地位》,《求是学刊》,1999年第6期,第111~119页;刘贵详的《论韩非之"理"对老子之"道"的改造和发挥——兼论韩非政治哲学的理论来源和特点》,《长春工业大学学报》(社会科学版),2007年第4期,第17~19页。但是很少有学者在韩非伦理思想体系中谈"理"的特征,许建良先生在国家哲学社会科学基金项目"和谐社会建设的法家道德资源研究"、江苏省教育厅高校哲学社会科学指导项目"法家道德哲学的现代诠释"中系统探讨了韩非的"理"论,该项目的著作于2012年3月出版,本书的研究思路也参照了许建良先生的系列成果。

道者,万物之所然也,万理之所稽也。理者,成物之文也。道者,万物之所以成也。故曰:"道,理之者也。"物有理不可以相薄。物有理不可以相薄,故理之为物之制。万物各异理,万物各异理而道尽稽万物之理,故不得不化。不得不化,故无常操。无常操,是以死生气禀焉,万智斟酌焉,万事废兴焉。天得之以高,地得之以藏,维斗得之以成其威,日月得之以恒其光,五常得之以常其位,列星得之以端其行,四时得之以御其变气,轩辕得之以擅四方,赤松得之与天地统,圣人得之以成文章。道与尧、舜俱智,与接舆俱狂,与桀、纣俱灭,与汤、武俱昌。以为近乎,游于四极。以为远乎,常在吾侧。以为暗乎,其光昭昭。以为明乎,其物冥冥。而功成天地,和化雷霆。宇内之物,恃之以成。凡道之情,不制不形,柔弱随时,与理相应。万物得之以死,得之以生。万事得之以败,得之以成。道譬诸若水,溺者多饮之即死,渴者适饮之即生。譬之若剑戟,愚人以行忿则祸生,圣人以诛暴则福成。故得之以死,得之以生,得之以败,得之以成。(《解老》,第411页)

韩非认为,"理"与"道"首先是一对相互联系的概念。"道"是万物的总体,"理"是个体,"道"侧重从总体上来把握万物,但总体是不能无所附着地存在的;"理"侧重于强调个体的特点,但是个体并不能孤立存在,必须在他物的对照下才能显示出自身的特点,因此,"道"与"理"是一而二,二而一的关系。虽然"万物各异理",但在"道"的视角,这是世界的本然状态,表现不同事物的特征是所有"理"的共性,"理"以它的异而达到同,所以韩非才提出"万物各异理而道尽稽"的命题,以此赋予"道"和"理"辩证的色彩。

"道"与"理"具有辩证的意味,可它们仍是不同层次的概念。"道"是"理"的总和与超越。按照韩非的思想逻辑,"理"有生理和死理,无论是生是死,都是合乎"道"的,因此就有了超越具体之物的常道。"道"既通过"理"而成为万物的本原,又通过对"理"的超越而脱离具体事物的限制,所以"道"不受具体事物的限制,因而柔弱灵活。"死生气禀焉,万智斟酌焉,万事废兴焉","道与尧、舜俱智,与接舆俱狂,与桀、纣俱灭,与汤、武俱昌","凡道之情,不制不形,柔弱随时,与理相应。万物得之以死,得之以生。万事得之以败,得之以成"。说的就是这个道理。

"道"是万物的本原,拥有最高实体的品格,但这并不妨碍"理"也具有规律性和客观性的意味。在具体的关系中,"道"是一物之所以为一物的依据,"理"是辨别一物之所以为一物的独特属性,"文"即纹理脉络。因此,"道"成就了万物,但"理"却使"万物并育而不相害,道并行而不相悖"①,万物都有各自的属性特征和纹理脉络,这些"理"使万物可以"不相薄",王先慎注释:"薄,迫也。"②万物不相迫,却能在各自的基础上体现"道"的基本属性,虽然万物都有各自的变化之理,但是总要遵循"道"的轨迹,与"道"保持一种同构同质的关联。就如宋洪兵所说:"'理'是'道'在物质世界的具体体现,具有可以为人们所认知和把握的客观性和规律性,人们通过对'理'的分析和研究,就能充分体悟、领会到'道'的存在并能按照合乎'道'的属性、规则来办事。"③

纵然"理"与"道"有着紧密的联系,但是它们还是显示出不同的特征。其一,"道"是万物的总原则,"理"是事物的个别原则,显然,"道"处于相对抽象的层次,"理"处于相对具体的层面。"道"与"理"相分在《管子》那里已经出现,"乱主上逆天道,下逆地理"④、"心之在体,君之位也。九窍之有职,官之

---

① 《四书章句集注·中庸》,[南宋]朱熹撰:《四书章句集注》,岳麓书社,2008年,第55页。

② [清]王先慎:《韩非子集解》,见《诸子集成》(5),中华书局,1954年,第107页。

③ 宋洪兵、孙家洲编著:《韩非子解读》,中国人民大学出版社,2010年,第21~22页。

④ 《管子·形势解》,黎翔凤:《管子校注》,中华书局,2004年,第1186页。

分也。心处其道,九窍循理"①,以"道"说天,以"理"说地;心如君,九窍如臣(官),心高于九窍,因而以"道"说心,以"理"论九窍。这样的区分,在韩非那里更为明确和具体:"道"为万物的始源,而"理"为具体事物的内在关联,"理"是在区别中把握万物。其二,"道"是不变的一,"理"是各异的多。作为万物的始源,"道"只有一个,但万物的"理"却有无限多样,"道"一,使世界趋向统一,"理"多,使世界趋向多样,这一点与《管子》的观点正好相反,《管子》认为"道"在具有不变性的同时还具有多样性,人们可以灵活地运用"道",但是不能灵活地运用"理"。《管子》曰:"别交正分之谓理,顺理而不失之谓道"②,"道之所言者一也,而用之者异。有闻道而好为家者,一家之人也;有闻道而好为乡者,一乡之人也;有闻道而好为国者,一国之人也;有闻道而好为天下者,天下之人也"③。"理"的功能是"别交""正分",对于"理"的运用应该是顺应不失;而"道"的运用却各异,为家之人,为乡之人,为国之人,天下之人所用的都是"道"。无论是"道"一"理"多,还是"道"多样而"理"不变,二者所站的思维角度是不同的。韩非是从宇宙本原论上来界定"道",当然"道"是一,从万物的特征和纹理的角度来界定"理",当然"理"多而殊;《管子》则是从形而下的角度运用"道",如治家之道,治乡之道,治国之道等,并从概念的认知上来阐释"理","理"的作用是"别交""正分",这是应该明确的,把握这一特点认知万物才是顺乎"道"。

(二)"缘理而动"

《解老》篇曰:"缘道理以从事者无不能成"(《解老》,第388页),可见"理"在韩非那里具有重要意义,韩非在"道"与"理"的辩证关系中,自然地把"理"

---

① 《管子·心术上》,黎翔凤:《管子校注》,中华书局,2004年,第758页。
② 《管子·君臣上》,黎翔凤:《管子校注》,中华书局,2004年,第557页。
③ 《管子·形势》,黎翔凤:《管子校注》,中华书局,2004年,第41~42页。

转化为可操作的方法论,因此,"缘理而动"既具有了本体论的支撑,也具有了方法论的必要。韩非说:

> 谨修所事,待命于天……因天之道,反形之理,督参鞠之,终则有始。(《扬权》,第145页)
>
> 所谓"大丈夫"者,谓其智之大也。所谓"处其厚而不处其薄"者,行情实而去礼貌也。所谓"处其实不处其华"者,必缘理(而)不径绝也。所谓"去彼取此"者,去貌径绝而取缘理好情实也。故曰:"去彼取此。"(《解老》,第385页)
>
> 啬之谓术也生于道理。夫能啬也,是从于道而服于理者也。众人离于患,陷于祸,犹未知退,而不服从道理。圣人虽未见祸患之形,虚无服从于道理,以称蚤服。故曰:"夫谓啬,是以蚤服。"(《解老》,第395页)
>
> 事在四方,要在中央。圣人执要,四方来效。虚而待之,彼自以之。四海既藏,道阴见阳。左右既立,开门而当。勿变勿易,与二俱行。行之不已,是谓履理也。(《扬权》,第137页)
>
> 故不乘天地之资,而载一人之身;不随道理之数,而学一人之智;此皆一叶之行也。(《喻老》,第451页)

韩非首先肯定了依循"天道""天理"的重要性,"因天之道,反形之理,督参鞠之,终则有始",依据自然规律,推及事物的具体道理,终而复始,无穷无尽地考察。那么,为何要"缘理而动"呢?韩非通过释义《老子》来拟定其对"理"的理解。《老子》认为的"大丈夫"是指智慧很高的人,这样的人能循事理办事,表现真实的情感,这里,"缘"与"因"同义,陈奇猷注释:"缘、因同义"[①],"因"即因循。不仅如此,"啬"和"虚无"作为良好的修养方法,都出于"道

---

① 《韩非子·解老》注二一,陈奇猷:《韩非子新校注》,上海古籍出版社,2000年,第137页。

理","啬"作为一种"术",是"生于道理"的,"能啬"说明其"从于道而服于
理";而"众人"与"圣人"的区别就在于,"众人离于患,陷于祸,犹未知退,而
不服从道理","圣人虽未见祸患之形,虚无服从于道理",也就是说,"众人"
遭遇灾害,仍不会反省,不去理会其中的"道理";"圣人"虽未看见祸患的征
兆,也能以虚静的态度去服从"道理"。圣人"履理"后,只要抓住治理国家的
关键,四方的臣民都会贡献力量。以虚静的态度对待他们,他们就会自动地
运用才智。胸怀包藏天下,即可在静中察看动态。文事武备既已建立,开启
耳目视听就可以了。如果圣人"不随道理之数",而学一人之智巧,势必会造
成"一叶之行",甚而会导致"网罗之爪角害之"(《解老》,第417页)的后果。

在韩非看来,人的社会活动必须要有一个社会准则和规范作为引导,这
个规范和准则就是"理",但是这个规范和准则的依据在哪里呢? 韩非将它
归结为"道",这在本质上与《老子》的"人法地,地法天,天法道,道法自然"的
思维逻辑是一脉相承的。在这点上,陈奇猷先生也有类似的解说,他认为
《老子》所言的"道纪",在韩非那里为"理",其意思是相近的。①由陈奇猷先
生的注释看来,韩非之所以要以"理"释"道"是为了强调法纪在生活中的重
要,其解释的思路应该是道—(理)纪—法纪。这样的解读虽然带着主观性,
但从韩非整个思想体系来看,还是有一定合理性的。"理"既然是"道"的体
现,那么合乎"理"也就是合乎"道"。这就是"理"在韩非那里能成为一个抽
象概念,并具有哲学意味的根本原因。

---

① 参见陈奇猷注释"盖韩子多以理为法纪之义,下文'物有理不可以相薄',《难一篇》'桓公不
能领臣主之理',《制分篇》'实故有所致而理失其量',理字皆当训为法纪"。然后又引证《主道篇》的
话说:"'道者万物之始,是非是纪也,是以明君守始以知万物之源,治纪以知善败之端',纪与此文理
义同。理既是法纪,故下文曰'物有理不可以相薄'。故老子作纪,韩子作理,其义一也。"(《韩非子·
解老》注一,陈奇猷:《韩非子新校注》,上海古籍出版社,2000年,第412页。)

(三)"理定而物易割"

"道理"二字的组合,体现了对普遍的法则和特殊情境的双重关注,"道"相对于"理"往往更多地体现了普遍的法则,"道者,万物之所然,万理之所稽也""万物各异理而道尽"。相对而言,"理"较多涉及分殊,指具体事物之间的差异性,韩非比较具体地指出了这一点:

> 凡理者,方圆、短长、粗靡、坚脆之分也,故理定而后可得道也。(《解老》,第414页)
>
> 短长、大小、方圆、坚脆、轻重、白黑之谓理。理定而物易割也。(《解老》,第422页)

"理"是万物显现的各种具体属性。正因为事物的具体属性千差万别,事物之间才各有所异,这就是"凡理者,方圆、短长、粗靡、坚脆之分也"的含义。人对事物的认识就是从事物的对比中去把握其差异性。比如认识大小,只有从大与小的对比中才能把握大之为大,小之为小。认识了差异性也就把握了事物相互区分的标准,这就是所谓的"理定而物易割""理定而后可得道"的含义。即通过对具有客观性及规律性的"理"的把握,就能打通"道"的完美品格与人事治理之间的关隘,从而为建立一个"有道"社会奠定学理基础。

(四)"得事理则必成功"

韩非从"分"和"殊"的角度来理解和使用"理"这一概念,认为认识了事物的差异性就把握了事物之间相互区别的标准,进而言之,把握了事物的"理"则能成就功业。他说:

人有祸则心畏恐;心畏恐则行端直;行端直则思虑熟;思虑熟则得事理。行端直则无祸害;无祸害则尽天年。得事理则必成功。(《解老》,第386页)

爱子者慈于子,重生者慈于身,贵功者慈于事。慈母之于弱子也,务致其福。务致其福则事除其祸;事除其祸则思虑熟;思虑熟则得事理;得事理则必成功;必成功则其行之也不疑,不疑之谓勇。(《解老》,第421页)

因事之理,则不劳而成。(《外储说右下》,第807页)

夫缘道理以从事者无不能成。无不能成者,大能成天子之势尊,而小易得卿相将军之赏禄。夫弃道理而妄举动者,虽上有天子诸侯之势尊,而下有猗顿、陶朱、卜祝之富,犹失其民人而亡其财资也。众人之轻弃道理而易妄举动者,不知其祸福之深大而道阔远若是也,故谕人曰:"孰知其极。"(《解老》,第388页)

今众人之所以欲成功而反为败者,生于不知道理,而不肯问知而听能。(《解老》,第390页)

韩非认为,灾祸会警醒人们,使人们行为端正无邪;行为端正无邪,思虑就会成熟;思虑成熟,就能掌握事物的法则;掌握了事物的法则,就一定能成就事功。按照韩非的思维逻辑,"得事理"的前提是"思虑熟",而"得事理"就能成就事功;成就事功,那么行动起来就没有疑惑;没有疑惑就达到了"勇"的境界。之所以要遵循事物的法则办事,是因为可以不费劳苦就能成功,这里,韩非特意列举了"兹郑之踞辕而歌,以上高梁""桓公巡民而管仲省腐财怨女"的事例,来说明"因事之理,则不劳而成"的道理。根据事物固有的法则来办事,没有不能成就的事业,往大的方面讲能成就天子的权势,从小的方面说则很容易取得卿相、将军的赏赐和爵禄。

同时，韩非也强调，如若抛弃"道理而妄举动"，则"犹失其民人而亡其财资也"。抛弃事物的内在法则而轻举妄动，即使上有天子诸侯的尊贵权势，下有猗顿、陶朱、卜祝的财富，还是会失去他的人民，丧失他的财产。而人们之所以想成功却反而失败，就在于"不知道理，而不肯问知而听能"。"得事理则必成功"说明韩非思想中具有强烈实用理性的倾向，他注重实际效果，将此作为判断一切事物的检验标准。

韩非将《老子》的"天道"引向社会治理的"治道"，其方法就是通过"以理释道"。他认为，统治者只有充分尊重并切实遵循"道""理"的原则，让"道""理"的和谐、安宁、正义、无争的品格映射到现实社会中，以此实现一个理想的"有道"社会。以此思想为指导，韩非思想中的人性论、法治主张，以及历史观都与之相连。万物都有各自的"理"，具体的事物又有自己变化所依循的"理"，所以从总体上看，由此理到彼理就不是一成不变的，统治者必须随着"理"的变化而变化，这样看来，没有永恒不变的道德观念和人性观念，如"上古竞于道德，中古逐于智谋，当今争于气力"就是合乎"道""理"的抉择。治国之理在现实社会中的呈现即是"法"，所以"理"的准则作用体现在社会中就是依法纪的要求活动，韩非的"理"论为其"法治"思想提供了理论基础。同时，由于"理"的变化和多样性，随着历史的前进，治国之理也应该相应的变化，治理社会必须遵循"理"的变化准则，才能与时俱进，适应时代的脚步。

（五）小结

韩非是通过改造《老子》的"道""德"观而建立起自己的伦理思想体系，即以"道"为万物本原，"德"与"理"都是"道"的外在显现。韩非既从形而上的角度探讨"道""德""理"在宇宙世界中的意义，又从形而下的角度讨论了

"道""德""理"在"人伦日用"中的价值,由此弥补了《老子》思想的抽象性,以及儒家学说游离于社会现实之外而专注繁缛的说教,从而使得自己的学说体系初步完备。并通过对宇宙世界和现实人伦的深刻反思,论述了"义""礼""法"的规范作用,特别是"法"的规范价值,导引出"法"在维护社会安定、整治社会中的作用,尊崇"法"的要求即是遵循"道";"法"使社会获得安定,使人间获得仁爱,这才是真正意义上的"德"。由此看来,韩非并没有将"法"置于"德"的对立面,只是从更为宽泛的角度理解"法"与"德",让"法"获得行动上的正当性和正义性,最终目的是想让人们获得更为幸福和美好的生活。

第三章　"不伤情性"之道德范畴论

韩非的道德思想体系在形上的层面以"道—德—理"为奠基,由此衍生出对现实人伦治理的反思,即对人性、公私、名实、刑德的探讨,这些道德范畴是韩非形上思想的具体显现,又成为韩非道德范畴的重要支撑点。在这些道德范畴中有春秋战国时期常见的话题,如人性、名实、公私,诸子各派对之都有过不同论述,而韩非却能吸取各家资源,阐释出自身的观点,特别是刑德思想的提出,既是对春秋战国道德思想的深刻反思与延伸,也对之后道德思想发展提供有益的思想路径。对于这些道德范畴的厘清,有利于明晰地构建韩非伦理思想的理论体系。

一、"好利恶害"之人性论

在韩非之前,对"人性"的看法,既有"性善"论,也有"性恶"论。法家的管子和商鞅主张"人故相憎也,人之心悍","爱私""务胜",其中并未言及性善的可能性,从人的行为而言,也没有人之本性恶的论断。韩非受荀子启发,将"自利"视为人的本性,但并没有如荀子一样将这种"自利"特性从道德上加以评价,仅仅只是从客观的角度谈论人性,并承认"自利""自为"是人的自然本性,无所谓善或者恶。正如胡伟希评价:"所谓性恶论,是不仅将'自利'视为人的基本性质,而且将这种'自利'做出一种道德评价。而韩非仅仅是客观地谈论人的本性,承认人的这种'自利'本性是一种经验事实。"①

(一)"皆挟自为心"的自然人性论

"人性利己"是法家的共同观念。慎到就有人性"自为"之说②,商鞅明确认为"名与利交至,民之性"③,韩非继承并发挥了前期法家的这些思想,认为人的行为均有一种计其私利而后行事的共同心理,即"自为心"。而人类之所以好利恶害,争名夺利,乃至不择手段达到目的,都在于"皆挟自为心",这种"自为心"通常都出自人的一种自然倾向。④韩非认为:"好利恶害,人之所有也……喜利畏罪,人莫不然"(《难二》,第893页),"人情皆喜贵而恶贱"(《难三》,第897页)。他把人与人的关系,都看成是利害关系。韩非观察了当时社会生活,并从多方面论证了此观点:

在论述家庭关系时,韩非把家庭关系看成是一种利害关系。他说:

> 人为婴儿也,父母养之简,子长而怨;子盛壮成人,其供养薄,父母

---

① 胡伟希:《中国哲学概论》,北京大学出版社,第131页。

② 参见《慎到·因循》:"人莫不自为也,化而使之为我,则莫可得而用矣。"意思是说,人没有不为自己打算的,要改变得使它"为我",是不可能办到的。[《慎子·因循》,许嘉璐主编:《诸子集成》(中),广州:广东教育出版社,2006年,第1527页。]

③ 参见《商君书·算地》:"名与利交至,民之性。饥而求事,劳而求佚,苦则索乐,辱则求荣,此民之性也。"(《商君书·算地》,高亨:《商君书注译》,中华书局,1974年,第64页。)

④ 张申认为:"韩非从来没有说过'自为'的人性是恶的。如果认为这就是性恶论,那么试问:这是韩非的观点,还是我们根据某种观点对韩非的观点所作的评论?"(张申:《韩非是性恶论者吗?》,《吉林师大学报》,1979年第3期,第86~93页。)同时,他又反驳了韩非人性自私的观点,他指出,虽然韩非认为人人都是"自为"的,但这是一种合理的利己主义,并不是极端自私自利的利己主义。(张申:《再论韩非的伦理思想不是非道德主义》,《中国哲学史研究》,1989年第2期。)在反驳上述两种观点的基础上,张申提出,韩非的人性论既不是性善论,也不是性恶论,而是无善无恶的自然人性论。这种人性论是韩非继承和发展前期法家慎到和商鞅等关于人性"为"、好利恶害的思想基础上形成的。

怒而诮之。子、父，至亲也，而或谯或怨者，皆挟相为而不周于为己也。
(《外储说左上》，第683页）

且父母之于子也，产男则相贺，产女则杀之。此俱出父母之怀衽，
然男子受贺，女子杀之者，虑其后便、计之长利也。故父母之于子也，犹
用计算之心以相待也，而况无父子之泽乎！(《六反》，第1006页）

夫妻者，非有骨肉之恩也，爱则亲，不爱则疏。语曰："其母好者其
子抱。"然则其为之反也，其母恶者其子释。丈夫年五十而好色未解也，
妇人年三十而美色衰矣。以衰美之妇人事好色之丈夫，则身见疏贱，而
子疑不为后，此后妃、夫人之所以冀其君之死者也。(《备内》，第322页）

"谯"同"诮"，是苛责的意思，父母与子女是至亲，可是双方都希望对方
为自己，即"皆挟相为"，而不愿意自己出力，如果对方不厚养自己，即"不周
于为己"，就要怨恨和责难。这种利害关系还残酷地体现在"产男则相贺，产
女则杀之"这一现象上，因为女孩长大出嫁，对父母来说则无利可图。在韩
非的观念中，父母与子女，丈夫与妻子之间，都是"用计算之心以相待"的关
系，所以人主不可太信其子，也不可太信其妻。不然的话，就会被奸臣利用，
"以成其私"(《五蠹》，第1122页）。

在君民关系上，韩非与儒家持相对立的观点，儒家强调仁义，君主对臣
民应该如父母对子女，即君主对臣民具有恩泽之情。而韩非认为："今学者
之说人主也，皆去求利之心，出相爱之道，是求人主之过于父母之亲也，此不
熟于论恩诈而诬也，故明主不受也。"(《六反》，第1006~1007页），意思是说，
让君主去掉求利之心，而采用相爱的原则，这是"不熟于论恩诈而诬也"，君
主是不会接受的，因为君施恩，臣下会用欺诈的手段欺骗君主，以获得益处。
所以，君主是"不养恩爱之心而增威严之势"，"君上之于民也，有难则用其
死，安平则尽其力"(《六反》，第1009页）。可见，在韩非看来，君主统治人民

的最终目的是让人民为自己"尽死力"。

因此,君臣之间同样也是一种利害关系。他说:

> 主利在有能而任官,臣利在无能而得事;主利在有劳而爵禄,臣利
> 在无功而富贵;主利在豪杰使能,臣利在朋党用私。(《孤愤》,第251页)
>
> 君臣异心,君以计畜臣,臣以计事君,君臣之交,计也。害身而利
> 国,臣弗为也;害国而利臣,君不行也。臣之情,害身无利;君之情,害国
> 无亲。君臣也者,以计合者也。(《饰邪》,第366~367页)
>
> 臣尽死力以与君市,君垂爵禄以与臣市,君臣之际,非父子之亲也,
> 计数之所出也。(《难一》,第851~852页)

虽然君臣同为统治阶层,但君臣之间的利益是相对的,他们仍以"计算之心相待",各自从自己的利益出发考虑问题,因此君臣之间也像买卖关系一样,无利不成交,即"臣尽死力以与君市,君垂爵禄以与臣市"。君臣之间这样的关系都是从"计数"出发的,"计数"的含义就是计算利害得失,臣下拼死效力来换取君主的爵禄,君主设置爵禄来换取臣下的拼死效力,由此可见,君臣之间并不是父子之间的亲缘关系。正因为君臣之间存在这种利害冲突,所以韩非认为君主不能过度信赖臣下,他说:"人主之患在于信人,信人则制于人。人臣之于其君,非有骨肉之亲也,缚于势而不得不事也。故为人臣者,窃觇其君心也无须臾之休,而人主怠慠处其上,此世所以有劫君弑主也。"(《备内》,第321页)也就是说,臣下对于他的君主是没有骨肉亲情的,臣下事君,是出于不得已,其实他们每时每刻都在窥探君心。

总而言之,在韩非看来,人与人之间的关系都是一种利害关系,以利害之心相往来,他说:

王良爱马,越王勾践爱人,为战与驰。医善吮人之伤,含人之血,非骨肉之亲也,利所加也。故舆人成舆则欲人之富贵,匠人成棺则欲人之夭死也。非舆人仁而匠人贼也。人不贵则舆不售。人不死则棺不买。情非憎人也,利在人之死也,故后妃、夫人太子之党成而欲君之死也,君不死则势不重。情非憎君也,利在君之死也。(《备内》,第322~323页)

夫卖庸而播耕者,主人费家而美食,调布而求易钱者,非爱庸客也,曰:如是,耕者且深,耨者熟耘也。庸客致力而疾耘耕者,尽巧而正畦陌畦畤者,非爱主人也,曰:如是,羹且美,钱布且易云也。此其养功力,有父子之泽矣,而心调于用者,皆挟自为心也。(《外储说左上》,第683~684页)

越王勾践爱人,是为了有人替他打仗;医生吮病人的脓疮,是为了赚钱;造车的希望人富贵,造棺材的希望人早死;并不是其情有爱憎,而是利之所在,不能不如此。同样,后妃夫人希望国君早死,并非是厌恶其君,是为了其子能早日继承王位。除了这些事例外,韩非还在《外储说左上》篇中表达了人"皆挟自为心"的观点。他说,"人主"给佣工"美食",挑选布币交换钱币来付报酬,不是因为喜欢佣工,而是叫他们努力为自己耕田。佣工努力地耕田,也不是因为喜欢主人,而是为了得到"美食"和工钱。主人和佣工都是为了自己的利益打算,都是出于私心。因此,韩非得出结论:"故人行事施予,以利之为心,则越人易和;以害之为心,则父子离且怨。"(《外储说左上》,第684页)这就是说,从有利于自身出发,异族人也能结合在一起;否则,一家人也要分崩离析。

韩非之所以如此看待人性,是有其社会根源的。战国时代,新的封建经济和商品经济都得到发展,特别是土地私人占有制进一步深化,而且在地主经济中出现了雇佣劳动,韩非正是在当时的经济关系中引出人性自利的理论。这种转变在《八说》篇中也有明确论述的："古者人寡而相亲,物多而轻利易让,故有揖让而传天下者。然则行揖让,高慈惠而道仁厚,皆推政也。"(《八说》,第1030页)在上古时代,人少物多,人与人相亲相爱,互相推让,所以在政权上实行禅让制度。而如今土地私有化,人性自利变得理所当然。

韩非自利自为的人性论与儒家仁爱的人性论有很大不同,儒家推行仁爱,是从理想的层面指望人们能通过自身内在的道德行为促进社会前进,而韩非则采用客观而冷峻的眼光剖析人性,指出在人际关系中,指望他人为善于自己,犹如望梅止渴,"恃人之为吾善也,境内不什数……夫必恃自直之箭,百世无矢;恃自圜之木,千世无轮矣。自直之箭、自圜之木,百世无有一,然而世皆乘车射禽何也?隐栝之道用也。虽有不恃隐栝而自直之箭、自圜之木,良工弗贵也,何则?乘者非一人,射者非一发也。不恃赏罚而恃自善之民,明主弗贵也,何则?国法不可失,而所治非一人也。故有术之君,不随适然之善,而行必然之道"(《显学》,第1141~1142页)。生活中虽然有不需要良工加工的"自直之箭""自圜之木",但是这样的情况太少,指望这个,必然"百世无矢""千世无轮"。"自善之民"只是"适然之善"的少数现象,因此依靠"自善之民"的善行而抛弃赏罚,这是贤明的君主不提倡的。法度的出现也是针对人性趋利避害的心理,人皆有"自为心",一切以个人的利益为目的,不考虑他人的利益,这种心理的益处是"自为则事行"(《外储说左上》,第660页),反之,如果"挟夫相为则责望"(《外储说左上》,第660页),那么就没有人去实际行动,有的只是观望和责备。因此,韩非认为"不随适然之善",不对他人的善行抱有侥幸心理,而主张"恃人不如自恃也"(《外储说右上》,第821页),即依靠别人不如依靠自己。

总之,韩非从自然本性的角度将人性描述为"皆挟自为心",这实际上是评判了儒墨仁爱、兼爱的主张缺乏可能性。韩非以理性的眼光审视现实,将儒家情感化的动人外衣掀掉,直视人的本来面目。①葛瑞汉评价道:"孔子偏爱由'礼''乐'和完成行为式的'名'所维系的'审美的'秩序,而不是用法则、刑罚所维系的'理性的'秩序,它最终被法家明显地理性化了。"②

(二)"性"与"情"的考辨

韩非并没有遵循先秦时期诸子思想的定式,对人性做出或善或恶的评价,因为在战国末期,人性"善""恶"的思想呈现出自身无法弥补的局限性。人性论对于甄别人与动物、了解人的内在心理结构,不失为一种积极的探求。但是人性"善""恶"的探究喜欢把人的本质定位在"人之初",即这种确认带有很大的推想和先天的色彩,而这种推想又与推想者的价值体系相联结,因此无论是"性善"还是"性恶",在价值判断和事实判断中,都倾向于价值的判断,在道德尺度和利益尺度面前,都呈现出道德主义和理想主义的取向。以这样的价值观审视人际关系,会发现人性的判断有些混乱,本来"性善论"说是好人,可后天把好人变成坏人;"性恶论"认为的坏人,后天的规矩又将之变成好人。由坏变好的过程,"性善论"遵循的是内在的"仁","性恶论"依循的是外在的"礼"。无论是"仁"还是"礼",都排斥人之初存在的"利",所追求的都是一般人难以企及的"圣人"。这就意味着人性论的研究涉及两个极端的世界:一个是先天世界,一个是彼岸世界。由于这两个世界都不具有普遍可证明性,因此"性善"和"性恶"的知行过程只能依靠来自先天的价值判断和通向彼岸的理想世界。③

① 参见"在法家的理性化过程中,儒家式的审美情感化的动人外衣就被掀掉了,让人在事实面前触目万分"。[许建良:《法家人性思想辨析》,《东南大学学报》(人文社科版),2009年第3期,第43~51页。]

② 《天命秩序的崩溃》,葛瑞汉:《论道者:中国古代哲学论辩》,中国社会科学出版社,2003年,第39~40页。

③ 韩东育:《法家的发生逻辑与理解方法》,《中国哲学》,2009年第12期,第32~40页。

韩非的立论正好指向这两个世界中间的现实世界,把目光定位于"人情"世界。由于好利自为、"趋利避害"多表现为一般人的本能,那么,我们便无法用一个推想的价值和先天的预设来全盘否定这种现象,这也是韩非没有用"善""恶"来论断人性的原因。而韩非"人情论"的发生就缘于"人性论"的失效,《八经》篇云:"凡治天下,必因人情。"(《八经》,第1045页)

由以上的分析可知,"人性"与"人情"应该是不同的概念,这个在儒家荀子那里有明确的界定,诸如"形具而神生,好恶喜怒哀乐臧焉,夫是之谓天情"①。又说:"性之好、恶、喜、怒、哀、乐谓之情"②,"性者,天之就也;情者,性之质也;欲者,情之应也。以所欲为可得而求之,情之所必不免也"③。也就是说,"性"是天性;"情"是"性"的实质,是"性"的外在显现,具体显现为好、恶、喜、怒、哀、乐。这里的"情"多指性情,是从人之所以为人的特征上运思,包含着生物性和社会性。从概念的划分来看,"人性"是固定不变的,是"死的","人情"是变动不居的,是"活的"。"喜、怒、哀、乐"是人的"瞬间情感",而影响这种瞬间情感的是"好恶"和"欲","好恶"和"欲"是人较"恒定的情感",属于人情中最根本和主要的东西。因此,朱伯崑先生评论道:"人性中支配人类生活的主要的东西就是'好恶之情',即好利恶害之情。"④韩非的"人情",也正是这种支配人类生活情感的本质要素。

"情"还有另一层含义,"情,犹素也,实也"⑤,即情实。在韩非的思想中,"性"与"情"的界限并不是很明显,也多从"情实"的含义上运用"情",如"夫民之性,喜其乱而不亲其法"(《心度》,第1176~1177页)。"喜乱"和"亲法"是

---

① 《荀子·天论》,[清]王先谦撰:《荀子集解》,中华书局,2010年,第309页。
② 《荀子·正名》,[清]王先谦撰:《荀子集解》,中华书局,2010年,第412页。
③ 《荀子·正名》,[清]王先谦撰:《荀子集解》,中华书局,2010年,第428页。
④ 朱伯崑:《先秦伦理学概论》,北京大学出版社,1984年,第108页。
⑤ 《孟子字义疏证·才》(卷下),[清]戴震:《戴震全书》,黄山书社,1995年,第197页。

人的一般情感,这里,韩非将它们视为"民之性",但喜欢国家混乱是不符合
人性常理的,所以"民之性"的"性"应理解为情实合理一些。这句话的含义
是主张重视民之情实,目的是为了推行法度。韩非的"人情论"依托的是事
实判断,而非价值判断,在这样一种客观自然的"人情"面前,所对应的治世
原则理所应当的应发生改变,即推出"法"的重要性。《饬令》篇云:"饬令则法
不迁,法平则吏无奸。法已定矣,不以善言售法,任功则民少言,任善则民多
言"(《饬令》,第1166页),"法"所立足的现实,是依据民的事实需要,即民的
"喜好"和"欲望",正如《八奸》篇中所说:"君人者,以群臣百姓为威强者也。
群臣百姓之所善则君善之,非群臣百姓之所善则君不善之。"(《八奸》,第
182页)

　　既然好利恶害的"人情"已经真实呈现,又何必言善恶?关键是如何用
规矩来引导。所以韩非主张,所有的治世原则都应该建立在对"人情好利"
这个现实的基础上,而不是建立在某种想象和先天预设的假设基础上。在
韩非的人情论面前,儒墨的"善恶"价值原则,显现出与事实的背道而驰,自
然也就靠不住了。[①]

(三)因情而治

　　韩非没有对"人情"做出"善恶"的评判,并不代表他没有自己的标准,他
的首要标准就是是否与"人情"相符和实践上是否有利。所以,因情而治是
韩非人性思想的归宿,也是他的治国之道。他说:

---

　　①　参见"人情本来赤裸而真实,何言善恶?关键在于如何用规矩来引导。故法家主张,所有
的治国原则、大政方针乃至铺规里法,都应自觉地建立在对'人情好利'之现实'必然'的充分认识的
基础上,而不是建立于某种'应然'而非现实、惟此也极易流为虚幻的假设的基础上。在这一'人情
论'体系面前,道德化的原理主义和原理化的道德主义,次第隐迹遁形,冰消雪化了"。(韩东育:《日本
近世新法家研究》,中华书局,2003年,第333页。)

凡治天下,必因人情。人情者,有好恶,故赏罚可用;赏罚可用则禁令可立而治道具矣。(《八经》,第1045页)

赏莫如厚,使民利之;誉莫如美,使民荣之;诛莫如重,使民畏之;毁莫如恶,使民耻之。(《八经》,第1045页)

君主要治理好天下,必须依据人情。"人情"即是人的情实。人情有好恶,所以赏罚就可以使用;赏罚能够使用,法令就可以建立起来,治理国家的办法就完备了。君主之所以要根据人情好恶,实行赏罚,目的是使民"利之""荣之""畏之""耻之"。那么,为什么治国必须"因人情"? 韩非做出了许多论证,他说:

利之所在民归之,名之所彰士死之。(《外储说左上》,第662页)

夫国治则民安,事乱则邦危。法重者得人情,禁轻者失事实。且夫死力者,民之所有者也,情莫不出其死力以致其所欲。而好恶者,上之所制也,民者好利禄而恶刑罚。上掌好恶以御民力,事实不宜失矣,然而禁轻事失者,刑赏失也。(《制分》,第1184页)

君主根据人情好恶推行法治,治理百姓,其目的是为了使"民归之",使"士死之",要大家"出其死力",为君主效劳。

人性好利是《韩非子》"人情"的内在规定,因此"因情而治"就是要根据人之本性以及人性所表现出来的实际情况来治理。具体而言,《韩非子》的"因情而治"思想应该包含三个层面:其一,君主治理国家要把握臣民的实情,做到心中有数,而不至于对"人情"一无所知;其二,要根据社会中人性所表现的实际好恶而采取相应的治国政策;其三,当"人情"发生变化时,君主要及时调整统治政策,做到因情而治。韩非处在历史变革的时代里,他目睹时代变化而导致的人性变化现实,向君主提出要"因情而治"。

在韩非看来,治国必须根据人情实际来变化统治策略,否则就会乱国。韩非之所以提出因情治国,是基于现实人性变化的事实,在他看来,由于人自身完善的程度和客观环境不同,人性会有不同的表现。"古者丈夫不耕,草木之实足食也;妇人不织,禽兽之皮足衣也。不事力而养足,人民少而财有余,故民不争。是以厚赏不行,重罚不用而民自治。今人有五子不为多,子又有五子,大父未死而有二十五孙,是以人民众而货财寡,事力劳而供养薄,故民争,虽倍赏累罚而不免于乱。"(《五蠹》,第1087~1088页)这里,韩非把人类古代原始文明的不争和重罚不用,归之于财富的充足,这有失客观性。其实,原始时期的人民之所以会有不争的情况,是由于人们生产力的低下和意识水平的低下。一方面,人们的认识水平还无法区别自我利益和他人利益,还处于一种认识的朦胧状态;另一方面,社会生产力水平低下,财物少而无剩余,个人只有依靠集体的力量才能战胜自然的威胁,也才能生存下去。虽然韩非对原始社会的想象和描述缺乏科学的推断,但是他还是看出了自己所处时代的人性表现与原始社会不相同。韩非处于战国这样一个社会大变革时期,变革前后的人情表现是不相同的,他描绘的"民不争"是告诫君主,在社会变革前后有争与不争之别。基于此,韩非劝诫君主要根据变化的社会现实和人性表现来治理国家,加之当时社会上的保守势力和反动力量的存在,主张复古和托古改制,韩非"因情而治"的主张也有回击守旧势力的意愿。

同时,韩非主张"因情而治",还在于他认为人性是不可违的,这是他治国因人情的根据。他说:

　　古之全大体者:望天地,观江海,因山谷,日月所照,四时所行,云布风动;不以智累心,不以私累己;寄治乱于法术,托是非于赏罚,属轻重于权衡;不逆天理,不伤情性;不吹毛而求小疵,不洗垢而察难知;不引绳之外,不推绳之内;不急法之外,不缓法之内;守成理,因自然;祸福生乎道法,而不出乎爱恶;荣辱之责在乎己而不在乎人。故至安之世,法如朝露,纯朴不散,心无结怨,口无烦言。故车马不疲弊于远路,旌旗不乱于大泽,万民不失命于寇戎,雄骏不创寿于旗幢;豪杰不著名于图书,不录功于盘盂,记年之牒空虚。故曰:"利莫长于简,福莫久于安。"使匠石以千岁之寿操钩,视规矩,举绳墨,而正太山;使贲、育带干将而齐万民;虽尽力于巧,极盛于寿,太山不正,民不能齐。故曰:古之牧天下者,不使匠石极巧以败太山之体,不使贲、育尽威以伤万民之性。因道全法,君子乐而大奸止。淡然闲静,因天命,持大体。故使人无离法之罪,鱼无失水之祸。如此,故天下少不可。(《大体》,第555页)

韩非以经验的方式告诫君主,古代社会能顾全大体的人,都遵循着自然法则,不违背自然常规,不伤害人的本性,顺应自然法则,因道守法。古代善用人者都循天顺人,不违人情,违背了自然之道就不能获得预想的结果。这里,我们能明确地看到,韩非把"人情"视为一种自然之道加以遵循,"人情"作为人性的外在体现,其诚然秉承了一种先天而就的因素,因此君主顺应人情便是遵循自然之道。这样的言论在韩非的其他篇章中仍能找到例证,比如:

明君之所以立功成名者四:一曰天时,二曰人心,三曰技能,四曰势位。非天时虽十尧不能冬生一穗;逆人心,虽贲、育不能尽人力。故得天时,则不务而自生;得人心,则不趣而自劝;因技能,则不急而自疾;得势位,则不推进而名成,若水之流若船之浮。守自然之道,行毋穷之令,

故曰明主。(《功名》,第551页)

　　在韩非看来,自然之道是不可违背的。不顺应天时,即使十个尧也不能使冬天里结出一个穗子;违背人心,即使是孟贲、夏育这样的勇士也不能逼迫人使出全部的力气。所以,掌握了天时,不用努力,庄稼也会自然生长;顺应了人心,不督促民众,他们也会自我勉励;依靠技能,不着急也会很快成功。把握了自然之道就像水那样自然流动,像船在水面上漂浮一样自如。因此,"明主"都尊奉自然之道,而人情中的人性也是先天生就的,非后天所学,它也属于自然之道的范畴,因此,君主治国要像对待自然之道那样去对待人的本性,不违人性,因循人情。

　　韩非提倡人性好利恶害,并"因人情"的目的,在于论证推行法治的合理性,即"法重者得人情,禁轻者失事实"。这同荀子一样,讲人性恶是为了论证礼义等社会规范的合理性。韩非之所以主张"好利恶害"并用严厉的法治治人,就是因为它敢于直面并矫正这样的人性,并使之可能导向"善"。

(四)小结

　　韩非并没有从"性善"和"性恶"这样的定式去讨论"人性",而是立足现实,从所处时代的特点出发制订切实可行的治国之道,即"因人情"。"人情"即人的情实,是人不待思虑或思虑发生前的欲求和欲望,是人在没有任何附加值时的真实状态。这种真实状态即是自利自为,并针对这种真实状态制订治国原则。由此,韩非跳出了人性论的藩篱,开始从反映人实际状态的"人情"角度寻找理论的突破口。应该说,韩非的"人情论"是极为务实的学说,这套学说为韩非构建新的道德思想体系奠定了基础,即以"事以备变"的法治建设,打破旧道德,以期找到一条恢复道德的路径。因此,韩东育先生说:"韩非'去好去恶'的价值追求决定了人情论只是一种手段,但是这种手段却体现了韩非对道家'王者'境界的向往和追求——它决定了人情论的超善恶特质,也彰显了务实的政治实践,以及对儒家道德论所具有的建设性矫正意义。"

二、"形名参同"之形名论

《史记》中申不害、韩非和老子同传,其中谈到"申子之学本于黄老而主刑名",韩非"喜刑名法术之学,而归其本于黄老"。关于刑名之学,章太炎、郭沫若、冯友兰、吕思勉等学者屡有论述①,观点大概为:"刑"同"形",刑名即形名,开始的时候为名实之学,即辨析事物与概念之间的关系问题。有形即有名,形名本相应,循名可得形,如尹文子所谓"故亦有名以检形,形以定名;名以定事,事以检名,察其所以然,则形名之与事物,无所隐其理矣"②。但事物变动不居,语辞纷繁多歧,久而形名乖离,于是需要以名正形,据形验名,"今万物具存,不以名正之则乱;万名具列,不以形应之则乖。故形名者不可不正也"③。因此章太炎说正名之学是论理学,胡适称为各家"为学之方术"④。后世仍然坚持这样的概念探索,并对之抽象化,如惠施、公孙龙一派成为所谓的名家,而把这种思想用于其他方面,则形成不同的学说,如孔子用于社会政治,便为别亲疏、殊贵贱的"正名"学;邓析、商君等用于探究"法令之所谓",就形成"刑名"学;申不害、韩非等用于人君御臣之道,则形成循名责实、参验督责之"术"。《史记·老子韩非列传》集解中引刘向新序曰:

---

① 章太炎:《国学概论》,上海古籍出版社,1997年;郭沫若:《明辨思潮的批判》,《十批判书》,东方出版社,1996年;冯友兰:《中国哲学史》(上),华东师范大学出版社,2000年;吕思勉:《先秦学术概论》,东方出版中心,1985年。

② 《尹文子·大道上》,许嘉璐主编:《诸子集成》(中),广东教育出版社,2006年,第1869页。

③ 《尹文子·大道上》,许嘉璐主编:《诸子集成》(中),广东教育出版社,2006年,第1869页。

④ 胡适:《诸子不出于王官论》,《胡适学术文集》(上),中华书局,第1981页。

"申子之书言人主当执术无刑,因循以督责臣下。其责深刻,故号曰'术'。商鞅所为书号曰'法'。皆曰'刑名',故号曰'刑名法术之书'。"①至此形名一词演变为法与术的统称,形名家即是法家。

由此可见,不仅儒家有"正名"之说,法家也有。《韩非子》一书中的《主道》《扬权》《功名》等篇对之做出了阐述,而形名思想也构成了《韩非子》伦理思想的方法论基础。

(一)"刑名"与"形名"的辨析

在韩非的思想中,谈到概念与事物关系时,用了"刑名""形名""名实"这样三组词语,三者的意思是相同的吗? 为什么同样的意思会出现不同的称谓? 接下来我们从文本出发,深刻剖析韩非的用意。韩非说:

> 有言者自为名,有事者自为形。形名参同,君乃无事焉,归之其情。(《主道》,第66页)
>
> 人主将欲禁奸,则审合刑名。刑名者,言异事也。为人臣者陈而言,君以其言授之事,专以其事责其功。功当其事,事当其言,则赏;功不当其事,事不当其言,则罚。(《二柄》,第126页)
>
> 用一之道,以名为首。名正物定,名倚物徙。故圣人执一以静。使名自命。令事自定。(《扬权》,第145页)
>
> 人主诚明于圣人之术,而不苟于世欲之言,循名实而定是非,因参验而审言辞。(《奸劫弑臣》,第282页)
>
> 名实相持而成,形影相应而立,故臣主同欲而异使。(《功名》,第552页)

---

① 《史记·老子韩非列传》,[西汉]司马迁:《史记》(卷63),中华书局,1963年,第2146~2147页。

从"有言者自为名"可知,"名"是指"言",相对应的"刑"就是指事实,"刑名者,言异事也"。刑和名,就是事实和言论。做人臣的陈述他的主张,君主就根据他的言论而授予他事情,又就他所做的事情责求相应的功效。功效与他所做的事情相当,事情和他的言论相当,就奖赏他;功效和他所做的事不相当,事情和他的言论不相当,就惩罚他。这就是"审合刑名"。同时,韩非指出"有事者自为形",有其事则必有其形以定其功,"形"就是指外显出来的事情。君主根据事情所表现出的"形",即事之功,来参验比对形与名是否相符,相符就判断其"言"诚。换言之,即循名而责事,则知"言"诚否。《扬权》篇曰:"周合刑名,民乃守职。"(《扬权》,第164页)民既然能"守职",那么君主就能不劳而治,所以说"君乃无事"。由此看来,韩非思想中的"刑名"与"形名",在概念所指上有相似的地方,所以后世研究者普遍认为"刑名"等同于"形名"。① 而王晓波先生认为:"'刑名'起自于出现了'刑书''刑鼎'的公布法,为使罪行与罪名相符的判决,而渐扩大为'名'(概念)与'形'(实在)之间关系的讨论,而有'刑名'或'名实',甚至有'言行'问题的讨论。"② 笔者比较赞同王晓波先生的观点,从字的含义演变看,"刑"的本义为治罪,《说文·井部》:"刑,割辜(罪)也,从井从刀。"③"形"的本义指形体、实体,《说文·彡部》:"形,象形也。从彡(饰纹),开(井)声。"④"形"是笼统地指"事之功",而"刑"是事功的表现形式之一。从概念的包含关系来看,"形"是包含"刑"的,"刑"在韩非那里是一个特指的概念,即"刑罚"。

关于"名",春秋战国时期已经有了比较明确的含义,比如儒家的孔子有

---

① 在学界,学者普遍认为"刑名"等同于"刑名"。因为刑、形二字,在古书上都通用。而谭戒甫认为"形名非刑名",因为"实则《汉书·艺文志》,形名入诸法家,截然二事,不相混也。"(谭戒甫:《论晚周形名家》,收录在同注5,第452页。)

② 王晓波:《道与法:法家思想和黄老哲学解析》,台湾大学出版中心,2007年,第84页。

③ [东汉]许慎:《说文解字》,中华书局,1963年,第106上页。

④ [东汉]许慎:《说文解字》,中华书局,1963年,第184下页。

"正名"之说,也就是客观存在的事物应当与它们的名字的本来含义一致。"名不正,则言不顺;言不顺,则事不成;事不成,则礼乐不兴;礼乐不兴,则刑罚不中;刑罚不中,则民无所错(措)手足。"①孔子从政治需要的角度要求"正名",如果名不正,言说起来就不顺,言说不顺,事情就难以成;事情不成,礼乐就不兴旺,刑罚也不会恰到好处;刑罚不中,百姓就会诚惶诚恐而难以安宁。孔子如此强调言说表达的准确性,其实是要求名称与实际存在要保持一致。其政治目的是确定每一个名字所包含的社会责任和义务,任何人有其名,就应当完成其责任和义务。即"君君、臣臣、父父、子子"②,"不在其位,不谋其政"③。《荀子》一书中有《正名》篇明确提到了"名"与"实"的问题,并对"名""实"进行了一般意义上的概念解释。他说:"约定俗成,谓之实名。"④人们根据规定对某事物加以命名,这样约定俗成,就有了某事物的实际名称。名称的制定是约定俗成的,但名称的制定要与所指的内容相一致,这就是所谓的"为之分别制名以指实"。到了韩非那里,"名"是指言,"实"指言说的对象,韩非将"名"的含义具体化,"实"的意义并没有大的改变。

综合以上的论述,我们可以这样来看韩非关于"名""形""刑"关系的论述。韩非关于"名"的论述,相当于逻辑学上的概念界说,"形"和"刑"是指概念所对的认识对象,韩非又常常把它称为"实",如"名实相持而成,形影相应而立"。所以韩非的"形名"关系之论,其实就是名实关系的讨论。名是指称实的,名称正确地反映了事物,事物的性质就明确了;名称有偏差,事物就捉摸不定。即"名正物定,名倚物徙"。从概念上来说,"狭义的'形'和'名'指

---

① 《论语·子路》,杨伯峻译注:《论语译注》,中华书局,2009年,第131~132页。

② 《论语·颜渊》,杨伯峻译注:《论语译注》,中华书局,2009年,第128页。

③ 《论语·宪问》,杨伯峻译注:《论语译注》,中华书局,2009年,第152页。

④ 《荀子·正名》,[清]王先谦撰:《荀子集解》,中华书局,2010年,第420页。

'事'和'言',广义的'形'和'名'指'物'和'名'"①。在此,"名"已经不是单纯的"名称",而是将单一的名称发展成具有命题或语句形式的"言辞"。言辞相对应"事功",是事功为形的表现。然后君主要求臣下依据言辞而产生相应的实效,也就是从言与事相当到事与功相当,即"形名参同"或"审合刑名"之术。因为韩非重法,喜刑名之术,所以在实际运用中,便是以"名"为"法",以"形"为"行",即把"名"转化为法律条文,而"形"就转化为依法办事的具体行为。

韩非对"形"与"名"的规定构成了其推行刑罚的条件,主张"其言大而功小者则罚"(《二柄》,第126页),"其言小而功大者亦罚"(《二柄》,第126页)。换言之,就是言辞与事功之间要完全符合。由此看来,韩非对于形名所蕴含的名实问题并没有停留在广义的名与物的关系上,而是借此强调作为法术之用的狭义的言与事的关系。换言之,其主要目的在于强调"君操其名,臣效其形,形名参同,上下和调也"(《扬权》,第152页),"形名参同"就是"审合刑名"。由此可见,韩非要求君主"形名参同"或"审合刑名",根本目的是为了利用赏、罚二柄来"禁奸"。可见,形名关系涉及赏、罚的方式,所以才强调"刑名"而非一般名实问题的"形名"。而在"刑"的表述方面,则以"法"的度量来规范,如《难二》篇云:"人主虽使人必以度量准之,以刑名参之。"(《难二》,第882页)依法刑赏的依据是"事"与"行",于是,刑名关系便具体化为语言与事功的对应关系。由以上分析可知,"刑名"蕴含着"形名"的名实对应关系,而这一点却与"刑"和"形"二字的本义相反。"这显示了韩非的逻辑思想是形成其工具论的规范原则之基础,韩非对于概念与世界的认识,似乎无意专注在纯粹认识论上的名实关系,而是透过语言与实际人事的行为表现

---

① 黄秀琴:《韩非学术思想》,华侨出版社,1962年,第71页。

结果,来提供实际政治运作上可供操作的规范原则。"①

综上所述,韩非的形名观,形即实、客观事实,名即言、概念、共相,它主张审合形名,"君操其名,臣效其形,形名参同,上下和调也",这其实是韩非伦理思想的重要方法论基础,对其道德思想认知的形成具有促进作用。同时,形名观还为韩非提出法治的正当性做出了方法论上的论证,通过参验的方式,使得控名责实的政治统治方式得以实现。

(二)循名责实与以实检名

韩非主张言与事、事与功完全相当的"形名参同"或"审合刑名"之术,这种形名术的主要目的在于确保名实的完全符合,并稽核官吏使其不敢徇私、枉法,同时也是一种获得真相、检验臣下言辞可行性的一种方法,他称之为"必知之术"②。规范君主必知之术的操作程序为"君操其名,臣效其形"或"以其所出,反以为之入"(《扬权》,第156页),其中"君操其名"或"以其所出"其实就是"听言之道",而"臣效其形"或"反以为之入"便指"君以其言授之事,专以其事责其功"(《二柄》,第126页),此操作过程即是"循名责实"。又因前者代表名,后者代表形,而"参同""审合""参验"的方法必须以后来的形验证前面的名;即以后来的事功验证之前的言辞,或者可称为"以实检名"的方法,所以有:"偶参伍之验以责陈言之实,执后以应前,按法以治众,众端以参观。"(《备内》,第323页)或曰:"循名实而定是非,因参验而审言辞。"(《奸劫弑臣》,第282页)另外,其听言之道与参验之术,为求所得言辞的真实、客观,韩非采用《荀子·解蔽》篇中"虚壹而静"的观物之道,使其"有言者自为

---

① 黄裕宜:《〈韩非子〉的规范思想——以伦理、法律、逻辑为例》,台湾大学文学院哲学研究所博士论文,2008年6月。

② "明主之国,官不敢枉法,吏不敢为私,货赂不行,是境内之事尽如衡石也。此其臣有奸者必知,知者必诛。是以有道之主,不求清洁之吏,而务必知之术也。"(《八说》,第1034页)

名,有事者自为形"(《主道》,第66页),例如:"彼自离之,吾因以知之。是非辐凑,上不与构。虚静无为,道之情也;参伍比物,事之形也。参之以比物,伍之以合虚。"(《扬权》,第156~157页)。因此,君主保持"虚静无为"或"伍之以合虚",即使"不与构",言与事也会自动如实地呈现。

韩非参验的必知之术要求形、名之间的符合,是一种真理对应理论,又被称为符合论。符合论主张,一个命题是真的,其充分必要条件是,其对应于事实或事态。但对应的概念是指命题与事实之间的关系,或语句、陈述与事实之间的关系,但主张各不相同。我们以亚里士多德的对应说与维特根斯坦的图像理论为例,将他们与韩非的形名对应说做比较。亚里士多德认为:"在对立的陈述之间不允许有任何居间者,而对于一事物必须要么肯定要么否定其某一方面。这对定义什么是真和假的人来说十分清楚。因为一方面,说存在者不存在或不存在者存在的人为假;另一方面,说存在者存在和不存在者不存在的人则为真。因而说事物存在或不存在的人,就是以其为真实或者以其为虚假。但是存在者不能说成不存在,不存在者也不能说成存在。"[①]这段话说明了真、假来自外界的客观存在物的存在属性与思维中的肯定存在或否定存在的判断是否一致,即认识的内容与外界客观对象的存在是否一致,两者符合为真,不符合为假。维特根斯坦则认为一般的命题是透过一些逻辑联结的赋值而构成。一个基本命题是由一些简单的符号组成的,这些符号就是我们平常使用的名称,而这些名称依照事物呈现的方式而形成。维特根斯坦所谓的对应说是指名称与外界事物的对应。维特根斯坦在其《逻辑哲学论》中说:"命题是现实的图像,所以如果我了解一个命题,则我知道命题表现出的情况是什么,……如果现实是真的,一个命题就会显

---

① 苗力田主编:《亚里士多德Ⅶ》,中国人民大学出版社,1997年,第107页。

出如同现实所表现的那样。"① 他所说的图像表象出一种可能的情况,图像描绘出的事物状态与命题相对应,若是一致则为真;反之则为假。他认为命题与现实之间存在一种同构性关系,这说明了命题反映了现实,命题与事实的关系可比喻成镜子中的映照关系。于是真理建立在这种认识的内容与外界事物的关系之下。

韩非的"因参验而审言辞"是考察言与事,即命题与事态之间的符合关系,然后依其符合与否给予功、过的判断,由于其所审的言辞都以语句的形式表达,而且都可以依照一定的标准给予是非的判断,若判断为是,就代表其陈言为真,若判断为非,就代表其陈言为假,在此意义上,所有陈言的语句便是具有真假可言的命题了。而其赏、罚所依据的功、过标准,可回归到法律明确的规范,君王依据臣下的陈言而给予检验。依据理智肯定为"是"的有功行为就赏,而理智上判断为"非"的有过行为就罚。这就将纯粹判断知识的是、非和带有价值评价的功、过混为一谈,如果以亚里士多德对应理论来判断,韩非检验臣下陈言是否得当的依据,即所谓的真假、是非、功过,都在实用的观点下混为一谈了。

刑名术的操作方法为"听言之道"与"参验",而参验就是对比,检验言与事的符合程度,其中包含了"实用"的概念,这个观点可以在《外储说左上》中"是以言有纤察微难而非务也""论有迂深闳大非用也""言而拂难坚确非功也"(《外储说左上》,第658页)。也可以在《八经》中找到论述:

> 听不参则无以责下,言不督乎用则邪说当上。……有道之主,听言、督其用,课其功,功课而赏罚生焉,故无用之辩不留朝。……无故而

---

① Wittgenstein, Ludwig, Tractatus logico-philosophicus[J], ed. D.F.Pears and B.F.McGuinness, London: Routledge and Kegan Paul, 1961(02): 202—222。

不当为诬,诬而罪臣。言必有报,说必责用也,故朋党之言不上闻。(《八经》,第1074~1075页)

君主听言的目的在于参验而责下,所以"言不督乎用则邪说当上""听言、督其用,课其功""说必责用也"这些主张都指出"功用"的重要。除了臣下陈言之外,韩非还要求一切人事的行为都必须以"功用"为原则,甚至扩大到辩说与行为都要以功用为唯一的指导原则。如:

今听言观行,不以功用为之的彀,言虽至察,行虽至坚,则妄发之说也。(《问辩》,第950页)

明主听其言必责其用,观其行必求其功,然则虚旧之学不谈,矜诬之行不饰矣。(《六反》,第1022页)

是以天下之众,其谈言者务为辩而不周于用,故举先王言仁义者盈廷,而政不免于乱;行身者竞于为高而不合于功,故智士退处岩穴,归禄不受,而兵不免于弱,政不免于乱,此其故何也?(《五蠹》,第1111页)

参验是一种君王"听其言必责其用,观其行必求其功"的检验真理的方法,韩非"参验"观中的"验"具有证实的意思,所以借威廉·詹姆斯的话说:"真观念是我们所能类化,能使之生效、能确定、能核实的;而假的观念就不能。这就是掌握真观念时对我们所产生的实际差别。"[①] 这种形名术的使用以功用为准则,强调真实的思想必须诉诸有用的概念。而形名术是一种对应论的真理观,再加以结合陈言是否对应有相应的事功效果,所以其对应论

---

① [美]威廉·詹姆斯:《实用主义:一些旧思想方法的新名称》,陈羽纶、孙瑞禾译,商务印书馆,1997年,第103页。

的真理观还预设了一个更优位的概念,即"以功用为之的彀"。因此,韩非的真理观结合了对应论与功用论两种理论形态。它的形名术与应用伦理结合,这就为其规范行政责任制和功利思想提供了伦理依据。

(三)同名异实与同实异名

韩非"参验"的方法是让名与实达到符应的程度,因此在韩非的思想体系中,理想上采用了黄老自然之道,"虚静以待,令名自命也,令事自定也",也就是说,用虚静的态度对待一切,让事物以它所反映的内容来确定名称,让事情以它自身的性质去形成。换言之,虽然名要很好地反映实,但名与实自身又是自然存在的,它们的存在意义呈现平行的关系。但现实中所有的名号并不是完全自然生成的,必须借助人为的命名来产生事物的名称、法令的条文与一切大小官吏的爵位等级名号都是如此。《难势》篇中提到自然之势与人设之势之分,可见韩非重视人设之势胜过自然之势,这说明人为势位命名的重要。

韩非理想上要求一名对应一实,如果有名而无实,就会使国家混乱。比如:"有主名而无实,臣专法而行之,周天子是也。"(《备内》,第323页)有君主之名而无明主之实,大臣就会垄断国家法令而独断专行。韩非以齐国为例,"故齐万乘也,而名实不称,上空虚于国,内不充满于名实,故臣得夺主"(《安危》,第530页)。齐国是一个拥有万辆兵车的大国,但名称与实际不符,君主有名无实,在国内名位与实权上都已经空虚,所以臣下得以篡夺君主的权位。但是事实上随着事物的发展和战国末期诸子学说的盛行,名称的内涵与外延都会有新的变化,人们因为认知或者价值选择的不同而赋予同样的名称不同的指称对象,即同名可以指称不同的实,或同实可以对应到不同的名,这样就造成毁誉与赏罚的不一致。《奸劫弑臣》篇中已经指出社会上充斥着同名异实的情形:"俱与有术之士,有谈说之名,而实相去千万也,此夫名

同而实有异者也。"(《奸劫弑臣》,第287页)同名异实造成的毁誉与赏罚不一致的问题在《诡使》篇中有详细论述:

> 夫立名号所以为尊也,今有贱名轻实者,世谓之高。设爵位所以为贱贵基也,而简上不求见者,世谓之贤。威利所以行令也,而无利轻威者,世谓之重。法令所以为治也,而不从法令为私善者,世谓之忠。官爵所以劝民也,而好名义不进仕者,世谓之烈士。刑罚所以擅威也,而轻法不避刑戮死亡之罪者,世谓之勇夫。(《诡使》,第987页)

这段话中所提出的"世谓之高""世谓之贤""世谓之重""世谓之忠""世谓之烈士""世谓之勇夫",韩非对这些美名给出了不同于世俗的定义,比如关于"忠"的含义,一般认为"不从法令为私善者谓之忠",韩非却认为"尽力守法,专心于事主者为忠臣"(《忠孝》,第1155页),"无私剑之捍,以斩首为勇",由此来重新定义"忠""勇"的概念。这就反映出一般人由于其选择的价值观与韩非不同,而在认知上的观点也就有所不同,由此造成了"同名异实"的情况。

"同实异名"的情形在《八说》篇中也有提道:

> 人臣肆意陈欲曰侠,人主肆意陈欲曰乱;人臣轻下曰骄,人主轻下曰暴。行理同实,下以受誉,上以得非,人臣大得,人主大亡。(《八说》,第1043页)

以上的"行理同实"指的是人臣与人主在欲望与态度上表现都一样,但是世人的评价在毁誉与赏罚上却大不相同。

韩非理想上要求君主做到"审名以定位,明分以辩类"(《扬权》,第156

页),即严加区分同名异实和同实异名。但解决名与实无法一一对应的问题,还必须运用"法"来明确,君主应该坚持一套以法治作为分类标准的方法,以法取代所有世俗的价值观,使境内之民"其言谈者必轨于法,动作者归之于功,为勇者尽之于军"(《五蠹》,第1112页)。毕竟,人民没有与君主一样的能力可以"审名以定位,明分以辩类",所以要求"一民之轨,莫如法"(《有度》,第111页),以法取代各种不同的学说,将人民的中心思想统一到法律规范之下,严格回到一名对应一实的正常状态,如此便更有其理论上的迫切需要了。所以说:"法者,事最适者也。"(《问辩》,第950页)其中法为名,事为实,法律规范的内容务必与外在的事态一一对应。原来"毁誉、赏罚之所加者相与悖谬也"(《五蠹》,第1102页),也就是说,伦理规范与法律规范的不一致根本上竟起于一名不能对应一实的混乱。韩非即借助法律规范来澄清逻辑上的混乱。

综合以上论述可知,韩非的刑名观已经有了具体的变化,他把法律条令叫作"名",把百官的所作所为叫作"实",根据法令进行赏罚叫作"刑"。"名"是"刑"的依据,法令是赏罚的标准。所以《二柄》篇云:"人主将欲禁奸,则审合刑名。"(《二柄》,第126页)这就是《韩非子》的"刑名之术"。

(四)小结

韩非的形名观与儒家的名实观有着显著的不同,儒家的名实观主要是一种政治秩序的理想,而韩非的形名观逐渐发展为一种统治方法,侧重以"法"为中心的政治制度和具体措施,它更为具体化和制度化。儒家正名靠的是礼的规范,其重点在于君臣父子上下尊卑的等级关系,而礼的规范更多的是靠个人的修养,在治国方针上凭借的是圣贤之智,在人与人的关系中推行仁爱,讲求忠孝仁义的道德修养,这些都是主观内在的规定,对于内在修养不足的情况,对于礼崩乐坏、名分不实等现象,儒家的名实观就显现出不足与无力;

正名一定要有强有力的保证,然后才能循名而治,韩非的形名思想正是在此意义上解决这个矛盾,它以"世异则事异,事异则备变"的历史观为依据,认为儒家的名实观已不能满足时代的需要,主张以"法"的强制手段来实现政治秩序的建立,它以维护君主统治,国家安定为中心。"法"在形式上是公平的、客观的,正是由于这种客观的强制标准,循名责实的统治方式才能得以实现。

三、"去私心行公义"之公私论

公与私的问题,是一个极为重要的伦理学课题,许多伦理学家和思想家,在构建自身理论体系时,都对这个问题予以高度重视。春秋战国的社会变革催生出比较成熟的公私观念,在那个年代,"立公废私"的观念空前统一,无论是以公所代表的事物本身,还是在社会政治行为中,只要以"公"为本位,出于公心和公正的态度,就能达到人们始终所向往的社会政治的治理和天下太平。因为"公"是一种值得追求的普遍价值,选择"公"就是选择一种"善"。先秦诸子尽管在政治理念上有所差别,采取的手段也不同,但都强调"公",实践"公"。因为通过"公"的落实,能达到他们所希望的目标。韩非的公私观正是在这样的大背景中诞生的,它以其独特的人性论为依据,阐释了不同于其他学派的公私观。

(一)"公""私"之解

在先秦时期的法家著作中,颇多关于"公"的言论,《管子》①、《商君书》②以及慎到③对此都有过论述,但是明确把公私作为一对概念加以规定的是韩非,他说:

> 古者苍颉之作书也,自环者谓之私,背私谓之公,公私之相背也,乃苍颉固以知之矣。(《五蠹》,第1105页)

---

① 《管子·内业》篇云:"得一之理,治心在于中,治言出于口,治事加于人,然则天下治矣。一言得而天下服,一言定而天下听,公之谓也。"(《管子·内业》,黎翔凤:《管子校注》,中华书局,2004年,第937页。)管子认为,唯以"公"居心,以"公"治事,然后可以服人。《管子·禁藏》篇中区别了公私:"夫公之所加,罪虽重,下无怨气。私之所加,赏虽多,上不为劝。"(《管子·禁藏》,黎翔凤:《管子校注》,中华书局,2004年,第1008页。)

② 《商君书》中也有言及公私之分。《修权》篇曰:"公私之分明,则小人不疾贤,而不肖者不妒功。故尧舜之位天下也,非私天下之利也,为天下位天下也,论贤举能而传焉,非疏父子亲越人也,明于治乱之道也。故三王以义亲(天下),五霸以法正诸侯,皆非私天下之利也,为天下治天下。是故擅其名而有其功,天下乐其政,而莫之能伤也。今乱世之君臣,区区然皆擅一国之利,而管一官之重,以便其私,此国之所以危也。故公私之交,存亡之本也。"(《商君书·修权》,高亨:《商君书注译》,中华书局,1974年,第113页。)这是以公私为治乱存亡的关键,"为天下治天下"这是公;"擅一国之利"这是私。但是《商君书》反对"私议",主张任法,"世之为治者,多释法而任私议,此国之所以乱也"。(《商君书·修权》,高亨:《商君书注译》,中华书局,1974年,第111页。)把"博闻辩慧"、"学问"都看作是有害的,要求"民不贵学问"、"国之大臣诸大夫,博闻、辩慧、游居之事,皆无得为"。(《商君书·恳令》,高亨:《商君书注译》,中华书局,1974年,第20页、第26页。)这种观点有些偏谬了。

③ 慎到也讲公私之辩。他说:"古者立天子而贵之者,非以利一人也。……故立天子以为天下,非立天下以为天子也。立国君以为国,非立国以为君也。立官长以为官,非立官以为长也。……故著龟所以立公识也,权衡所以立公正也,书契所以立公信也,度量所以立公审也,法制礼籍所以立公义也。凡立公,所以弃私也。"(《慎子·威德》,许嘉璐主编:《诸子集成》(中),广东教育出版社,2006年,第1525页。),《庄子·天下篇》讲到慎到学说时,也说"公而不党,易而无私"(《庄子·天下》,[清]王先谦撰:《庄子集解》,中华书局,1987年,第292页。)

韩非以苍颉初创"公""私"文字为例,认为古代苍颉创造文字,把为自己盘算叫作"私",和"私"相反的叫作"公",公私相互对立。《说文》接受了韩非的观点,把公私视为一组对立的观念,它解释"公":"平分也,从八,从厶,八犹背也。韩非曰:'背厶为公'。"①在具体的含义上,《说文》对公私的规定是,"公"指"平分","私"指"禾","从禾。名禾主人曰私主人"。"禾"就是私有权的体现。按照这样的说法,公私的相背,就应该是"平分禾"还是"独占禾"的对立。

在《韩非子》一书中,并没有对"公""私"二字的本义进行论述。"公"字在甲骨文中就有出现,根据张觉对"公"的甲骨文考证,他认为,"公"字的本义,不是平分,而是对一种特殊身份或阶层的人的称呼。②日本《广汉和辞典》解释甲骨文中的"公"字,说是一指事字。"八"是开之意,与行的上部相同,是通道的象形。"口"表示场所,从举行祭事的广场意义中,引出了"公"意。③《甲骨文字典》解释说,"'八'像瓮口之形,当为瓮之初文,卜辞借为王公之公"④。笔者认为,"公"字的本义应当是一种尊称,最早称部落的首领,后称贵族和诸侯。而"私"一开始并不与"公"相对,它的出现较晚,是在周朝末年出现的,意思是胳膊肘朝里弯,属于个人的粮食;这应该是随着私有权(允许"占有"禾)的产生而产生的。正因为如此,许慎才用"平分私"的说法来解释"公"的含义。

抛开"公""私"二字的本义不说,在中国较早的典籍中,就有公私的用

---

① [东汉]许慎:《说文解字》,中华书局,1963年,第28下页。

② 张觉:《甲骨文探源及其它——读康殷〈文字源流浅说〉》,《中国书评》,1995年3月总第4期,第96~97页。

③ [日]诸桥辙次、镰田正、米山寅太郎:《广汉和辞典》(上),大修馆书店,昭和五十六年(1981),第287页。

④ 徐中舒主编:《甲骨文字典》,四川辞书出版社,1990年,第71页。

例,如《诗经》中所说的"雨我公田,遂及我私"①、"言私其豵,献豜于公"②,这里的"公"和"私",是一个相对的概念,表明土地和财产所有权的分属,即"公共所有"和"私有"的关系。③有所有权,就有所有权的主体。这种主体也有公私之分,即把国家或者政治共同体本身以及相关的东西称为"公",把个人及其相关的东西称为私。在中国哲学中,由于封建君主制的政治形式,有时会把君主个人与国家及其法律混为一谈,但也有天下、国家、法律等是公共之物而不属于君主和统治者私有的意识。法家的思想就较为典型。法家的思想强调天下、国家和法律是"公",不能化为私有。《管子·法法》篇明确指出,"君不私国","世无公国之君,则无直进之士"④。《商君书·修权》篇认为,统治者"为官于天下",不是为了把天下私有,而是为天下而为官,"尧、舜之位天下也,非私天下之利也,为天下位天下也……故三王以义亲,五伯以法正诸侯,皆非私天下之利也,为天下治天下"⑤。《慎子·威德》认为:"古者立天子而贵之者,非以利一人也。曰:天下无一贵,则理无由通,通理以为天下也。故立天子以为天下,非天下以为天子也;立国君以为国,非立国以为君也。"⑥这些说法都是主张天下和国家为"公",不是君主的私有物。韩非的公私观自然也继承了法家的传统思想,那么,韩非公私观中的"公"是仅指国君一人之利,还是指以君主为代表的国家利益? 这些都需要从韩非具体的公私观内容中获得推导。

---

① 《诗经·小雅·大田》,周振甫:《诗经译注》,中华书局,2002年,第328页。

② 《诗经·豳风·七月》,周振甫:《诗经译注》,中华书局,2002年,第201页。

③ 顾炎武:《日知录·言私其豵》,上海古籍出版社,2006年,第148页。

④ 《管子·法法》,黎翔凤:《管子校注》,中华书局,2004年,第313页。

⑤ 《商君书·修权》,高亨:《商君书注译》,中华书局,1974年,第113页。

⑥ 《慎子·威德》,许嘉璐主编:《诸子集成》(中),广东教育出版社,2006年,第1525页。

（二）"审公私之分，明利害之地"

韩非的人性论是"好利恶害"，所有的人都有私心私欲，在此人性论的基础上，为韩非"公私有分"的公私观起到牵引、张目的作用。他说：

> 明主之道，必明于公私之分，明法制，去私恩。夫令必行，禁必止，人主之公义也。必行其私，信于朋友，不可为赏劝，不可为罚沮，人臣之私义也。私义行则乱，公义行则治，故公私有分。人臣有私心，有公义。修身洁白而行公行正，居官无私，人臣之公义也；污行从欲，安身利家，人臣之私心也。明主在上，则人臣去私心行公义，乱主在上，则人臣去公义行私心。（《饰邪》，第366页）

英明君主的治国之道，一定要明确区分公私，彰明法制，抛弃不符合法制的私人恩惠。有令必行，有禁必止，这是君主的公义；一定要实现自己个人的打算，讲朋友之间的信用，不能被国家的奖赏所鼓励，不能被君主的处罚所阻止，这是臣子的私义。私义实行，国家就乱；公义实行，国家就治。臣子有私心，有公义。修养身心、廉正洁白做符合公义的事，做官不谋私利，这是臣子的公正；玷污操行、放纵欲望，求自己的安乐和家庭的利益，这是臣子的私心。英明的君主在上，那么臣子就会摒弃私心而实行公义；昏乱的君主在上，那么臣子就会摒弃公义而实行私心。

从这段材料可知，韩非极力强调为"公"，废弃为"私"，这似乎有违于其人性论的前提，因为在其人性论中肯定了人有私欲，这里却要废私。笔者认为，从观点本身的角度看，似乎前后有矛盾，但从韩非的思维逻辑讲，其中并没有不合理之处。一方面，先秦诸子以人性论为基础构建自身的学说，韩非也讨论了人性的问题。人性"好利恶害"，这是"私"的表现，是需要正视的，但是要维护社会秩序,就必须"存公去私","居官无私,人臣之公义也""私怨不入公门"(《外储说左下》,第753页)。并且公私分明,人际关系中的私情和仁义道德就不会浸透到政治活动中来,国家也就不难治理,这就是所谓的"公私分则朋党散,朋党散则无外障距内比周之患"(《难三》,第907页)。另一方面,韩非明确"公私有分",也是推行其法治思想的必要条件,守法就是尚"公",违法就是任"私",正如他所说:"公私不可不明,法禁不可不审。"(《饰邪》,第367页)用"法"来维护"公"的思想是法家一致的观点,在法家看来,人有私欲是需要正视的,而"法"代表"公",只有用"法"才能立公去私,维护"公"的利益。商鞅据此把"法"当作"国之所以治者"的三个条件之首,断言:"立法明分,而不以私害法,则治;……释法而任私议,此国之所以乱者。"①君主以法治国,以法立公,才能使人民安分守己,使无德无才者不嫉妒贤能之才,才能使公私分明。《管子·任法》篇也说:"以法制行之,如天地之无私也。是以官无私论,士无私议,民无私说,皆虚其匈(胸)以听于上。"②

(三)"匹夫有私便,人主有公利"

韩非明确公私之分,对人性的"私欲"予以正视,突出了"公义"的重要。那么,韩非如何处理"公"与"私"的关系呢?换言之,韩非赋予了"公"和"私"怎样的具体内容,以使其理论得以合理展开?

首先,韩非论述了公私对立的存在。他列举了公利与私利、大利与小利、公功与私行、公忠与私道、公善与私恶、公义与私心、公庭与私门等。在公与私的这些对立中,韩非倡导"公",否定"私",主张一切以公利为准,"为公者必利,不为公者必害"(《外储说右上》,第773页),"私义行则乱,公义行

---

① 《商君书·修权》,高亨:《商君书注译》,中华书局,1974年,第110页。

② 《管子·任法》,黎翔凤:《管子校注》,中华书局,2004年,第911页。

则治","吏无私利而正矣"(《外储说右下》,第834页)。韩非针对现实中人们面临和解决公私冲突时所体现出的偏差,痛陈其种种危害,如"私门将实,公庭将虚"(《扬权》,第170页),"顾小利,则大利之残也"(《十过》,第199页),"私利立而公利灭","国利未立"而"私家"富①,"公家虚而大臣实"(《亡征》,第302页),"贵私行而贱公功"(《亡征》,第302页),必将导致亡国,等等。要消除这些危害,必须"去私心行公义"。

在《韩非子》一书中也具体论述了"公利"和"私利"的内容,他说:匹夫有私便,人主有公利。不作而养足,不仕而名显,此私便也。息文学而明法度,塞私便而一功劳,此公利也。(《八说》,第1027页)"匹夫"是指一般人,一般人有个人的私利,君主有国家的公利。不从事劳作而生活供给充足,不担任官职而名声却很显赫,这是一般人的私利;停止私学而彰明法度,堵塞个人私利而按功行赏,这是君主的公利。同时,韩非强调"国利未立,封土厚禄至矣;主上虽卑,人臣尊矣;国地虽削,私家富矣"。(《五蠹》,第1114页)从韩非的语言中可以发现,他的"公利""国利""公家""公功"都是一个层面的意思,即国家的利益;又由于韩非本人贵公子的身份,其自然会从统治者角度思考问题,最终目的是维护国君和国家的利益。正如朱汉民先生所说:"他(韩非)执着地维护君权,鼓吹专制,是因为他坚信,民众的根本利益在于建设一个富强的国家,而一个富强的国家又必须有一个有权威的君主,君主所代表的是'公利',他说'匹夫有私便,人主有公利。'这种把国家、君主看作是'公利'代表的信念,其实同样是一种道德信念,因为仁义道德所以具有价值恰恰在于它们代表'公利'。"②

其次,既然韩非也认为"公利"与"私利"是一对矛盾的概念,那么,如何

---

① 参见"是故事强则以外权士官于内,救小则以内重求利于外,国利未立,封土厚禄至矣;主上虽卑,人臣尊矣;国地虽削,私家富矣。"(《五蠹》,第1114页)

② 朱汉民:《圣王理想的幻灭》,吉林教育出版社,1990年,第68页。

处理人主的公利和人臣的私便呢？韩非把这个问题诉诸"法"，用"法"来维护"公利"。《八说》篇中，韩非已经提出"明法度……此公利也"（《八说》，第1027页），其在《诡使》篇中也说："夫立法令者，以废私也，法令行而私道废矣。私者所以乱法也。"（《诡使》，第997页）设立法令是为了废除一切不符合法令要求的"私"，法令得到执行私道就被废除了。《诡使》篇云：

> 故曰：道私者乱，道法者治。上无其道，则智者有私词，贤者有私意。上有私惠，下有私欲，圣智成群，造言作辞，以非法措于上。上不禁塞，又从而尊之，是教下不听上、不从法也。是以贤者显名而居，奸人赖赏而富。贤者显名而居，奸人赖赏而富，是以上不胜下也。（《诡使》，第998页）

因为"智者有私词，贤者有私意"，贤明的君主一定要懂得"道法而治"；如果君主存有"私慧"，则"下有私欲，圣智成群，造言作辞，以非法措于上"。这样，韩非就把君主的"私慧"也纳入"法"的治理范围内，同样受到"法"的制约。当然，这里韩非也需要面对一个道德上的问题，即"法"的贯彻需要君主和人臣都无"私意"，如何解决这个问题，韩非在其道德修养和道德教育中提出了自己的见解。

（四）"权其轻重，出其大利"

在韩非看来，"公利"还有"大利"和"小利"之分，因此，他提出了"权其轻重，出其大利"的原则，并说：

> 霸王者，人主之大利也。人主挟大利以听治，故其任官者当能，其赏罚无私。使士民明焉，尽力致死，则功伐可立而爵禄可致，爵禄致而

富贵之业成矣。富贵者,人臣之大利也,人臣挟大利以从事,故其行危
至死,其力尽而不望。(《六反》,第1007页)

故法之为道,前苦而长利;仁之为道,偷乐而后穷。圣人权其轻重,
出其大利,故用法之相忍,而弃仁人之相怜也。(《六反》,第1011页)

"人主之大利"是成就霸王之业,"人臣之大利"是获得荣华富贵,"人主"
怀着这份"大利"之心治理国家,就会选取贤能者任官,赏罚没有偏私,使"士
民"尽死为其效力,这样"人主"的"富贵之业成矣";同样,"人臣挟大利以从
事",就会尽其所能而不会怨恨。

如何去维护和巩固"人主"和"人臣"的"大利"呢?在韩非之前的时代,
通常运用的是仁义道德,但是这些在韩非看来已经过时,他在《五蠹》篇中明
确指出:"故文王行仁义而王天下,偃王行仁义而丧其国,是仁义用于古不用
于今也。故曰:'世异则事异。'……上古竞于道德,中世逐于智谋,当今争于
气力。"(《五蠹》,第1092页)批评儒家和墨家的"先王兼爱天下"之说,已经不
适合今世,并说:"然则今有美尧、舜、汤、武、禹之道于当今之世者,必为新圣
笑矣。"(《五蠹》,第1085页)因此,他主张"法之为道,前苦而长利;仁之为道,
偷乐而后穷"。圣明的君主从"大利"出发,权衡"法"和"仁"的利弊,用"法"
而弃"仁",才能维护国家的"大利""长利"。

要维护统治者的"大利",就得牺牲一些"小利",忍受一些"小苦",韩非
以慈母给婴儿治病为例,婴儿觉得很痛苦,但是"犯其所小苦,致其所大利
也"(《显学》,第1147页)。所以,君主不能盲目"听民","民智不可用,犹婴儿
之心也"(《显学》,第1147页)。在牺牲"小利"的问题上,韩非还劝说君主应
该乐于接受"忠言逆耳",他说:夫良药苦于口,而智者劝而饮之,知其入而已
己疾也。忠言拂于耳而明主听之,知其可以致功也。(《外储说左上》,第671
页)"良药苦于口",但是"其入而已己疾也",同样的道理,"忠言拂于耳",但

"其可以致功也"。可见,韩非深知要获得"大利""长利",万不可只顾眼前利益,拒听忠言,讳疾忌医。

(五)公私观的要旨

韩非的公私观抛开了仁义道德,以人性"好利恶害"为理论出发点,从功利主义角度来谈论"公"和"私"。后来宋明理学谈论"义"和"利"的关系时,也吸收了不少韩非的观点。综观韩非的"公私"观,其具有不同于其他学派的思想特质:

首先,韩非主张"公私分明",并认为私心私欲可以在符合公义公利要求的方向上发展,从而与公义公利统一起来。"公私分明"即是要求明确认识"公"与"私",在二者对立的情况下,韩非积极提倡公利,否定私利,以是否合于公利作为判断是非善恶和行为取舍的标准。因为"私利立而公利灭","为公者必利,不为公者必害","私义行则乱,公义行则治",所以必须"明于公私之分,明法制,去私恩"。

追究韩非"尚公"的思想,可以发现其本根性缘由。因为在先秦时期,已经有把公与天道、天理联系起来,使其具有超越性的根据。特别是在哲学领域,古代哲学家认为公是内在于天、天道、天理的。人类社会是天、天道的一部分,是天、天道的外化。如《老子》十六章说:"夫物芸芸,各复归其根。归根曰静,是谓复命。复命曰常……知常容,容乃公,公乃王,王乃天,天乃道。"[①]庄子也把社会政治与人类之公与天、道联系起来,认为作为天或自然一部分的人,要效法"公道":"四时殊气,天不赐,故岁成;五官殊职,君不私,故国治……万物殊理,道不私,故无名……是故天地者,形之大者也;阴阳

---

① 《老子·十六章》,[魏]王弼:《王弼集校释》,楼宇烈校释,中华书局,1980年,第36~37页。

者,气之大者也;道者为之公。"①以上《老子》《庄子》中的"公"都与"天""道"联系起来,指出"天""道"都有"为公"的本性,人类社会之"公"自然也源于天道和自然之公,为"公"的正义性和合理性提供形而上的依据。

《韩非子》一书中虽然没有直言"天""道"与"公"的关系,但是从其对"天""道"的崇敬以及对"公"的运用中已能窥见一斑。韩非认为:"谨修所事,待命于天。""因天之道"(《扬权》,第145页),"闻古之善用人者,必循天顺人而明赏罚"(《用人》,第540页),"不逆天理,不伤情性;……淡然闲静,因天命,持大体"(《大体》,第555页)。这些论述都认为做事应遵循天道、天理。又因天道、天理本身所具有的"善"意,追求"公",就能实现社会理想,天下太平。从"公"的角度思考这一逻辑,我们也不难推断韩非的"天""道"同样具有"公"的气质,因此才能从"天之公"推导出"人之公"。

其次,韩非的"公利"不仅是君主一人的利益,也是君主所代表的国家的利益。关于韩非的公私观,在近代研究成果中存在两种观点:一种认为韩非的"公"代表了国家的公利,是其道德规范的根本原则。比如朱伯崑先生认为,"韩非以个人的私利和君主、国家的公利,解释公私的区别,这是法家功利主义的基本原则。依据这一原则,他认为,为公的行为则是善的,为私的行为就是恶的,善恶的对立就是公私的对立"②。随后他又指出,在阶级社会中,公私不是抽象的东西,韩非所说的公,"乃是'人主之功利'或者'社稷之利',实际上指的是新兴地主阶级的利益。其中虽然也容纳了农民的一些利益,如有功者赐予田宅等,但这也是为了地主阶级的利益。就这一方面说,韩非所说的'公',实际上并不公"③。吴付来先生也持类似的观点,"韩非眼里的'公'并不只代表国君及其利益,甚至可以说,在一般意义上,代表的不

---

① 《庄子·则阳》,[清]王先谦撰:《庄子集解》,中华书局,1987年,第233页。

② 朱伯崑:《先秦伦理学概论》,北京大学出版社,1984年,第272页。

③ 朱伯崑:《先秦伦理学概论》,北京大学出版社,1984年,第276页。

是国君而是封建地主阶级国家的利益"①。

另一种观点认为,韩非的"公"体现的是国君个人的利益,与广大臣民的利益对立。如罗世烈先生认为,"应当将韩非所讲的'公',如其本意理解为专制君王个人私利,而韩非所讲的'私',实际上却包含了广大臣民的一切合理权益。他所谓'去私心,行公义',就是完全抹杀广大臣民所有的全部正当权益,从而无限突出专制君主的任何个人私利"②。他认为专制主义才是韩非伦理思想的根本,所以韩非所谓的"公"只能是为专制主义服务的君主私利。

笔者认为这两种观点都不全面,我们应该辩证地看待韩非的公私观。韩非认为"好利恶害"是人的本能,并依据"好利"行为的主体不同,区分为"公"与"私"两个方面。张伯晋在其博士论文《法家伦理思想体系的最终建构——以韩非与〈韩非子〉为研究对象》中,将韩非伦理思想中的道德行为主体划分为国、君、臣、民四种,国、君为一类,臣、民为一类,并认为第一类是国、君。国是社会的总和,是社会伦理、国家道德行为的主体,国由人民、臣子和君主共同组成,但是国的利益与人民、臣子的利益不一致,国家追求的是公义、公利,人民、臣子追求的是私义、私利。第二类是臣、民。民是个体道德的行为主体,完全站在个体道德的功利标准上,以追求个体行为的功用为最高原则。臣是民中的特殊群体,他们具备普通人民所不具有的特殊政治智慧,是管理国家不可缺少的人才。但是臣和民的行为目的是一致的,即以追求自身功利角度为出发点去行动。从韩非这样的划分来看,在国的范畴里,已经包含了部分社会的功能和利益,而君主却是国家利益的代表。这里,韩非将君主抽离掉作为个体的自然属性,他只代表国家道德的社会属

---

① 吴付来:《废私立公——法家公私观的道德价值取向》,《安徽师范大学学报》,1999年第1期,第22~27页。

② 罗世烈:《韩非的伦理思想》,《中华文化论坛》,2000年第2期,第40~45页。

性,这样,韩非就将君主利益与国家利益统一起来,维护君主的利益就是维护国家的利益。其中我们从"明主在上,则人臣去私心行公义"这样的言论中也可以看出,韩非将国君与人臣区别看待的事实。①张伯晋博士的论述有一定的道理,君和臣民之间存在着道德的博弈,臣民偏向于个体利益的获得,君主偏向于维护国家利益。韩非认为君主的利益代表着国家利益,实际上这只是韩非的乐观设想,现实中君主的人性是不能抽离的,自然也就有君主自身利益的存在。当然,韩非提出君主的利益是"公利",并且在"公利"的取舍上,应该取其"大利","大利"能很好地代表国家的长远利益,这应该是韩非在解决君主利益与国家"公义"的进一步理论尝试,只是在君主专制的时代里,君主与国家之间的关系不能区分开来,维护以君主为代表的国家利益,往往最后演变成维护君主一己私利,因此,这就使韩非维护公利的合理性理论陷入自身的矛盾中,也体现了韩非道德相对主义的认知模式。②同时,需要指出的是,张伯晋博士将国和君都归于社会伦理的范畴,这是有待商榷的,因为社会伦理标识的是社会伦理关系及其结构状态、社会公正及其

---

① 参见张伯晋:《法家伦理思想体系的最终建构——以韩非与〈韩非子〉为研究对象》,吉林大学博士学位论文,2010年6月,第84页。

② 张伯晋在其博士论文《法家伦理思想体系的最终建构——以韩非与〈韩非子〉为研究对象》中分析到,随着历史的变化,韩非表达了对道德历史相对性的认识,认为道德行为主体不同,道德的具体形式与功用也有所不同,道德行为主体从个体转化为国家,个体道德和社会伦理的形式和功用也相对不同。这也就是韩非道德相对主义对道德本质的认知模式。(张伯晋:《法家伦理思想体系的最终建构——以韩非与〈韩非子〉为研究对象》,吉林大学博士学位论文,2010年6月,第92~93页。)

实现条件,它涉及的是非个人领域的伦理关系。①按照这样的界定,在中国古代社会,虽然君主的地位崇高,但是他毕竟也是个体的存在,只能说君主的德性修养是维护其统治的保障,但我们还无法把他归入社会伦理的范畴。

最后,"私利"与"公利"会发生矛盾,韩非主张"立法废私",通过法律规范限制和克服人们的私心、私欲,约束和禁止人们自私和利己的行为,以达到维护公利的目的。《诡使》篇云:"夫立法令者以废私也,法令行而私道废矣。私者所以乱法也","法立则莫得为私矣"(《诡使》,第998页)。按照韩非的解释,人的本性是"利己"的,但这种本性可以改变,"法"的作用就在于废私,禁止自私自利的思想和行为,包括私意私词、私欲私惠。尽管韩非并没能从道义上区分人们利益的正当与否,但他通过"法"的约束,使个人的私欲私利受制于国家的公义公利,并在此基础上统一两者,这是具有重要理论意义的。

(六)小结

公私的悖论不仅在韩非思想中存在,在儒家的公私观中同样存在。儒家也强调"公",但儒家重视的是道德规范与原则,道德就是公,反道德就是私。细究儒家所提倡的"公",我们会发现,其逻辑起点仍是从"私"的领域出

---

①　参见社会伦理是"以权利—义务关系为核心,标识社会伦理关系及其结构状况、社会公正及其实现条件的伦理学基本概念。与'个体道德'相对。其外延包括整个非个人领域的伦理关系,诸如家庭、市民社会、民族、国家、国际社会,政治、经济、科学技术、法律、文化、教育、环境等领域的伦理关系。包括两个主要方面:一指道德规范及其价值精神存在与演进的社会条件;另一指社会价值目标理想、交往方式、结构体制的合理性。其基本内容为:社会关系及其结构的价值合理性根据,社会存在方式,社会成员的基本权利和义务的合理分配及有效保障,社会良序的可能性及途径,社会普遍行为规范准则及其合理性根据,社会公共权力的合理性根据及其合理结构,具有现实合理性根据的社会价值精神内容及其确立,社会多元与一元及其相互关系,包括妇女、儿童在内的特殊社会群体的社会权利及其保护,民族关系合理性根据,新技术应用的合理性界域,以及种族冲突、移民、社会犯罪,等等"。(朱贻庭主编:《伦理学大辞典》,上海辞书出版社,2002年,第261页。)

发,即"父子","父子"代表了一种血缘关系,这就使公私观念在儒家形成之初,就具有鲜明的悖论,许多问题没法谈清楚。"私"的领域过分"膨胀",就会抑制"公"的领域的发展。儒家的五伦关系中,"君臣"之间的关系比较接近"公"的领域,但在"忠孝"之间,儒家常常又使"忠"让位于"孝",从某种程度上讲,这是使"公"让位于"私"。实际上,"天下为公""大公无私",只能作为一种"理想"来提倡,不能落实到实际操作的层面。社会的主体是一个个的人,每个人都是一个主体,都是有个性的。在"公"的领域中,其活动的是一个个的人,是私人。那么怎样在"公"的领域中,保持个体的价值及其运转,就成为一个很大的问题。儒家的理论要求私心只能在"私"的领域中表现,在"公"的领域中必须扮演公的角色,表现公心,结果形成了有特色的"二重性格"。①

比较韩非与儒家的观点,不难看出,韩非的公私观在客观性上向前进了一步,他从人"好利恶害"的本性出发,没有全盘地否定"私",只是要求公私分明,认清君主的公利、公义与臣民的私利、私义,当公利、公义与私利、私义发生矛盾时,一方面以"大利",即国家利益为准,另一方面也主张通过法制规范来限制人们的私心、私欲。这对于今天认识公私之间的关系,以及如何"活私开公"是具有启发意义的。

四、"自用其刑德"之刑德论

韩非在人性思想的论述中,认为人"好利恶害",根据这一情实,主张以"法"来规范人性。在形名观中,以辩证的视角阐述法律条令为"名",百官所

---

① 王中江、张宝明、梁燕城:《活力与秩序的理性基础:关于互动的对话》,公法评论网,http://www.gongfa.com,2003年1月3日。

作所为为"实",用"法"来保证名实的相符。在公私观中,同样强调"立法废私",通过法律来限制人的私心私欲,以达到维护公利的目的。由此可见,韩非对"法"的极度重视。他阐发了商鞅"不贵义而贵法"[1]的观点,提出"不务德而务法"(《显学》,第1142页)的理论。这里值得关注的是,韩非所批判的"义"是儒家的仁义、仁爱,所否定的"德"是儒墨的道德观,但这并不代表韩非全盘否定道德的作用,他选择"法"的目的在于使人"不得为非",而保障社会井然秩序不能仅仅依靠刑法,还应辅之以道德,韩非也集中讨论了"法"与"德"的关系。

(一)"不务德而务法"的辨析

1."不务德而务法"

韩非在《显学》篇中,总结性地谈到自身对法德关系的认识,他说:

> 夫圣人之治国,不恃人之为吾善也,而用其不得为非也。恃人之为吾善也,境内不什数;用人不得为非,一国可使齐。为治者用众而舍寡,故不务德而务法。(《显学》,第1141~1142页)

此段话的意思是说,圣明的君主治理国家,不是依靠人臣"为吾善",而是使人臣"不得为非",一个国家里,"为吾善"的人很少,而使人臣"不得为非",则可以使全国的人都一致。因此,善于治理国家的君主明白"用众而舍寡"的道理,即用对多数人有效的统治方法,舍弃对少数人有效的统治方法,选择务法而不务德。深究韩非此段话的含义,其中包含两层意思:一是"为吾善"的人"境内不什数",而人却有"为非"的本能,所以圣明的君主应该"用

---

[1] 《商君书·画策》,高亨:《商君书注译》,中华书局,1974年,第144页。

人不得为非",这样"一国可使齐"。那么如何使人不得为非呢? 韩非主张治国应该采取一种外在的、主动的姿态,即"法"的制约,而非内在的、被动的依赖,即"德",这一点从材料中"恃"字和"用"字的含义便可得以证明。"恃"是依靠、依赖的意思,"不恃人之为吾善"就是不依靠人自觉地为我做好事;"用"是"使"的意思,"用人不得为非"就是使人不得做坏事,这一由被动到主动的转变体现出韩非对法德关系的新认识。

韩非"不务德而务法"的观点并不是凭空提出,其整个伦理思想中有其思路的辩证演进过程,这个过程即是从道德起源谈起,应时代的要求,对"德"的内容进行重新界定,不务儒家仁义之德,而务法家庆赏之德,由此导出"法"的意义。

2.从道德到道德规范

从概念的界说上看,道德的起源早于道德规范,道德起源于人类社会的生产实践和人的历史发展,先民在日常生活中逐渐形成一定的道德意识、观念、情感和行为规则,以调节人们的生活。而道德规范是人的道德行为和道德关系的普遍规律的反映和概括。它同样起源于生活实践,是社会发展的客观要求和人们的主观认识相统一的产物。也就是说,远古人们在社会分工和生产力的发展中,逐渐形成了一种相对独立的社会意识形态——道德。这种道德意识的逐渐成熟、发展,就形成了不同的道德规范。韩非在《五蠹》篇中触及了道德起源这个问题,它描述了上古、中古、近古、至今四个历史阶段,认为道德起源至少包含了三方面的条件:圣王有意识的制定、约定俗成的习惯和经济的发展。《五蠹》篇云:

> 上古之世,人民少而禽兽众,人民不胜禽兽虫蛇,有圣人作,构木为巢,以避群害,而民悦之,使王天下,号之曰有巢氏。民食果蓏蚌蛤,腥臊恶臭而伤害腹胃,民多疾病,有圣人作,钻燧取火以化腥臊,而民说

之,使王天下,号之曰燧人氏。中古之世,天下大水,而鲧、禹决渎。近古之世,桀、纣暴乱,而汤、武征伐。今有构木钻燧于夏后氏之世者,必为鲧、禹笑矣。有决渎于殷、周之世者,必为汤、武笑矣。然则今有美尧、舜、汤、武、禹之道于当今之世者,必为新圣笑矣。是以圣人不期修古,不法常可,论世之事,因为之备。(《五蠹》,第1085页)

圣人在自然劳动中,制定了一些人为的操作准则以求生存,如有巢氏"构木为巢以避群害",燧人氏"钻燧取火,以化腥臊",进而人民肯定其能力而"使王天下",而后世的"尧、舜、汤、武、禹之道"让将伦理道德的制定归于圣王。可见道德应起于氏族社会的圣王,这一点与荀子主张"圣人积思虑为伪,故以生礼义而起法度"①的圣人作为道德规范起源的想法一致。韩非接着说:

是以人之于让也,轻辞古之天子,难去今之县令者,薄厚之实异也。夫山居而谷汲者,膢腊而相遗以水;泽居苦水者,买庸而决窦。故饥岁之春,幼弟不饷;穰岁之秋,疏客必食;非疏骨肉爱过客也,多少之心异也。是以古之易财,非仁也,财多也;今之争夺,非鄙也,财寡也;轻辞天子,非高也,势薄也;重争土橐,非下也,权重也。故圣人议多少、论薄厚为之政,故罚薄不为慈,诛严不为戾,称俗而行也。故事因于世,而备适于事。(《五蠹》,第1088~1089页)

"轻辞古之天子"与"上古竞于道德"同指尧、舜、禹三王的揖让之治,而揖让这种道德行为,是完全由"厚薄之实异也"的经济条件来考量的。《八说》

---

① 《荀子·性恶》,[清]王先谦撰:《荀子集解》,中华书局,2010年,第437页。

篇中也论述了古代先王的经济背景是揖让之礼形成的缘由,如:"古者人寡而相亲,物多而轻利易让,故有揖让而传天下者。然则行揖让,高慈惠,而道仁厚,皆推政也。"(《八说》,第1030页)而"多少之实异也""物多而轻利易让"的道理同样适用于"幼弟不饷""疏客必食"的情况。在政治上,"论薄厚为之政""称俗而行也""故事因于世,而备适于事",这就直接总结了一个良善的政治措施必然以社会、经济条件(薄厚、称俗)为规范标准,并顺应世事有所调整。韩非将人的道德与品质与物质生活的影响联系起来,所表达的意思可归纳为:"人的道德品质受人的物质生活的影响而为其所决定。"①这并非是诉诸儒家"为政以德"的道德规范。综合上述分析,韩非显然注意到社会、经济条件可决定政治上采取的态度和指导原则。②这里所涉及的道德规范起源问题至少包含三个方面:圣王有意识的制定、风俗,以及经济上的考量。

人们有了道德意识后,就逐步形成一系列的道德规范,如"仁""义""礼",韩非对"仁""义""礼"的讨论基于其无善无恶的人性论。他在《显学》篇中提道:

> 今或谓人曰:"使子必智而寿",则世必以为狂。夫智,性也,寿,命也,性命者,非所学于人也,而以人之所不能为说人,此世之所以谓之为狂也。谓之不能,然则是谕也。夫谕,性也。以仁义教人,是以智与寿说也,有度之主弗受也。故善毛嫱、西施之美,无益吾面,用脂泽粉黛则倍其初。言先王之仁义,无益于治,明吾法度,必吾赏罚者亦国之脂泽粉黛也。故明主急其助而缓其颂,故不道仁义。(《显学》,第1143页)

① 冯友兰:《中国哲学史新编》(第二册),蓝灯文化事业股份有限公司,1991年,第451页。

② 参见"社会经济关系对道德的决定作用"。(罗国杰主编:《伦理学》,人民出版社,1998年,第46~51页)。其中韩非的"称俗而行"表现出"道德以风俗习惯这样的最初形态自发地维护社会整体利益"。(罗国杰主编:《伦理学》,人民出版社,1998年,第47页。)

性命是天生自然,无从学习的,即"性命者,非所学于人也"。而"以仁义教人,是以智与寿说也,有度之主弗受也",在此,"仁义"好比"智"与"寿",也属于性命的一部分,既然属于性命的一部分,就应该是天生自然的流露,是无从通过语言或行为传授给其他人的。仁义出自天生自然,是内在的情感,无从学习,由此,韩非主张用外在的"法"来规范人臣。法之赏罚就像后天人造的化妆品——"脂泽粉黛",必然对于治国有美化的作用,所以有法度观念的君主不会接受使用仁义来治国。再者,韩非对仁、义、礼的理解,分别定义为:

仁者,谓其中心欣然爱人也。其喜人之有福,而恶人之有祸也。生心之所不能已也,非求其报也。故曰:"上仁为之而无以为也。"(《解老》,第374页)

义者,君臣上下之事,父子贵贱之差也,知交朋友之接也,亲疏内外之分也。臣事君宜,下怀上宜,子事父宜,贱敬贵宜,知交朋友之相助也宜,亲者内而疏者外宜。义者,谓其宜也。宜而为之,故曰:"上义为之而有以为也。"(《解老》,第374页)

礼者,所以貌情也,群义之文章也,君臣父子之交也,贵贱贤不肖之所以别也。……道有积而积有功;德者,道之功。功有实而实有光;仁者,德之光。光有泽而泽有事;义者,仁之事也。事有礼而礼有文;礼者,义之文也。故曰:"失道而后失德,失德而后失仁,失仁而后失义,失义而后失礼。"(《解老》,第376页)

礼为情貌者也,文为质饰者也……是以父子之间,其礼朴而不明,故曰:"理薄也。"……实厚者貌薄,父子之礼是也。由是观之,礼繁者,实心衰也。(《解老》,第379~380页)

以《解老》篇中的解释,仁是个体毫无目的性的"中心欣然爱人",而且"生心之所不能已也",显然是发自内心而无法自拔,所以仁属于内心的自然流露,毫无后天的矫揉造作。而义是指群体之间如群臣、父子、朋友的"亲疏内外之别",即区分群体之间"宜"的界限,但这种对群体界限之"义"或"宜"的认识和掌握是天生的能力,还是可以通过后天的经验学习?韩非并没有做出明确的回答,只是说"义者,仁之事也"。《解老》篇中将"义"视为一种外在形态,这种外在形态是人性内在的自然情感"仁"的表现,这与告子主张的"仁内义外"一致。从孟子预设"仁义礼智,非由外铄我也,我固有之也"①与"君子所性,仁义礼智根于心"②来看,仁义都是人心"内在"的善端。但是"义"在《孟子》中,并非只是人的"羞恶之心";另一意思表现在"义,人路也"③这样外在的规范意义上。也就是说,"义"具有指导人们向善的功能。但"义"又是一种道德判断,即"谓其宜也"是也。而道德判断是一种对心理信念或价值的肯定,这部分属于人心主观的认识内容,当然涉及孟子所谓的"义内"。但是告子将道德判断的依据归于外在的"情境"也是事实,因为道德判断必须观察外界人的实际情况才能判定。所以若肯定"义"是一种因外在情境条件而有的道德判断,就必须承认有内在的心理价值与外在的实际情境两方面的考量。"义"原来只是心理上的道德判断或选择,但若将此心理上的道德命题用语言文字来表达,就是孟子所说:"亲亲,仁也;敬长,义也。无他,达之天下也。"④ 这样"义"才成为公开、外在的道德规范。《解老》篇认为行义要"有以为",所以"上义为之"似乎要人刻意"有以为",不论是"无以为"的"上仁",或是"有以为"的"上义",都可以将仁义视为一种真情流露,而不

---

① 《孟子·告子上》,方勇译注:《孟子》,中华书局,2010年,第218页。

② 《孟子·尽心上》,方勇译注:《孟子》,中华书局,2010年,第267页。

③ 《孟子·告子上》,方勇译注:《孟子》,中华书局,2010年,第226页。

④ 《孟子·尽心上》,方勇译注:《孟子》,中华书局,2010年,第264页。

受主观意识的控制。

礼，是用来体现心中感情的仪式，是用来规定各种适度的人际关系的制度，是规定君臣父子之间相处关系的准则，是用来区分高贵与卑贱、贤能和不肖的手段。也就是说，礼是内心情感的一种外在表现，文采是对内心本质的一种装饰。韩非认为那些要等装饰以后才能流行的东西，它们的本质肯定是不好的。因此父子之间，礼节是质朴自然而不用什么客气礼貌的话语和行动来表达，所以老子才说："礼薄也。"由此，韩非指出礼节繁多复杂，就是内心真实感情衰竭的表现，即"礼繁者，实心衰也"。

这里应该注意的是，"韩非所依据的材料与《老子》的原文并不完全相同"①，因此他对道德的理解自然也不同于老子，老子的序列是"道"等环节逐个消失以后，后起的形式是对前一形式的替代，并非前一形式的具体化，所以"礼"就是对前面所有形式的否定，这是非常明显的，也是我们应该注意的地方。"可以说，在这里，他是借用道家老子'道''德''仁''义''礼'的框架，装进了儒家'仁''义''礼'的内容，因为，在总体的价值取向上，他认为'仁义者，不失人臣之礼，不败君臣之位者也'，'夫仁义者，忧天下之害，趋一国之患，不避卑辱谓之仁义'（《难一》，第862页）等级观念豁然纸上，在具体的内容上，他也是从'爱''宜'的角度来加以定义的。"②

从以上材料看来，韩非对仁、义、礼等道德范畴的功能还是看得比较清

_____

① 参见"上德不德，是以有德；下德不失德，是以无德。上德无为而无以为，下德为之而有以为上仁为之而无以为，上义为之而有以为，上礼为之而莫之应，则攘臂而扔之。故失道而后德，失德而后仁，失仁而后义，失义而后礼。夫礼者，忠信之薄而乱之首；前识者，道之华而愚之始。是以大丈夫处其厚，不居其薄；处其实，不居其华。故去彼取此"。（《老子》三十八章，［魏］王弼著，楼宇烈校释《王弼集校释》，中华书局，1980年，第93页。并参考高明撰《帛书老子校注》，中华书局，1996年，第1~8页。）

② 许建良：《韩非的"刑德"世界图式》，《苏州科技学院学报》（社会科学版），2007年第11期，第14~21页。

楚的,他并没有直接否定它们,只是认为儒家的仁、义、礼不再适合当时时代的要求,"事因于世,而备适于事";同时,韩非认为儒家的仁、义、礼违背了君权至上的原则,这一点在《忠孝》篇中说得很明白:

> 天下皆以孝悌忠顺之道为是也,而莫知察孝悌忠顺之道而审行之,是以天下乱。……臣事君,子事父,妻事夫,三者顺则天下治,三者逆则天下乱,此天下之常道也,明王贤臣而弗易也。则人主虽不肖,臣不敢侵也。(《忠孝》,第1151页)

> 孔子本未知孝悌忠顺之道也。……所谓忠臣不危其君;孝子不非其亲。……放父杀弟,不可谓仁;妻帝二女而取天下,不可谓义。仁义无有,不可谓明。……孝子之事父也,非竞取父之家也;忠臣之事君也,非竞取君之国也。(《忠孝》,第1153~1155页)

韩非认为君主不能随意被推翻,臣子再贤能,也不能取君主而代之,这才是韩非的仁义道德观,即能维护君主的利益,将君主的利益看得高于一切,为了维护君主的权威,臣子要讲臣德,像对待自己的父亲一样对待君主。在此意义上,韩非提出了"自用其刑德"的刑德观。

(二)刑法的功效

在古代文献中,至少有两个非常重要的字可训为法。一个是刑,一个是律。刑、法,法、律可以互训,如《尔雅·释诂》:"刑,法也","律,法也"①。《说文》:"法,刑也。"②《唐律疏议·名例》:"法,亦律也。"当然,古字内涵丰富,常

---

① 《尔雅·释诂》,[西晋]郭璞注:《尔雅注疏》,上海古籍出版社,2010年,第22页。
② [东汉]许慎:《说文解字》,中华书局,1963年,第202下页。

与其他字、词互训、转注,以至辗转正义。又由于时代变迁,字的形、音、义会有种种不同。所以,这里所注意的主要是刑、法、律三个词的一般关系。特别是其中的内在逻辑联系。从时间顺序上看,我们今天称之为古代法的,在三代是刑,在春秋战国是法,秦汉以后则主要是律。从三者之间的关系来看,它们之间也是有偏重的,三者的核心是刑。① 韩非所处的时代正是刑与法过渡的时期,因此,李泽厚先生认为韩非应该属于"刑法"家是有一定道理的。②

考察《韩非子》一书,"刑法"并用有两处,虽然"刑"受到法家的普遍重视,但是韩非已经将具体的"刑"提升到一般的"法"的高度,转向对"法"的重视。"法"在《韩非子》一书里约出现二百七十余次,"刑"约出现八十余次,可见,重视"法"是韩非最显明的特色。

1. "法"的含义

"法"的古体为灋,《说文·廌部》:"灋,刑也,平之如水,从水;廌,所以触不直者去之,从去。"③ 有人据此认为,汉字"法"有公平、正义之义。④ 蔡枢衡先生认为,"平之如水"四个字是"后世浅人所妄增",不足为训。考察这个字的古义,应当从人类学的角度入手。这里,水的含义不是象征性的,而纯粹是功能性的。它指把罪者置于水上,随流漂去,即今之所谓驱逐。⑤ 在远古社会,这应当是一种很严厉的惩罚了。蔡枢衡的观点正确与否暂且不论,他所选取的视角应该是对的。传说中的廌是一只独角神兽。据《论衡》,獬豸为独角的羊,皋陶治狱,其罪疑者令羊触之,有罪则触,无罪则不触,所谓"天

---

① 梁治平:《法辨:中国法的过去、现在与未来》,中国政法大学出版社,2002年,第66页。

② 李泽厚:《中国古代思想史论》,生活·读书·新知三联书店,2009年,第139~184页。

③ [东汉]许慎:《说文解字》,中华书局,1963年,第202下页。

④ 《法学辞典》,上海辞书出版社,1980年,第454页。

⑤ 蔡枢衡:《中国刑法史》,广西人民出版社,1983年,第170页。

生一角圣兽助狱为验"①。这种我们今天称之为审判法的裁判方式通常与人类原始宗教思维相关,几乎各民族的早期历史中都不乏其例。在中国,汉代之后的执法官以獬豸为冠服,取其去奸佞(触罪者)之义。总之,统观各家对"法"的诠释,平之如水也好,使罪者随水漂去也好,都没有超出一般程序的意义,当然更不具有政治正义论的性质。

据蔡枢衡先生考证,灋字古音为废,钟鼎文灋借为废,因此废字的含义渐成法字的含义。而"废"的本义为遏止、禁止,所以"法"有禁止之义。"法禁"一词即可为证。又因为法、逼双声,逼变为法。《释名·释典艺》:"法,逼也。人莫不欲从其志,逼正使有所限也。"其中也包含有"禁"的意思。《左传·襄公二年》注:"逼,夺其权势。"《尔雅·释言》:"逼,迫也。"②这里强调的是强制服从,是命令之义。可见,"法"字的含义一方面是禁止,另一方面是命令。那么以什么手段来保证这类命令的规则呢?古音法、伐相近,法借为伐。伐者攻也,击也。这里,法就有了刑罚的意思。《管子·心术》:"杀僇禁诛谓之法。"③《盐铁论·诏圣》:"法者,刑罚也,所以禁强暴也。"④说的都是这层意思。⑤禁止与命令,着重于法的功能,刑罚则主要是保证这种功能实现的手段。二者的联系十分密切。

韩非对"法"的定义如下:

> 法者,编著之图籍,设之于官府,而布之于百姓者也。(《难三》,第
> 922页)

---

① 瞿同祖:《中国法律与中国社会》,中华书局,1981年,第253页。

② 《尔雅·释言》,[西晋]郭璞注:《尔雅注疏》,上海古籍出版社,2010年,第158页。

③ 《管子·心术》,黎翔凤撰:《管子校注》,中华书局,2004年,第758页。

④ 《盐铁论·诏圣》,[西汉]桓宽:《盐铁论》,北京图书馆出版社,2002年,第472页。

⑤ 以上关于法字的考释请参阅蔡枢衡:《中国刑法史》,广西人民出版社,1983年,第5、6、41页。

法者,宪令著于官府,刑罚必于民心,赏存乎慎法,而罚加乎奸令者也,此臣之所师也。君无术则弊于上,臣无法则乱于下,此不可一无,皆帝王之具也。(《定法》,第957~958页)

以上引文直接述说了法的定义,其中"编著之图籍"是指法的要件必须诉诸文字的形式形成明确的法律条文,所以图籍是成文法的具体表现形式。而"设之于官府"与"宪令著于官府"则表示作为成文法意义的图籍存放在官府里,一方面可以表示法律具有不可侵犯的权威性,另一方面表示不可任意更改的公信力。"布之于百姓"则表示公布法的形成意义,而法律公布之后一段时间法律的效力便开始生效。

这两段话也显示出韩非从权力和作用的角度对"法"的阐释。"编著之图籍,设之于官府,而布之于百姓者也",是从权力的角度对法进行界定,这也是从法的本源来界定法,着重说明法的基础或自何处,显示了法律与权力的联系。"法者,宪令著于官府,刑罚必于民心,赏存乎慎法,而罚加乎奸令者也,此臣之所师也。君无术则弊于上,臣无法则乱于下,此不可一无,皆帝王之具也",是从法的作用来对法进行界定,着重说明法的工具性,即提出法是帝王治民的工具。

2."法"的道德正当性

韩非重视"法"一方面在于儒家仁义道德在维护社会秩序上的失效,另一方面还在于"法"在功能上和形式上具有双重的道德正当性。[①]

"法"的功能体现在是治国和强国的政治保障,能保障君主的权威,确保主权至上,用赏罚手段调整一切法律关系。韩非说:

---

① 张伯晋:《法家伦理思想体系的最终构建——以韩非与〈韩非子〉为研究对象》,吉林大学博士学位论文,2010年6月。

国无常强，无常弱。奉法者强，则国强；奉法者弱，则国弱。(《有度》，第84页)

治强生于法，弱乱生于阿，君明于此，则正赏罚而非仁下也。(《外储说右下》，第803页)

圣人之治，审于法禁，法禁明著，则官法；必于赏罚，赏罚不阿，则民用。官治则国富，国富则兵强，而霸王之业成矣。(《六反》，第1007页)

"法"的目的是治国、治民；"法"的伦理功能即是维护政治统治，追求国家的富强。同时，"法"在形式上的道德正当性体现在"法"自身的内在价值上，"法"具有公开性、确定性、稳定性、平等性、权威性等特点。韩非说：

法莫如一而固，使民知之。(《五蠹》，第1100页)

圣人之为法也，所以平不夷，矫不直也。(《外储说右下》，第832页)

治大国而数变法，则民苦之。(《解老》，第400页)

刑过不避大臣，赏罚不遗匹夫。(《有度》，第111页)

韩非认为法必须是公开的，使所有人民知道法律的内容，令行禁止。同时，法是确定的，不允许任意解释。法是稳定的，不允许朝令夕改。法还必须是平等适用的，任何人都要严格遵守。法必须是最高的权威，不允许有超越法之上的权威。

由此可见，"法"的双重道德正当性使之成为治理国家的重要手段和举措。"故明主使其群臣不游意于法之外，不为惠于法之内，动无非法。法所以凌过外私也；严刑，所以遂令征下也。威不贰错，制不共门。威制共，则众邪彰矣；法不信，则君行危矣；刑不断，则邪不胜矣。故曰：巧匠目意中绳，然必先以规矩为度;上智捷举中事,必以先王之法为比。故绳直而枉木斫,准夷而高科削,权衡县而重益轻,斗石设而多益少。故以法治国,举措而已矣。"(《有度》,第111页)法像尺寸、绳墨、权衡一样,是公正的代表,明主有了法,可使群臣不在法令之外任意行为,也可使他们在法令规定的范围内不能随意施加恩惠,一举一动都要依法而行。权、衡是客观的,不受人的感情影响和支配,人们不事权、衡,因为二者不会因你的殷勤为你增添好处,也不会因你的冷落而减少你的所得。"法"的客观与公正也在于此,无论身份高低贵贱,无论是皇亲国戚还是平民百姓,所作所为均由法来评价,是非对错黑白分明,赏罚也就毋庸置疑。所以,贤明的君主以法治国,排除好恶私欲,力求公平公正。这就是所谓的"法不阿贵,绳不挠曲"(《有度》,第111页)。

韩非对"法"的推行,在一定程度上减弱了个人情感和公正之间的矛盾。儒家建立在亲亲尊尊之上的礼治、德治,把浓郁的感情带入判断,不公正就不可避免。但是人之为人,就在于其有丰富的情感,完全不受感情影响,能客观做事的君主少之又少。贤臣的明主会告诫自己不要以私害公,却总有"情不自禁"的时候。要从根本上摆脱感情的影响,实现公正公平,只有实行法治。因此,以法治国是一种行为举措。

"法"在道德上之所以能取得正当性,还在于"法"既能安邦定国,又能在实施中迅速有效。韩非说:

> 故矫上之失,诘下之邪,治乱决缪,绌羡齐非,一民之轨,莫如法。(《有度》,第111页)

> 释法术而心治,尧不能正一国;去规矩而妄意度,奚仲不能成一轮;废尺寸而差短长,王尔不能半中。使中主守法术,拙匠守规矩尺寸,则万不失矣。君人者能去贤巧之所不能,守中拙之所万不失,则人力尽而功名立。(《用人》,第542页)

法的功效归结起来就是"矫上之失""诘下之邪""治乱决缪""绌羡齐非",即纠正君主的过失,整治其他人的邪行,治理混乱,消除错误,在客观效果上实现统一人们行为使合乎规范的目的,在法的规范指导下,"人力尽而功名立"。最终实现"国常强"。

另外,法的实施还提高了治国的效率,消除了君主不能独理万机的弊病。韩非讲了这样一个故事:历山的农人为田界产生纠纷,舜亲自去解决;河滨打渔的人争夺地盘,舜亲自去调节;东夷制陶器的人做的陶器不够坚固,也是舜亲自去帮助。孔子称赞说:"耕渔与陶,非舜官也,而舜往为之者,所以救败也,舜其信任乎!"韩非却一针见血地批判这种事必躬亲的治国方式,他说:"且舜救败,期年已一过,三年已三过,舜有尽,寿有尽,天下过无已者,以有尽逐无已,所止者寡矣。赏罚使天下必行之,令曰:'中程者赏,弗中程者诛。'令朝至暮变,暮至朝变,十日而海内毕矣,奚待期年?舜犹不以此说尧令从己,乃躬亲,不亦无术乎?"(《难一》,第847页)韩非认为即便贤智如尧、舜,如果事必躬亲,哪儿有问题就亲自到哪儿解决,国家小、人口少时或许还能起作用,但国家面积大、人口众多时,就不能很好地治理了。如果选择以法治国,法令朝至,晚上人们就能实行,十天整个国家就会按照法令所说行事,这样的效率是人治不能比的。

综上而言,"选择法来治理社会,理由在于它是公正的代表,仿佛'道'对一切万物都没有任何偏私一样,这里成为韩非视野中心议题的是如何实现人类社会的公正,从而保证人间充满爱意,而不是仅仅诉诸对人的仁爱;有公正就必须充满爱意,显然,这是在本质上解决社会秩序祥和的对策,而不是停留于仁爱的空洞口号。这是非常重要的"①。

(三)"法"与"德"的连用

韩非对儒家仁、义、礼的道德观提出了批判,提出自身的道德观,并对"法"做出道德上的正当性描述,自此,韩非"法"与"德"连用的观点跃然纸上,只是在二者中仍有所侧重,以"法"为主,以"德"为辅,并将"刑赏"作为"法"的重要手段加以实施。正如《二柄》篇中所言:

> 明主之所道制其臣者,二柄而已矣。二柄者,刑、德也。何谓刑、德? 曰:杀戮之谓刑,庆赏之谓德。……故世之奸臣则不然,所恶则能得之其主而罪之,所爱则能得之其主而赏之。今人主非使赏罚之威利出于己也,听其臣而行其赏罚,则一国之人皆畏其臣而易其君,归其臣而去其君矣。此人主失刑德之患也。夫虎之所以能服狗者,爪牙也,使虎释其爪牙而使狗用之,则虎反服于狗矣。人主者,以刑德制臣者也,今君人者释其刑德而使臣用之,则君反制于臣矣。(《二柄》,第120页)

圣明的君主治国,运用"刑、德"二柄,"杀戮之谓刑,庆赏之谓德,为人臣者畏诛罚而利庆赏,故人主自用其刑德,则群臣畏其威而归其利矣"。也就是说,"刑"的具体内容包含"杀戮"和"诛罚",而"德"的内容就是"庆赏"。韩非的"刑德"观继承了前期法家的传统,特别是商鞅的思想,商鞅在《商君书·赏刑》篇中提出了"壹赏""壹刑"的主张:

---

① 许建良:《韩非的"刑德"世界图式》,《苏州科技学院学报》(社会科学版),2007年第11期,第14~21页。

　　所谓壹赏者,利禄官爵抟出于兵,无有异施也。夫固知愚、贵贱、勇怯、贤不肖,皆尽其胸臆之知,竭其股肱之力,出死而为上用也。天下豪杰贤良从之如流水,是故兵无敌而令行于天下。[①]

　　所谓壹刑者,刑无等级,自卿相、将军以至大夫、庶人,有不从王令、犯国禁、乱上制者,罪死不赦。……守法守职之吏有不行王法者,罪死不赦。刑及三族。[②]

实行"赏",可以使天下人尽心尽力地为君主效忠,由于"赏"迎合了人固有的好利之心,就能使"豪杰贤良"都成为君主的手下。实行"刑",就能够树立君主的绝对权威,凡违背君令者不论是王公贵族还是平民百姓都会受到惩罚,这就打破了"刑不上大夫"的传统,并在很大程度上打击了旧贵族的特权,剥夺了其与君主相抗衡的权力。同时,通过"刑",也达到了统一人们思想、行为的目的,使其不敢不绝对服从君主的法令。

"赏"和"罚"都是君主进行专制的重要手段。对臣子的惩罚就叫"刑",对臣子的奖励就叫"德",即"赏"。刑赏是君主驾驭群臣的两种权柄,是君主不可或缺的统治术。"刑"与"赏"相比之下,法家更重视"刑"的作用。如商鞅认为:"夫刑者所以禁邪也,而赏者所以助禁也。"[③]这也就是说,在刑赏中,刑始终占主导地位,它是用来禁止奸邪事情发生的手段。而赏只是辅助刑实施的,处于一种次要的地位。在设立爵位、体现政治地位这一方面,商鞅指出"罚重,爵尊。赏轻,刑威"[④],即是说,刑的作用大于赏。其实,刑与赏之间实际上存在着这样一种逻辑关系:由于刑罚很重,赏赐很少,因此就显得刑

①　《商君书·赏刑》,高亨:《商君书注译》,中华书局,1974年,第130页。

②　《商君书·赏刑》,高亨:《商君书注译》,中华书局,1974年,第130页。

③　《商君书·算地》,高亨:《商君书注译》,中华书局,1974年,第70页。

④　《商君书·说民》,高亨:《商君书注译》,中华书局,1974年,第55页。

罚具有威严,正是这种有威严的刑罚时时监督约束着百姓的行为,才显得爵位很尊贵和显要。韩非进一步补充发展了这一学说,认为:"功当其事,事当其言,则赏;功不当其事,事不当其言,则罚"(《二柄》,第81页),"刑胜而民静,赏繁而奸生。故治民者,刑胜,治之首也;赏繁,乱之本也"。(《心度》,第1176页)商鞅还提出将刑改为法,并且将两者等同起来。韩非也继承了商鞅这一改革,认为法即是刑,这主要体现在他的重刑思想中。同时,韩非也赞同商鞅的主张:"行刑重其轻者,轻者不至,重者不来,是谓以刑去刑也。"(《内储说上—七术》,第587页)

(四)小结

总之,我们不能拘泥于韩非"不务德而务法"的字面意义,将他的法德关系定位为不讲道德、不讲仁义,他只是不讲儒家仁义。在韩非所处的时代,社会的主要矛盾已经不是家族与宗族的内部矛盾,而是直接反映为阶级矛盾和诸侯国之间的矛盾,因此那种专门维护家族、宗族的礼规范和血缘伦理的观念,在"不务德"的思想冲击下,迅速走向没落。而"不务德"本身就成为韩非的一种新道德观,它是一种维护国家利益的道德,并在维护国家利益的过程中,否定任何独立于国家之外的宗族利益和个人利益的可能性,要维护这种新的道德观,只有依法治国,以"刑""德"作为协调社会关系的具体手段。如果说儒家强调的是以"血缘爱"为基础的家族本位,那么韩非侧重的则是以"法"为中心的国家本位。

第四章 "因能而使之"之道德实践论

以上三章对韩非的伦理思想进行了理论上的提炼,综观《韩非子》一书,其对"道""德""理"的形上思考以及人性论、形名观、公私观、刑德观的辩证阐述,最后都要落实到具体的实践操作中。道德只有落实到实践才能体现其真正的价值,焕发新的活力。

《韩非子》一书共五十五篇,都是独立成篇,并没有逻辑上的关联,但这并不是说韩非的道德思想没有自身的思维脉络,笔者通过翻阅与整理,大致将韩非的道德思想分成三个部分:即道德思想所依据的宇宙本原,道德思想所涉及的范畴,以及道德落实于具体实践的操作方法。其实,从以上论述中可知,韩非的道德思想体系并不是纯粹的形而上或者形而下,而是兼具二者,换句话说,韩非道德思想中形而上的讨论,都是为其道德实践原则张目的;而其对道德范畴的不同认识也是试图给道德行为一个不同于儒、墨的评判标准。

韩非所依据的宇宙本原是"道","道者,万物之始也"(《主道》,第66页),"道者,万物之所以成也"(《解老》,第411页),这表明,"道"是宇宙万物的本原和内在依据,天地万物之所以存在和发展,都是"道"的功能和作用,"万物得之以死,得之以生;万事得之以败,得之以成"(《解老》,第411页)。在韩非看来,"道"之所以能成为万物的本原,除了"道"永恒无极,在时空上无边无垠外,关键在于"道"是一种"无状之状,无物之象"的存在。正因为"道"无形无象,无声无状,所以才能虚静淡泊,无事无为;正因为"道"没有任何规定性和欲望造作,所以才能放任自然,无为而无不为。"道"作为万物万事的总根源广大而无边,宇宙万物都由于得到一部分道而产生和发展,再者,"道"成就万物的实践过程是一种"德",万物的成就,对万物而言是一种获得,所以,"德者,内也。得者,外也"(《解老》,第370页)。万物所获得的成就以不同的特征和规定呈现出来,如方圆、轻重、大小、白黑、坚脆等,这便是"理"。这套以"道""德""理"为基本框架的宇宙观是韩非道德思想的本体构思,基于这样的建构,韩非提出了体道、积德和缘理的行为原则。"道"由于虚静无为故能包罗万象,囊括万理,所以人们要深谋远虑,功成业就,就必须体现和效法"道",实行虚静无为。与体道一样,积德就是要求人们虚心而不偏执,不受意念的牵制和主观干扰,以此积累自己的精气。缘理是依循事物的特征而行为和行动。总的说来,正是由于"道"的宏大无垠,万物万事斟酌用之才获得了得以安身立命之"德"和"理",即事物的内在规定性。

既然万物万事都是源于"道"而生,那么基于"道"而来的一系列道德规范就有了根基,并在此基础上展开新的构建,韩非也正是以此对现实社会进行了深刻的认识和反思,并通过人性论、形名观、公私观、刑德观等道德范畴呈现出来。韩非认为"好利自为"和"趋利避害"是人的一般本性,无所谓"善"或者"恶",因此道德行为应该以反映人实际情况的"人情"为出发点和评价标准,即"凡治天下,必因人情"(《八经》,第1045页)。深层次上讲,从"人性"到"人情",是韩非道德认知上的一个飞跃,也是道德实践的进一步尝试。在韩非的时代,用善恶来分辨道德行为是常见的情况,善恶的分辨是一个道德认知的过程。道德认知通常探讨"是什么"的问题,因此善恶的分辨所解决的就是什么是善、什么是恶。从逻辑上看,"是什么"与"应当做什么"之间,并不存在蕴含的关系。因此,韩非避开了人性善恶的探讨,指出从"人情"出发才是切合实际的思维路径,认识"人情",以此指导人们在道德实践中应该做什么。顺应"人情",自然也成为统治者治理天下的依据之一。

韩非的独特见解同样出现在形名关系中。对事物的认识,需要借助一定的思维形式表现出来,名就是这样一种基本的形式。要确定认识中的是非,就不得不考察名实关系,正是在此意义上,韩非主张"循名实而定是非"(《奸邪弑臣》,第282页)。如果名正确地反映了事物,就可以使不同的对象得到确定,反之,名不符实,则会对认识事物带来混乱,这便是韩非重视名实关系的认知背景。由此,韩非提出:"君操其名,臣效其形,形名参同,上下和调也。"(《扬权》,第152页)这里的名即是言,形即是事,形名关系在道德实践中就是言与事的关系:"刑名者,言异事也"(《二柄》,第126页)。陈奇猷先生认为"异"字当理解为"与","刑"是"形"的借字,[1]而言是指臣下提出的建议、方法等,事则是按照言所进行的活动。因此,名实相符与言事相当就呈现为一种统一的关系。韩非之所以如此强调名实相符、形名相当,正在于名正才能物定,"形名参同"才能"上下和调"。韩非的形名观在伦理思想上的贡献,一方面体现在行为的规则上,即事、功、言的一致。《二柄》篇云:"审合刑名。刑名者,言异事也。为人臣者陈而言,君以其言授之事,专以其事责其功。功当其事,事当其言,则赏;功不当其事,事不当其言,则罚。"(《二柄》,第126页)这里实际上以政治主张的形式,提出人臣必须按照自己的言论去实行行为,人臣依言而行的结果便是功,言与功通过事而相互沟通,通过考察言与事、事与功的关系,就可确认言与功是否相当。由此,名与形的对应就转化为言与事的对应,而言与功的一致就照应了名实相符的思想。

韩非形名观在伦理思想上的另一贡献,即是用参验的方法进一步说明了必须对名进行实践检验,由此得出的认识才具有合理性,得出的结果才具

---

[1] 陈奇猷注释说:"'异'当为'与'音近之误,盖汉之后,之部之'异'转化而与鱼部之'与'音近。……'形名'之'形'当作'形',作'刑'者借字也。"(《韩非子·二柄》注一,第127页。)

有正当性。韩非提出:"因参验而审言辞"(《奸邪弑臣》,第282页),参验包含了参与验,参即"行参","参伍之道,形参以谋多,揆伍以责失"(《八经》,第1563页),"行参"是一种运筹谋划的思维活动,其目的是保证实践的成功。"揆伍"是排列各种材料并加以比较,以寻找失误的原因,这也是一种与"行参"相似的理性思考过程。而"验"是指事实验证:"验之以物。"(《八经》,第1063页)韩非注重将"参"与"验"统一起来,"无参验而必之者,愚也,弗能必而据之者,诬也"(《显学》,第1125页)。而"参"与"验"正好对应了"言"与"事","行参"侧重于对言做理论上的审辨,"验"即是对事实及活动的结果进行验证。参验的方法在韩非的政治实践中体现为"结智"与"验"的统一:"是以事至而结智,一听而公会。听不一则后悖于前,后悖于前则愚智不分;不公会则犹豫而不断,不断则事留。……是以言陈之日,必有筴籍,结智者事发而验。"(《八经》,第1049页)"结智"就是集结众智,逐一听取各方意见,综合加以考辨。从总体上说,"结智"属于主观上的理性研究,它最后需要接受事实和实践的检验,这样,韩非就将参验的思想具体化了。可见,韩非对形名关系的探讨不仅局限于一种逻辑上的辩论,它是与其应用伦理紧密相连的,为其法治思想的提出以及君主统治人臣提供了道德上的正当性评价。

公与私是一对很重要的道德范畴,它融合了认识论和实践论两个方面,对公与私关系的不同认识,直接影响到伦理学家对自身理论体系的构建。总体上看,儒家在公私关系上主张大公无私、崇公抑私。孔子从仁爱的思想原则出发,提出"天下为公"①的社会道德理想。孟子提出"老吾老以及人之

---

① 《礼记·礼运》记载:"孔子曰:大道之行也,天下为公。选贤与能,讲信修睦。故人不独亲其亲,不独子其子,使老有所终,壮有所用,幼有所长,矜寡孤独废疾者皆有所养。男有分,女有归。货恶其弃于地也,不必藏于己;力恶其不出于身也,不必为己。是故谋闭而不兴,盗窃乱贼而不作,故外户而不闭,是谓大同。"(《礼记·礼运》,[清]孙希旦撰:《礼记译解》,中华书局,1989年,第581~582页。)

老,幼吾幼以及人之幼"①的社会道德构想。荀子则提出了"至道"的社会理想:"至道大形,隆礼至法则国有常,尚贤使能则民知方,纂论公察则民不疑,赏克罚偷则民不怠,兼听齐明则天下归之。然后明分职,序事业,材技官能,莫不治理,则公道达而私门塞矣,公义明而私事息矣。"②这些社会理想的描述各不相同,但是都与孔子"天下为公"的社会理想相一致。应该说,儒家看到了公与私的对立,在二者的关系处理中,儒家主张个体舍弃一己私利,维护国家、社会之公利。但是在构建社会规范的过程中,儒家又侧重于个体道德之公的推崇,将个体道德作为社会公德的起点,这样难免冲淡了社会之公。如在忠与孝不能两全的情况下,孝往往更受推重。韩非看到了儒家公私观的弊端,儒家承认私的存在,但却扼杀了私的合理性,使个体利益完全服务于社会利益,社会利益成为个体利益的总和。因此,韩非首先在人性论中指出"自利自为""趋利避害"是人的一般本性,在此基础上,肯定了私的存在,并认为人与人之间的交往抱着计算之心,君臣、父子亦是如此。公是与私相对称的,"古者苍颉之作书也,自环者谓之私,背私谓之公,公私之相背也"(《五蠹》,第1105页),既然公与私相背,那么怎样的行为才可称为"公"?韩非进一步说:"明主之道,必明于公私之分,明法制,去私恩。夫令必行,禁必止,人主之公义也。必行其私,信于朋友,不可为赏劝,不可为罚沮,人臣之私义也。"(《饰邪》,第366页)由此看来,利天下利国利君是公义,利己利身利家是私义。而实现公利、公义的有效途径是:"息文学而明法度,塞私便而一功劳"(《八说》,第1027页),即反对儒学、张明法度,堵塞以权谋私的私利之门,公平赏罚、论功行赏。

无论是儒家还是韩非,都推崇"公","公"范畴的伦理意义在于它代表一

---

① 《孟子·梁惠王上》,方勇译注:《孟子》,中华书局,2010年,第12页。

② 《荀子·君道》,[清]王先谦撰:《荀子集解》,中华书局,2010年,第238~239页。

种社会公德的特定道德标准,其道德行为主体是国与君;私代表的是个体的利益。韩非主张公私分明,认为社会的利益不能代表个体的利益,社会公德也不是个体道德的扩大或延伸,因此在道德实践中,社会利益、国家利益与个体利益之间必然存在矛盾。那么韩非是如何调和这一矛盾的呢?他认为私利与公利都具有道德上的正当性,但是由于二者在本质上相互对立,所以需要确立一个最高的道德原则作为道德评价的总依据,这个总原则一旦确立,社会就能形成一致的道德秩序。韩非确立的这个总原则即是以合于目的的功用为标准。具体到公利与私利的取舍上,即以是否有利于国家富强为准则。在《韩非子》一书中,富字出现93处,强字出现126处,富强合用有10处。如"故名赏在乎私恶当罪之民,而毁害在乎公善宜赏之士,索国之富强,不可得也"(《六反》,第1001页)、"母不能以爱存家,君安能以爱持国?明主者,通于富强则可以得欲矣。故谨于听治,富强之法也"(《八说》,第1037页)。韩非以国家富强作为道德实践价值取向与战国末期的时代背景紧密相关,战国末期诸侯争霸,如何能保证生命存活下去,民众能过上稳定的生活?这些都需要强大的国家作为后盾,需要充裕的粮食、严明的纪律、稳定的秩序作为保证。而国家富强背后的道德行为主体是国与君,国与君对于功用的追求最终都是为了国家的富强,这样,韩非就把君主的私利融入国家富强的公利中,君主作为国家利益的代表,抽离了其作为个体的自然属性,只剩下代表国家道德的社会属性。当然,这只是韩非的主观设想,在现实当中君主的人性是不可能被抽离的。在国家富强的总原则下,韩非的道德实践规则得以逐渐展开。

以实用为道德实践的总原则,韩非进一步探讨了刑与德、法与德的关系,由于韩非将具体的"刑"提升到一般的"法"的高度,所以关注法与德的关系是韩非伦理思想的显著特色。韩非在《五蠹》篇中提到道德的起源涉及三个方面:圣王有意识的制定、约定俗成的风俗,以及经济上的考量。这样看来,道德应该起源于国家治理的需要,当作为一种约束力保留下来,就成为约定俗成的风俗,而经济上的厚薄直接影响着道德的品质,总体而言,道德的起源是应社会需要而存在的。至于何种道德更利于社会的发展与人的需要,春秋战国时期诸子学派提出不同的学说,主要是从内在的道德修养与外在的强制规范两个途径加以研究。前者以儒家仁、义、礼为代表,后者以法家的法为表征,这两种道德实践都有其价值和功用,只是韩非认为在战国时候诸侯争霸的时代,应该更强调运用一种外在的强制力量规范人心和社会,而"法"恰恰具备这样的特征。这样,韩非就从国家富强和安宁的角度赋予"法"道德上的合理性和正当性。由此,韩非的道德实践路径与儒家就有了一些差异,他构建起"以法为教"的道德教化思想、"身以积精为德"的道德修养思想,以及"随于外物之规矩"的理想人格思想。

一、"以法为教"之道德教化论

"教化"一词常见于儒家经典中,但并不意味着教化的思想是儒家独有。"教"的含义为:"上所施下所效也。""化"是指"教"所产生的变化,"化"字从"人"与"匕","匕,变也。从到(倒)人"①。也就是说,"教化"是指在"下"者经过在"上"者的价值施予与导向,使个体内在的人格精神发生深刻变化。②从本质上说,教化是道德真正的存在方式,如果道德理论不能影响人的心意态度、情感依归、意志品质和行为倾向,那么道德只能是天下虚文。道德教化即是在向往善的伦理价值层面上,把人从人的本性状态上升为人性状态的过程。

---

① [东汉]许慎:《说文解字》,中华书局,1963年,第169下页。

② 黄书光主编:《中国社会教化的传统与变革》,山东教育出版社,2005年,第1页。

法家同儒家一样也重视教化,《尹文子·大道上》篇曰:"仁义礼乐,名法刑罚,凡此八者,五帝三王治世之术也。故仁以道之,义以宜之,礼以行之,乐以和之,名以正之,法以齐之,刑以威之,赏以劝之。故仁者,所以博施于物,亦所以生偏私;义者,所以立节行,亦所以成华伪;礼者,所以行恭谨,亦所以生惰慢;乐者,所以和情志,亦所以生淫放;名者,所以正尊卑,亦所以生矜篡;法者,所以齐众异,亦所以生乖分;刑者,所以威不服,亦所以生陵暴;赏者,所以劝忠能,亦所以生鄙争。凡此八术,无隐于人而常存于世,非自显于尧汤之时,非自逃于桀纣之朝,用得其道则天下治,用失其道则天下乱。"[①]其中的"仁义礼乐、名法刑罚"既包含了儒家思想,也包含了法家的主张,这"八术"都是君主用于道德教化的方式。按照韩非的理解,人的本性趋利避害,所以人并不是天生就成为人应成为的样子,因此人需要用"法"来规范和教化。

(一)对古代道德教化观的批判

韩非对"刑德"的关注证明其并没有完全否定道德,只是站在当时的时代背景与学术发展上做出新的思考。由此,韩非抨击了儒、墨两家的道德教化观,认为他们的道德思想在当时的时代已经行不通了。这个观点在《五蠹》篇中有明确的表述:

> 且民者固服于势,寡能怀于义。仲尼,天下圣人也,修行明道,以游海内,海内说其仁,美其义,而为服役者七十人,盖贵仁者寡,能义者难也。故以天下之大而为服役者七十人,而仁义者一人。(《五蠹》,第1096~1097页)

---

① 《尹文子·大道上》,许嘉璐:《诸子集成》(中),广东教育出版社,2006年,第1877页。

韩非认为民众是屈服于权势的,很少被仁义所感化。孔子是天下的圣人,修养德行,周游海内,天下的人都喜欢他的仁,赞美他的义,而"为服役者"只有七十人。这大概是因为看重仁的人很少,能够做到义很难。所以天下广大,而行仁义者只有孔子一人。韩非从"仁义"实施的广度和实效性上对其进行了批判,人大多是"服之势"的,像孔子这样卖力鼓吹仁义、服役者也仅仅七十人,而作为"天下圣人"的孔子也只做了鲁哀公的臣下,这正表明了"民者固服于势,诚易以服人,故仲尼反为臣,而哀公顾为君。仲尼非怀其义,服其势也"(《五蠹》,第1097页)。

韩非还指出仁义之道脱离实际,与社会的政治、伦理实践相脱离,又没有实际的功效。他说:

> 今人主之于言也,说其辩而不求其当焉;其用于行也,美其声而不责其功焉。是以天下之众,其谈言者务为辩而不周于用,故举先王言仁义者盈廷,而政不免于乱;行身者竞于为高而不合于功,故智士退处岩穴,归禄不受,而兵不免于弱。(《五蠹》,第1111页)

君主对于言谈,只关注它的巧言善辩而不管它的内容是否适当;用人做事,只欣赏虚名而不责求他办事的功效。因此"谈言者"都致力于巧言善辩而不考虑是否实用,所以导致"举先王言仁义者"充斥朝廷,引起国家政事的混乱。那些注重道德修养的人都竞相标榜清高,而不符合国家的事功,导致"智士退处岩穴,归禄不受,而兵不免于弱"。以上这些都是仁义道德的说教,它们背离于现实的社会政治实践,正因为如此,韩非斥责"儒以文乱法,侠以武犯禁,而人主兼礼之,此所以乱也"(《五蠹》,第1104页)。

同时,韩非还站在道家的思想立场,对儒家的仁义道德予以了厘清,虽然没有完全否定仁义等道德范畴的功用,但是对其弊端进行了揭露,他说:

仁者,慈惠而轻财者也;暴者,心毅而易诛者也。慈惠则不忍,轻财则好与。心毅则憎心见于下,易诛则妄杀加于人。不忍则罚多宥赦,好与则赏多无功。憎心见则下怨其上,妄诛则民将背叛。故仁人在位,下肆而轻犯禁法,偷幸而望于上;暴人在位,则法令妄而臣主乖,民怨而乱心生。故曰:仁暴者,皆亡国者也。(《八说》,第1037~1038页)

韩非在《八说》中列举了仁、暴的后果,"仁"虽然有"慈惠"的一面,但是它轻视财利;"暴"具有性格刚毅的特点,但是这样的性格容易诛杀他人。在韩非看来,"慈惠而轻财"和"心毅而易诛"都是不合理的行为,容易导致赏罚趋于无实,从而君主的治理收不到实效。由此,"仁""暴"就沦为亡国的因素。

韩非还指出孝道的弊端,《难二》篇中说:"孝子爱亲,百数之一也。"(《难二》,第893页)所谓真正的孝子是很少的,而君主用孝的观念处理君臣关系,希望臣下忠诚于君主是行不通的,韩非说:"今先王之爱民,不过父母之爱子,子未必不乱也,则民奚遽治哉!"即是说,父母与子女的爱是最亲近的,但是现实中这样的爱如此稀少,何况没有血缘关系的君臣之间。所以韩非在谈到君臣关系时,认为臣下是不可能对君主忠心的,君主只有行使赏罚制度,用权谋之术,臣下才会出于利益关系的考虑,尽死力为君主效力。这一点在《外储说右下》篇中得以证明:"臣明于此,则尽死力而非尽忠君也。君通于不仁,臣通于不忠,则可以王矣。"(《外储说右下》,第803页)

韩非进一步披露了儒家忠孝在现实中表现出的矛盾。他举例道:

楚之有直躬,其父窃羊而谒之吏,令尹曰:"杀之。"以为直于君而曲于父,报而罪之。以是观之,夫君之直臣,父之暴子也。鲁人从君战,三

战三北,仲尼问其故,对曰:"吾有老父,身死莫之养也。"仲尼以为孝,举
而上之。以是观之,夫父之孝子,君之背臣也。(《五蠹》,第1104页)

此段话中提到楚国有个叫直躬的人,因为他父亲偷了羊而向官吏告发,
令尹曰:"杀之"。因为直躬"直于君而曲于父"。韩非议论说:"以是观之,夫
君之直臣,父之暴子也。"也就是说直躬对君主虽然忠心,但是对父亲却是大
逆不道的。有个鲁国人跟随君主打仗,打了败仗后当逃兵,孔子问其原因,
他说:"吾有老父,身死莫之养也。"孔子认为他是孝子,就提拔他做官。韩非
评论说:"以是观之,夫父之孝子,君之背臣也。"也就是说这个鲁国人是父亲
的孝子却是君主的叛臣,这些都是忠道与孝道表现出的矛盾性。儒家所宣
扬的忠孝,回到社会实践,就自相矛盾了。

因为仁义具有虚伪性,而且脱离实际,所以韩非不相信道德教化的作
用。即使是父母之爱也不足以教育好孩子,那么所谓的道德教化就更不会
产生实质的效果了。他说:

今有不才之子,父母怒之弗为改,乡人谯之弗为动,师长教之弗为
变。夫以父母之爱,乡人之行,师长之智,三美加焉而终不动,其胫毛不
改;州部之吏,操官兵、推公法而求索奸人,然后恐惧,变其节,易其行
矣。故父母之爱不足以教子,必待州部之严刑者,民固骄于爱,听于威
矣。(《五蠹》,第1099页)

对于"不才之子"的教育,"父母之爱""乡人之行""师长之智"都毫无作
用,只有州部之吏运用法律,才能将他治理好。所以"父母之爱不足以教
子",必须运用严厉的刑罚才能使人服从。即韩非所说的:"夫严家无悍虏,
而慈母有败子,吾以此知威势之可以禁暴,而德厚之不足以止乱也。"(《显

学》,第1141页)

韩非以"父母之爱不足以教子"推及儒家血缘之间的爱不能"存国""存子"的道理①,由此批评"儒者"的观点是"巫祝之祝"。他说:"以仁义教人,是以智与寿说也,有度之主弗受也。""故明主举实事,去无用,不道仁义者故,不听学者之言。"(《显学》,第1143页)

墨家的"任侠"观念也是韩非批判的对象,韩非指出游侠依靠武力违反禁令,"犯禁者"本该受到惩罚,而那些游侠却因不守法令仗剑行凶得到供养。这样做,要想把国家治理强大是不可能的。由此韩非感叹社会发生祸乱的原因即是"国平养儒侠,难至用介士,所利非所用,所用非所利"(《五蠹》,第1105页)。

韩非还从丧葬问题入手,论述了儒家和墨家在这个问题上的矛盾,他说:

> 墨者之葬也,冬日冬服,夏日夏服,桐棺三寸,服丧三月,世主以为俭而礼之。儒者破家而葬,服丧三年,大毁扶杖,世主以为孝而礼之。夫是墨子之俭,将非孔子之侈也;是孔子之孝,将非墨子之戾也。今孝戾、侈俭俱在儒、墨,而上兼礼之。(《显学》,第1129页)

> 漆雕之议,不色挠,不目逃,行曲则违于臧获,行直则怒于诸侯,世主以为廉而礼之。宋荣子之议,设不斗争,取不随仇,不羞囹圄,见侮不

① 参见"慈母之于弱子也,爱不可为前。然而弱子有僻行,使之随师;有恶病,使之事医。不随师则陷于刑,不事医则疑于死。慈母虽爱,无益于振刑救死。则存子者非爱也,子母之性,爱也。臣主之权,策也。母不能以爱存家,君安能以爱持国? 明主者,通于富强则可以得欲矣。故谨于听治,富强之法也。明其法禁,察其谋计。法明则内无变乱之患,计得则外无死虏之祸。故存国者,非仁义也。"(《八说》,第1037页)"母积爱而令穷,吏威严而民听从,严爱之策亦可决矣。且父母之所以求于子也,动作则欲其安利也,行身则欲其远罪也;君上之于民也,有难则用其死,安平则尽其力,亲以厚爱关子于安利而不听,君以无爱利求民之死力而令行。明主知之,故不养恩爱之心而增威严之势。故母厚爱处,子多败,推爱也;父薄爱教笞,子多善,用严也。"(《六反》,第1009页)

辱,世主以为宽而礼之。夫是漆雕之廉,将非宋荣之恕也;是宋荣之宽,
将非漆雕之暴也。今宽廉、恕暴俱在二子,人主兼而礼之。(《显学》,第
1129~1130页)

墨家尚俭,孔子主侈,如果肯定"墨子之俭",就必然会否定"孔子之侈";
赞成"孔子之孝",就必定会反对"墨子之戾",现在"孝""戾""侈""俭"都在儒
家、墨家的主张中,而君主却"兼礼之"。同时,雕漆主张廉、暴;宋荣提倡宽、
恕,而"廉""暴""宽""恕"这些伦理学上对立的范畴,都被"人主兼而礼之",
因此韩非指责儒家和墨家是"愚诬之学"(《显学》,第1125页)、"杂反之辞"
(《显学》,第1130页)。

总之,韩非站在与儒家相反的立场上,指出儒家道德力量对当时社会生
活维系作用的不足,认为治理国家的最好方法是"法","道法万全,智能多
失"(《饰邪》,第359页),"一民之轨,莫如法"(《有度》,第111页),即治理国
家要按照客观规律办事,将法作为治国的根本,治理国家不能只依靠道德上
的说教,还应该运用赏罚的手段。依据这样的思想主张,韩非提出了"以法
为教"(《五蠹》,第1112页)的道德教化论。

(二)"以法为教"的合理性论证

韩非批判了儒墨的仁义道德教化观,但是并没有否定教化的作用,他也
认为外在的教化是完全必要的,并论证了"以法为教"的合理性。

1."恃人之为吾善也,境内不什数"的教化必要性

韩非首先从人性自利的角度反观,认为对人性约束最好的方法是"法",
而非"德",他说:

夫圣人之治国,不恃人之为吾善也,而用其不得为非也。恃人之为

吾善也,境内不什数;用人不得为非,一国可使齐。为治者用众而舍寡,故不务德而务法。……不恃赏罚而恃自善之民,明主弗贵也,何则?国法不可失,而所治非一人也。故有术之君,不随适然之善,而行必然之道。(《显学》,第1141~1142页)

圣明的君主治理国家,不是依靠"人之为吾善",而是要防范其"为非",依靠人们自觉地替自己做事,全国数不到十个这样的人;而让人不得为非作歹,就能使全国整齐一致。所以,"有术之君",不随"德"这个"适然之善",而是行"法"这个必然之道。

2."隐栝之道"的教化可能性

以外在的规范来约束人性自利的倾向,这是韩非在道德教化中的另一种尝试,这样的设想在其"隐栝之道"中进一步得到论证。韩非认为自然界中本身并不存在自然而直的箭、自然而圆的木,它们都需要外在"隐栝"的作用。他说:

夫必恃自直之箭,百世无矢;恃自圆之木,千世无轮矣。自直之箭、自圆之木,百世无有一,然而世皆乘车射禽者何也?隐栝之道用也。虽有不恃隐栝而有自直之箭、自圆之木,良工弗贵也,何则?乘者非一人,射者非一发也。(《显学》,第1142页)

如果要等待"自直之箭",那么"百世无矢";如果要依靠"自圆之木",那么"千世无轮"。在现实生活中,人们世代要乘车、射鸟兽依靠的是什么呢?

依靠的就是"隐栝之道","太田方曰:'揉曲曰隐,正方曰栝。'"① 概括地说,"隐栝"的含义即是矫正竹木的工具。②如果不凭借"隐栝"的功用,只依靠"自直之箭""自圆之木",其数量上也不能实现人们的需求,不切合实际,所以必须依靠外在"隐栝"的功用。

除了自然界的事物需要外在"隐栝"之外,韩非认为人的智能也"有所不能立"的地方,需要外在的教化辅助,以成就其功业。他说:

> 古之人目短于自见,故以镜观面;智短于自知,故以道正己。故镜无见疵之罪,道无明过之怨。目失镜,则无以正须眉;身失道,则无以知迷惑。西门豹之性急,故佩韦以缓己;董安于之心缓,故佩弦以自急。故以有余补不足、以长续短之谓明主。(《观行》,第520页)
>
> 天下有信数三:一曰智有所不能立,二曰力有所不能举,三曰强有所不能胜。故虽有尧之智而无众人之助大功不立,有乌获之劲而不得人助不能自举,有贲、育之强而无法术不得长生。(《观行》,第522页)

前一段讲人无法"自见""自知",所以要运用镜子来"观面""正须眉",用"道"来"正己""知迷惑",西门豹性情急躁,用"佩韦以缓己";董安于性情迟慢,就"佩弦以自急",他们都懂得"以有余补不足""以长续短"的道理。后一段从一般的意义上讨论了天下有三条确定无疑的道理:"智有所不能立""力

---

① 《韩非子·显学》注释十二,陈奇猷:《韩非子新校注》(下),上海古籍出版社,2000年,第948页。

② "隐栝",又作"檃栝"。"隐栝"解为"矫正竹木的工具"或者"竹木的整形器"。它可以指矫正使直,这个含义在《荀子·性恶》篇中可得以印证,"故枸木必将待檃栝烝矫然后直。"([清]王先谦撰:《荀子集解》,中华书局,2010年,第435页。)也可以指矫正使曲,如《淮南子·修务训》:"木直中绳,揉以为轮,其曲中规,檃栝之力。"[《淮南子·修务训》,何宁撰:《淮南子集释》(下),中华书局,1998年,第1344页。]

有所不能举""强有所不能胜"。即使再聪明,没有他人的帮助,也不能成就功业,比如尧。即使乌获再有力气,如果得不到别人的帮助,还是不能把自己举起来。即使孟贲、夏育很勇敢,如果不依法行事,触犯刑律,为法所诛,也得不到长生。因此,"以道正己"的过程就是教化的过程。

3."抱法处势"的教化价值定位

因为人性自利,仅仅依靠人自主为善是很难的,需要一种外在强制性的规范来引导,而自然界中的"隐栝之道"也为外在的教化做出了证明。通常情况下,人们也会依靠自身的智能来获得成功,但是人的道德素质也有不完美和不能及的地方,所以人类秩序的构建和完善,离不开外在秩序的约束,"法"与"势"就是这样一种外在的强制力量,而"法"的教化价值更为明显。韩非在《难势》篇中云:

> 夫有云雾之势而能乘游之者,龙蛇之材美之也。今云盛而螾弗能乘也,雾醲而蚁不能游也;夫有盛云醲雾之势而不能乘游者,螾蚁之材薄也。……夫势者,非能必使贤者用己,而不肖者不用己也。贤者用之则天下治,不肖者用之则天下乱。人之情性贤者寡而不肖者众,……夫良马固车,使臧获御之则为人笑,王良御之而日取千里;车马非异也,或至乎千里,或为人笑,则巧拙相去远矣。今以国位为车,以势为马,以号令为辔,以刑罚为鞭策,使尧、舜御之则天下治,桀、纣御之则天下乱,则贤不肖相去远矣。(《难势》,第941~942页)

龙蛇之材美,所以云雾之势其能乘之;螾蚁之材薄,所以不能乘游,其中的"材"指资质。由此可知,韩非认识到在相同的情况下,资质不同,所呈现的效果也不相同。在现实生活中,"材"的厚实与单薄分别造就了"贤者"和"不肖者","贤者"辅以"势""刑罚"治国,则"天下治";"不肖者"治国,则"天下乱",这就是"贤"与"不肖"的重大区别。从这段内容中可以认识到,韩非并没有否定"贤者"的资质,相反其认为"贤者"的道德品质是成就国家功业的重要条件,只是"贤者寡而不肖者众",要让"不肖者"的道德品质得到提高,达到"贤者"的成就,就必须实行教化。

韩非由此进一步提出"抱法处势"的教化价值取向,这一方法无论对于"贤者"还是"不肖者"都是必须和有效的。他说:

> 且夫尧、舜、桀、纣千世而一出,是比肩随踵而生也;世之治者不绝于中,吾所以为言势者中也。中者,上不及尧、舜,而下亦不为桀、纣,抱法处势则治,背法去势则乱。(《难势》,第945~946页)

像尧、舜这样的"贤者",是"千世而一出",可是治理国家的君主不断出现,且大多是中才,"中者,上不及尧、舜,而下亦不为桀、纣",这样的君主"抱法处势则治,背法去势则乱"。因此,韩非最终提出:"明主之国,无书简之文,以法为教;无先王之语,以吏为师;无私剑之捍,以斩首为勇。"(《五蠹》,第1112页)可见,韩非与儒家道德教化的侧重点不同,韩非重在外在的"法"的制约,内在的德性修养只是一种辅助作用;儒家侧重个体道德人格的感召力量,希望通过上行下效,由一人而及多人,从而形成众星拱北辰的政治局面。[1]

这样,韩非就从人性自利的倾向需要外在的"法"来制约,以防人为非,

---

[1] 儒家在道德教化观上重在道德人格的感召力量,主张圣贤治国。孔子曰:"政者,正也,子率以正,孰敢不正?"孟子曰:"君仁,莫不仁;君义,莫不义;君正,莫不正,一正君而国定矣。"(《孟子·离娄上》,方勇译注:《孟子》,中华书局,2010年,第144页。)荀子也认为:"有良法而乱者,有之矣;有君子而乱者,自古及今,未尝闻也。"(《荀子·王制》,[清]王先谦集解:《荀子集解》,中华书局,2010年,第150页。)

同时自然之物需要外在"隐栝"的规导,人的智能也需要在"法"的规范下行事,"不肖者"需要借助"法"的教化治理国家,论证了"以法为教"的教化思想存在的合理性。

(三)"以法为教"的教化内容

1."无事则国富,有事则兵强"的教化功能论

虽然"法"的作用不是万能的,但是"法"作为一种教化思想却有着客观的功效。从韩非的思想中可以看出,法律实施的出发点是防范人为非,以此为依据治理国家,必然"无事则国富,有事则兵强"。他说:

> 今境内之民皆言治,藏商、管之法者家有之,而国愈贫,言耕者众,执耒者寡也;境内皆言兵,藏孙、吴之书者家有之,而兵愈弱,言战者多,被甲者少也。故明主用其力,不听其言;赏其功,必禁无用;故民尽死力以从其上。夫耕之用力也劳,而民为之者,曰:可得以富也。……故明主之国,无书简之文,以法为教;无先王之语,以吏为师;无私剑之捍,以斩首为勇。是境内之民,其言谈者必轨于法,动作者归之于功,为勇者尽之于军。(《五蠹》,第1111~1112页)
>
> 是故无事则国富,有事则兵强,此之谓王资。既畜王资而承敌国之衅,超五帝,侔三王者,必此法也。(《五蠹》,第1112页)

韩非披露了"境内之民"长期以来"纸上谈兵"的做法,藏商、管之书于家中,坐而言治;藏孙、吴的兵书于家中,坐而言兵。如果仅仅只是"修文学、习言谈",而不亲自拿起农具行动起来,或者没有披甲上战场的人,口惠而不至,那么国家必定贫弱。由此,韩非主张"责功""尚力","责功"即是通过做事的功效来肯定其行为的意义,而这也是"用力"的一种表现。"以法为教"的

目的正是"责功"和"用力","功"多则赏,为国尽力者则赏,赏罚分明,必然"动作者归之于功,为勇者尽之于军","境内之民"言谈"轨于法",那么国家必将富裕和强大。

2."反清征者乃教之"的教化对象论

韩非并没有明确提到教化的具体对象,但是其对施教者和受教者都提出了要求。韩非主张让吏来担任教化的任务,即"以吏为师",让官吏负责法的宣传和执行。早在西周时期就有贵族官吏为教师的传统,韩非的"以吏为师"是对西周传统的继承,后来在秦汉时期,朝廷设置"三老",由国家直接掌管,有计划地大规模地进行社会教化活动,这与一般的学校教育不同。在教化活动中,施教者是官吏,而儒家是以儒者主持教事,这里,韩非突出了官吏在道德教化中的主导作用。

与施教者相对应,韩非在《外储说右上》篇中,侧面地阐述了对"受教者"的要求,他说:"夫教歌者,使先呼而诎之,其声反清征者乃教之"(《外储说右上》,第794页),"一曰:教歌者,先揆以法,疾呼中宫,徐呼中征。疾不中宫,徐不中征,不可谓教"(《外储说右上》,第795页)。韩非以教歌的方法为喻,教歌者,先让学唱的人放声呼唱,疾呼合于宫调,慢呼合于征调。急呼不合于宫调,慢呼不合征调,就不能受教,也就是说"其声反清征者乃教之"。"反"在这里可理解为回返,即变宫调为征调。也就是说,当声音达到"反清征"的人,才"教之"。可见,韩非对受教者的素质能力要求也是很明确的。这一方面说明了韩非对受教者的素质能力要求,另一方面也提出了"教"的方法。

3."因随物之容"的教化原则论

"以法为教"的教化功能在于使国家富裕和强大,其施教者是官吏,受教者也应该具备一定的素质能力,虽然这种素质和能力韩非没有明确论述,但是可以从"循天顺人而明赏罚"(《用人》,第540页)的思想中得到推导。"循天"就是遵循自然,其益处是"用力寡而功立"(《用人》,第540页);"顺人"是顺应人情,这样"刑罚省而令行"(《用人》,第540页);在"循天顺人"的基础上,赏罚分明,社会上的是非也会黑白分明。"循"和"顺"都是因循、因顺的意思。因循行为,在韩非人际关系处理中很受重视,它也成为"以法为教"应遵循的教化原则。对此,我们可以从以下几个方面展开论述。

首先,因循的依据在于"物有常容,因乘以导之"。韩非的因循理论从思想源头上可以追溯到《老子》,虽然《老子》一书中并没有出现"因循"的字眼,但是这样的思想已经表露无遗。在《老子》第六十四章中提到"以辅万物之自然而不敢为"①,韩非在《喻老》篇中专门对其进行了解读,他说:

> 夫物有常容,因乘以导之。因随物之容,故静则建乎德,动则顺乎道。宋人有为其君以象为楮叶者,三年而成。丰杀茎柯,毫芒繁泽,乱之楮叶之中而不可别也。此人遂以功食禄于宋邦。列子闻之曰:"使天地三年而成一叶,则物之有叶者寡矣。"故不乘天地之资,而载一人之身;不随道理之数,而学一人之智;此皆一叶之行也。故冬耕之稼,后稷不能美也;丰年大禾,臧获不能恶也。以一人之力,则后稷不足;随自然,则臧获有余。故曰:"恃万物之自然而不敢为也。"(《喻老》,第451页)

事物具有固有形态,凭借这种形态加以引导,事物静止的时候不失去其本性,运动的时候能顺应事物的法则。这就是所谓的"物有常容,因乘以导之。因随物之容,故静则建乎德,动则顺乎道"。如果违背了事物的自然法则,就得不到丰厚的收获。韩非以宋人用象牙雕刻楮叶为例,"宋人有为其君以象为楮叶者,三年而成"。但是"使天地三年而成一叶,则物之有叶者寡矣"。因此,韩非认为不依据大自然提供的资质而凭个人本领来行事,不顺

---

① 《老子·第六十四章》,[魏]王弼:《王弼集校释》,楼宇烈校释,中华书局,1980年,第166页。

应自然界的法则而表现一个人的智巧,"此皆一叶之行也"。顺应自然,而不敢妄有作为,这就是"恃万物之自然而不敢为"的道理。

顺承《老子》的思想,《韩非子》进一步提出了物之理也是因循的前提。他说:

> 凡物之有形者易裁也,易割也。何以论之? 有形,则有短长;有短长,则有小大;有小大,则有方圆;有方圆,则有坚脆;有坚脆,则有轻重;有轻重,则有白黑。短长、大小、方圆、坚脆、轻重、白黑之谓理。理定而物易割也。故议于大庭而后言则立,权议之士知之矣。故欲成方圆而随其规矩,则万事之功形矣。而万物莫不有规矩。议言之士,计会规矩也。圣人尽随于万物之规矩……(《解老》,第422页)

在韩非看来,"凡理者,方圆、短长、粗靡、坚脆之分也"(《解老》,第414页),即"短长""大小""方圆""坚脆""轻重""白黑"都是物之理,明了物之理,才能对物进行分割、分类,即"理定而物易割也"。"理"可理解为一定的规则,后文提到"万事之功形"需要随物之规矩,这个"规矩"即指物之理,万物都有自己的规矩或理,"议言之士"要计算人们的行为如何才符合这些规矩;圣人的言行也依据事物的规矩,因此遵循万物本身的规矩是很重要的。

在韩非的思想体系中,此段中的"理"与上文的"容"意思是很接近的,"理"和"容"都可具体理解为法则,"因容而导""循理而割"实际上都是为依法行事做出的理论铺垫。

从以上的分析可见,韩非因循的依据是万物,依据万物的具体情况,即"物之容",体现出对万物特性的重视。从教化的角度思考,教化应该遵循受教育者的个体特性和差异性,这对发挥个体的价值是非常有益的,也能最大程度地发挥个体的潜能和功效。

其次,因循的行为是一种自为的行为,教化除了要因个体差异而为之外,还要让个体自身自然地行为,即"因其所为,各以自成"(《扬权》,第157页)。"自为"的思想与其"虚静无为,道之情也"①的论述相一致。韩非说:"故圣人执一以静。使名自命。令事自定。不见其采,不故素正。因而任之,使自事之。因而予之,彼将自举之。正与处之,使皆自定之。上以名举之。不知其名,复修其形。形名参同,用其所生。二者诚信,下乃贡情。谨修所事,待命于天。毋失其要,乃为圣人。圣人之道,去智与巧。智巧不去,难以为常。民人用之,其身多殃;主上用之,其国危亡。因天之道,反形之理,督参鞠之,终则有始。虚以静后,未尝用已。"(《扬权》,第145页)圣人认为自命、自定是最高的境界,要达到这样的境界,首要的方法是虚静,虚静是道的精神的展开。具体到操作层面,韩非认为应该采用"因而任之""因而予之""正与处之"等因循行为,这里"之"的对象就是客体,根据客体的本色任用他们,根据客体的特性分配任务,他们将实现"自事""自举"的功效,最后"皆自定之"。韩非特别指出因循行为是遵循天道而来,"因而任之"的行为本质上是与"智""巧"相对的,所以"圣人之道,去智去巧。智巧不去,难以为常"。

因循的行为要求在心境上做到"虚静",在行为上做到"无为","无为"并不是无所作为,而是要"因其所为,各以自成"。韩非说:"动之溶之,无为而改之。喜之则多事,恶之则生怨。故去喜去恶,虚心以为道舍。上下与共之,民乃宠之。上下与义之,使独为之。上固闭门扃,从室视庭,参咫尺已具,皆之其处。以赏者赏,以刑者刑。因其所为,各以自成。善恶必及,孰敢

---

① 虚静无为,道之情也;参伍比物,事之形也。参之以比物,伍之以合虚。根干不革,则动泄不失矣。动之溶之,无为而改之。喜之则多事,恶之则生怨。故去喜去恶,虚心以为道舍。上下与共之,民乃宠之。上下与义之,使独为之。上固闭门扃,从室视庭,参咫尺已具,皆之其处。以赏者赏,以刑者刑。因其所为,各以自成。善恶必及,孰敢不信! 规矩既设,三隅乃列。(《扬权》,第156~157页)

不信!"(《扬权》,第157页)让个体自身自然地行为,这样每个个体都能"自成",根据个体自成的情况再予以行动,这就是所谓的"以赏者赏,以刑者刑"。"无为"的处事方式实际就是"虚心",因为心有成见,喜则多事,恶则生怨,"喜""恶"都是违背自然无为的有为行为,因此要"去善去恶",才能实现虚心。可以说,"以赏者赏,以刑者刑"是因循行为的最好解释,也是"以法为教"应遵守的具体原则。

最后,以上讨论了"以法为教"以因循为原则,但是为何要因循物的特性? 这是因为"物者有所宜,材者有所施"。《扬权》篇云:"夫物者有所宜,材者有所施,各处其宜,故上下无为。使鸡司夜,令狸执鼠,皆用其能,上乃无事。上有所长,事乃不方。矜而好能,下之所欺。辩惠好生,下因其材。上下易用,国故不治。"(《扬权》,第141~142页)之所以要因循物的特性,是因为"物者有所宜,材者有所施",事物都有自身的价值,都有其"有所宜"之处,它的价值的实现就是"有所施","有所施"就是"有所宜"的具体展开。在这样的设定下,教化的最佳状态就是让事物"各处其宜",保持各自的最佳状态。①如果统治者懂得因循这一道理,善于发现事物"所宜"之处,充分发挥其才能,国家内外的势力都会为他们所用。这就是韩非所提到的:"当涂之人擅事要,则外内为之用矣。是以诸侯不因则事不应,故敌国为之讼。百官不因则业不进,故群臣为之用。郎中不因则不得近主,故左右为之匿。学士不因则养禄薄礼卑,故学士为之谈也。"(《孤愤》,第240页)韩非因循的原因与意义即在于此。

---

① 参见"万物之所以为该物,存在着必然的理由,这就是'有所宜';万物都有自身独特的价值,这一价值的实现就是'有所施';'有所施'行为的施行,实际上就是'有所宜'的具体展开,换言之,'所施'的内容是'所宜'。在这样的设定下,社会的教育、整治,就是在最大限度上使万物保持在各自的最佳状态,即'各处其宜'。显然,教育并不是给万物增加什么,不过是保持并发挥其'有所宜',这就是因循的原因。"(许建良:《韩非"以法为教"的德化思想论》,《现代法学》,2006年第5期,第28~36页。)

物有其宜,因其宜,施其材,这是因循行为的根本观念,因循行为要求因循的主体遵循客体的特性,让客体自成其事,比如韩非提道:"不在胜人,在自胜"(《喻老》,第460页),"不在见人,在自见"(《喻老》,第458页),"守成理,因自然"(《大体》,第555页),这似乎让人觉得因循总是处于被动的情况。① 其实,因循也有积极的一面,"因物以治物"就是很好的例证。韩非说:

> 且夫物众而智寡,寡不胜众,智不足以遍知物,故因物以治物。下众而上寡,寡不胜众者,言君不足以遍知臣也,故因人以知人。是以形体不劳而事治,智虑不用而奸得。(《难三》,第914页)

韩非推出"因物以治物"的原因是"物众而智寡";"因人以知人"的原因是"下众而上寡"。世间事物众多而智力有限,"智不足以知物",因此要依靠事物来治理事物;臣下众多而君主只有少数,"君不足以遍知臣",所以要依靠民众来了解民众。这样就可以弥补智慧的不足,使社会得到有效的治理。这是因循的方法在操作层面上的表现。

应该注意的是,我们仔细分析"因物以治物"和"因人以知人"的含义,不难发现其中饱含着积极主动的因素,在这里,"因"的意思为凭借、依靠,那么是谁去依靠呢? 当然是主体,主体凭借客体的特性采取治理的方法,认识客体特性的过程就是主体主动探知的过程,并且根据自身的认知去"因物以治物""因人以知人"仍然是主体发出的主动行为,所以,因循不应该理解为被动、消极的观念,它仍然具有主动、积极的因素。

---

① 参见"毫无疑问,因循行为所显示的价值方向,存在着消极被动的一面,因为行为主体必须以客体为全部的依据,不能无视客体的特性,似乎主体只有被动遵循的权利"。(许建良:《韩非"以法为教"的德化思想论》,《现代法学》,2006年第5期,第28~36页。)

4."因能而使之"的教化方法论

春秋战国时期不同学派都有自己的教化理论和教化方式,韩非的教化理论是"以法为教",其方式是主张"因能而使之"(《主道》,第67页),即遵照个体的才能加以使用。实际上,教化本身与个体的才能是紧密相连的,在韩非"以法为教"的思想中,通过个体的能力责其功,因能以任、称功赋禄、赏罚分明,由此明确"法"的价值。

前面谈到韩非认为"物者有其宜,材者有所施",也就是说物的"材"是本身存在的,"材"就是才能,落实到用人制度上,就是明确个体的才能,社会在人才的使用上,必须以人的能力为依归。当然,个体有能力并不代表能胜任一切事物,韩非主张把"能"与"功"联系起来,由"功"来判定其"能"。他说:

> 明主之为官职爵禄也,所以进贤材劝有功也。故曰:贤材者,处厚禄任大官;功大者,有尊爵受重赏。官贤者量其能,赋禄者称其功。是以贤者不诬能以事其主,有功者乐进其业,故事成功立。(《八奸》,第196页)

社会实行官职和爵禄的目的是为了用来提拔有才能的人,奖励有功劳的人。虽然个体都有自己的才能,但才能也有大小、优劣,"贤材"者才能"处厚禄任大官";功劳大的人才能"有尊爵受重赏"。所以,任命贤德的人做官要裁量他的才能,授予臣下爵禄要考量他的功劳是否相称,特别是要将"功"作为一个评价指标,即"以功授官与禄",这样既能"事成功立",又能实现国家的强大,所以韩非说:"授官爵出利禄不以功,是无当也。国以功授官与爵,此谓以成智谋,以威勇战,其国无敌。国以功授官与爵,则治见者省,言有塞,此谓以治去治,以言去言。以功与爵者也,故国多力而天下莫之能侵也。"(《饬令》,第1169~1170页)

功与禄应该对称,那么如何保证有功必有禄?或者说如何防范功与禄不对称的情况呢?韩非提出了运用"赏罚"二柄,用"赏罚"的手段来促进和监督个体的行为,《喻老》篇云:"赏罚者,邦之利器也,在君则制臣,在臣则胜君。君见赏,臣则损之以为德;君见罚,臣则益之以为威。人君见赏则人臣用其势,人君见罚而人臣乘其威。"(《喻老》,第437页)赏罚是国家的锐利武器,君主利用它来治理国家,就能最大限度地发挥民众的能力,韩非在《难三》篇、《六反》篇中都阐述了"赏罚"手段在治理国家上的作用,即"今有功者必赏,赏者不得君,力之所致也;有罪者必诛,诛者不怨上,罪之所生也。民知诛罚之皆起于身也,故疾功利于业,而不受赐于君"(《难三》,第906页),"若夫厚赏者,非独赏功也,又劝一国。受赏者甘利,未赏者慕业,是报一人之功而劝境内之众也,欲治者何疑于厚赏!"(《六反》,第1011页)

贯彻赏罚的机制,不仅有助于君主的统治,还能从心理上激励民众。君主切实地实行赏罚,"功者必赏""罪者必诛",由制度办事,民众就会明白受赏是自己成就得来的,受罚的原因也在于自己,也就不会有怨恨的理由。因此,"厚赏"的好处不仅是鼓励某个人的功劳,也是勉励全国的人。这样,受到奖赏的人乐于得利,没有得到奖赏的人羡慕受赏者的功业,这就是酬报了一个人的功劳而勉励了全国的民众。

(四)小结

韩非对儒家、墨家的道德教化观进行了批判,认为它们已经不能适应时代的需要,本着构建稳定社会秩序的理想,韩非提出"以法为教"的道德教化理论,并对之做出了论证。自然界中很少存在"自直之箭""自圆之木",所以才需要外在"隐栝"的作用。人类社会也是一样,实行"以法为教"的道德教化是必要的,具体的理由是,人性自利,依靠人自己为善是很难的,为了防范人为非;人在智能上也有"不能立"的地方,需要"以道正己";在人的道德素质上,"贤者寡而不肖者众",要改变这样的状况,需要有一个改善和转化的过程。这三个理由都说明外在的教化是必要的,而"法"正好具备改善以上状况的特质。"以法为教"的教化思想以实现国富民强为切入点,以"求当""责功"为依归。韩非认为个体各自都"有所宜",有自身存在的必然理由,因此教化应该因循个体的特性来施行教育,从而最大限度地发挥个体的能力。所以,在教化过程中,遵从因循的原则,实际上是为个体提供自为的最好环境,而不是主观地干预个体;要让个体尽力发挥其能力,社会还需要为其提供良好的条件,也就是要为个体"宜其能"创造外在客观的条件,从而保证个体"有所施";而外在环境的营造,最终为个体施展其能力提供了保证。韩非道德教化思想的主要内容是"以法为教",所遵循的根本原则是因循的思想,即"因物以治物""因人以治人","治物""治人"都是依据"因物""因人"的实际情况发出的主动性行为,所以不应该将因循仅仅理解为被动的层面,它结合"能"与"功"的对应考量,运用赏罚机制,使"以法为教"的教化实践得到切实实行,而法律秩序的真正营建,又为道德实践的良性发展提供了保障,毫无疑问,这为今天的法制建设提供了积极的价值意义。

二、"身以积精为德"之道德修养论

韩非在道德实践中,一方面从宏观层面上强调机制的建设,施行"以法为教"的道德教化,侧重从外在教化方式和营造的环境来促进个体德性的养成,这是韩非道德实践的重要环节。当然,韩非重视外在的制约和规范,也并没有否认个体自身心性的雕琢和培养。在个体内在修养方面,韩非从修身的必要性和方法入手,以身、心、性的关联探讨如何趋利避害,转祸为福,执行和遵守法制而不犯过错等问题。同时,韩非还探讨了君主的道德修养对治国的积极作用,以君主健全之德行来弥补"法"无法尽于周全的制约性,这就是所谓的"以德辅法"①,严格实施这一理路能更好地维护和巩固君主的权位。

（一）道德修养的理论前提

在道德实践中,韩非提出"以法为教"的重要性,重视一种社会普遍规范的构建,但"以法为教"的施教者和受教者都是"人","人"的道德修养直接影响着"以法为教"的教化效果,为"人"之道即成为治国之根本。陶德民先生曾指出修身对国家的重要性,他说:"当世学问多歧,技艺工匠亦皆加入学科之中,修身至被贬置为一科,伦理道德之退步亦宜哉,子夏之一言,不正可解其惑乎。伦理道德为修身之事业,自初学经中学大学,为官处野,为君为臣,为华族或平民,不论其地位贵贱,不可须臾离此道。……人君必躬亲勤学,率先天下而为教道,是为君为师有其天职故也。"②可见,国家的富强不仅要依靠规范的制定,还需要制定规范的"人"的道德修养的提升。儒家的修身是建立在人性论的基础上,回答了人性善恶的问题,道德修养的可能性和必要性就成为题中应有之义。儒家的修身原则和方法是立志乐道、涵养省察、内省自讼、知行相资,其目标是"修己安人",最终实现圣人之境。韩非的修身思想不仅如此,他还看到了人性中趋利避害的一般本性,所以修身才能德真,而心中有欲,为了避免犯过错,需要加强身心的修养,才能成就内在的

---

① "以德辅法"在《韩非子》一书中并没有原文的呈现,但是在《韩非子·二柄》篇中有这样一段话:"明主之所道制其臣者,二柄而已矣。二柄者,刑、德也。何谓刑、德? 曰:杀戮之谓刑,庆赏之谓德。为人臣者畏诛罚而利庆赏,故人主自用其刑德,则群臣畏其威而归其利矣。"(陈奇猷:《韩非子新校注》,上海古籍出版社,2000年,第120页。)可见,韩非并不只主张严刑峻法,而是主张刑、德并施,而《韩非子》一书中"法"字出现373次,"刑"字出现165次,"德"字出现120次,因此用"以德辅法"来概括韩非"法"与"德"的关系也是有据可依的。

② 陶德民:《元田永孚的"君德辅道"与论语解释——关于〈经筵论语进讲录〉的考察》,《中央大学人文学院人文学报》,2001年第24期,第58页。

德性。

1.修身则德真的合理确证

中国历来都有修身、齐家、治国、平天下的修养德行论,《大学》中有:"身不修,不可以齐其家,……治国必先齐其家者也"①,孟子也说:"天下之本在国,国之本在家,家之本在身"②,这样的思想在韩非那里也是适用的,韩非借着老子的思想,以德行修养论为标准作了严整的推衍,由此强调"修之身""修之家""修之乡""修之邦""修之天下"的顺序,他说:"今治身而外物不能乱其精神,故曰:'修之身,其德乃真。'真者,慎之固也。治家者,无用之物不能动其计,则资有余,故曰:'修之家,其德乃余。'治乡者行此节,则家之有余者益众,故曰:'修之乡,其德乃长。'治邦者行此节,则乡之有德者益众,故曰:'修之邦,其德乃丰。'莅天下者行此节,则民之生莫不受其泽,故曰:'修之天下,其德乃普。'"(《解老》,第428页)修身是治国的根本,借着修身的功夫推及,逐次使人完成"德真""德余""德长""德丰"的境界,最终"德普"天下。那么,为何要修身呢? 韩非从"身以积精为德"和"智累其心"③两个方面进行了论证。

韩非认为人只有蓄积精气,才有发挥其德性的可能,即"身以积精为德"(《解老》,第428页)。那么,"精"是什么? 给韩非很大启发的《管子》中有:"凡物之精,此则为生。下生五谷,上为列星。流于天地之间,谓之鬼神。藏于胸中,谓之圣人。"④所以法家认为"修身"就是要积累精气,运用此道可成

---

① 《四书章句集注·大学章句·八章·九章》,[南宋]朱熹撰:《四书章句集注》,岳麓书社,2008年,第11~12页。

② 《四书章句集注·大学章句·孟子·离娄上》,[南宋]朱熹撰:《四书章句集注》,岳麓书社,2008年,第389页。

③ 参见"古之全大体者:望天地,观江海,因山谷,日月所照,四时所行,云布风动;不以智累心,不以私累己"。(《大体》,第555页)

④ 《管子·内业》,黎翔凤:《管子校注》,中华书局,2004年,第931页。

圣人。《管子》还进一步揭示了精气之用的含义,云:"精存自生,其外安荣。内藏以为泉原,浩然和平,以为气渊。渊之不涸,四体乃固。泉之不竭,九窍遂通。乃能穷天地,被四海。"[①]《管子》指出精气有两层含义:一是"精"可以存于体内自然生长,然后逐渐显于体外;二是积累精气为气渊之后,逐步能让"四体固""九窍通",以至于"穷天地""被四海"。韩非沿着《管子》的观点继续向前,他主张人要"啬","啬之者,爱其精神,啬其智识也"(《解老》,第394页)。"精神"就是"精气"和"神气","啬"就是为了不耗损我们身体中的"精气"和"神气",而"不极聪明之力,不尽知识之任"(《解老》,第394页),所以说:"精神不乱之谓有德"(《解老》,第403页),"啬"不仅是"爱其精神",它还指要"啬"自己主观的"智识",才能去符合客观的"道理"。"啬"就是要"虚静",精神必须安静,才能不被外物所牵引,即保持清醒的头脑,才能权衡轻重,让行动符合规则。韩非说:"空窍者,神明之户牖也。耳目竭于声色,精神竭于外貌,故中无主。中无主,则祸福虽如丘山,无从识之。"(《喻老》,第453页)这即是说,精神用在追求外物上,心中便无主,无法判断祸福,只有让精神安静,不被外物引诱,不被可欲的东西牵累,这种不动摇,就是"不拔""不脱",有了这样的境界,才能取舍得当,去祸取福。也就是韩非所说的:"恬淡有趋舍之义,平安知祸福之计。而今也玩好变之,外物引之;引之而往,故曰'拔'。至圣人不然:一建其趋舍,虽见所好之物不能引,不能引之谓'不拔';一于其情,虽有可欲之类,神不为动,神不为动之谓'不脱'。"(《解老》,第428页)这也是对《老子》中"善建者不拔,善抱者不脱"的解释。因此,韩非指出,修身就是要保持精神不被外物干扰,即"身以积精为德"。

人之所以要积累精气,是因为人有私心私欲,顺其私心私欲,则会做违背道德和法律的事,韩非说:"祸难生于邪心,邪心诱于可欲。可欲之类,进

---

① 《管子·内业》,黎翔凤:《管子校注》,中华书局,2004年,第938~939页。

则教良民为奸,退则令善人有祸。奸起则上侵弱君,祸至则民人多伤。"(《解老》,第407页)这是说欲望会产生私心和邪心,一旦有了邪心,奸起而祸至。欲利熏心,忧虑成疾,智力衰退,则不能衡量轻重,不按道理办事,则会招来祸害。为了使行动符合事理,韩非提出节欲说:"欲利之心不除,其身之忧也。故圣人衣足以犯寒,食足以充虚,则不忧矣。众人则不然,大为诸侯,小余千金之资,其欲得之忧不除也。"(《解老》,第407页)私心私欲伤害身体,韩非认为,对于"欲"的渴求限于"犯寒"和"充虚"就可以,超出这样的欲求,则"忧不除",所以韩非指出:"古之全大体者,望天地,观江海,因山谷,日月所照,四时所行,云布风动;不以智累心,不以私累己。"(《大体》,第555页)人的心胸应该如天地山河一样广大,如日月一样光明,如四时运行、风云变化一样,不以私心私欲牵累自己,修身的意义即在于克制心中的私欲,使自身的行动符合自然规则,即所谓"任理去欲,举事有道"(《南面》,第331页),而修身的关键即是"去甚去泰,虚心以为道舍"(《扬权》,第137页)。

总而言之,韩非的道德修养围绕修身展开。韩非之所以重视修身,就在于修身能实现治国平天下的政治理想,这一点与儒家是相似的。同时,心容易被私心私欲所累,修身就是要虚其心,让道驻于心中。修身还是君子与小人的区别所在,即所谓"修身者以此别君子和小人"(《解老》,第428页),人们成为君子的方式之一就是修身,而君子是有德之人,人们唯有通过修身,才能成才成德。这样,韩非道德修养就得到了合理性的确证。

2.修身则体道的价值取向

修身是道德修养的重要环节,《说文》中将"修"解释为:"修,饰也,从彡,攸声。"[1]"饰,㕞也,从巾从人。"[2]"修"的本义是说人用毛巾拂去尘垢以呈现

---

① ［东汉］许慎:《说文解字》,中华书局,1963年,第185上页。

② ［东汉］许慎:《说文解字》,中华书局,1963年,第64下页。

其光华,所以"修"有回复、修复其本真样态之义。从这个意义上也可以推导出"修身"的原初含义并不是精神上的修炼,而是审美意义上的外貌仪表的修饰,和使身体臻至文质彬彬的艺术加工。缘于此,才有古人对"君子之容"的无上强调,才有"正衣冠""形不正德不来"等理论。所以,对于古人来说,身体不仅是"道与之貌,天与之形",而且还融合了天地之灵气,形具而神生、形具而心生。正是身体这种形神兼备、身心一如的性质,使人的身体不再是徒有其物质躯壳的血肉,而成为承载着生命神圣意义的精神象征,即康德所说的"道德的象征",这最终也使中国古人所谓的"修身"意义揭橥而出。杜维明先生指出:"中国早期的思想十分看重'修身'。在中国哲学中,身和心,物质和精神,凡俗和神圣,天和人,人和社会都是合一的,没有排斥的二分",并且身并不止是生物的存在,"也是一个可以无穷地发挥人性光辉的百分点"。①中国古人的修身从外在讲是端正体貌,从内在讲是养其心、正其心,身是心的基础,心是身的功能、作用,身心一如方能显出个体的道德知识和伦理德性。所以,修身是一个由内到外又由外到内的双向互动的自我提升、自我完善的过程。

韩非的道德修养也体现出内外相统一的运思路向。如前所述,积累精气和神气是修身的重要前提,因为修之身才能保其身。《扬权》篇云:"夫香美脆味,厚酒肥肉,甘口而疾形;曼理皓齿,说情而捐精。故去甚去泰,身乃无害。"(《扬权》,第137页)"捐精"和"积精"是相对的,人必须消除捐精之行为,才能确保身的无害,所以人不能纵情于口欲,并且对于耳、目、鼻等都应该视为精神的门户而善加保养,"耳目竭于声色"。保其身的目的是保其国,韩非在《解老》篇中指出,如果人不能保其身,即使有国也会灭亡,只有"保其身",才能"有其国",以至于"安其社稷",所以,维持身体的安好才是有国之本,而

---

① 杜维明:《现代精神与儒家传统》,生活·读书·新知三联书店,1997年,第64页。

有其国又可以反过来保其身,即"凡有国而后亡之,有身而后殃之,不可谓能有其国、能保其身。夫能有其国,必能安其社稷,能保其身,必能终其天年,而后可谓能有其国、能保其身矣"(《解老》,第397页)。由此可见,身的修养状况与国家的安危紧密相连。

修身、保身的最终目的是要体察道的存在和规律,《解老》篇云:"夫能有其国、保其身者,必且体道。体道则其智深;其智深则其会远。其会远,众人莫能见其所极。唯夫能令人不见其事极,不见事极者,为保其身,有其国,故曰:'莫知其极。'莫知其极'则可以有国'。"(《解老》,第397页)"体"有体察和践行两个含义,这里的"体道"应理解为体察道,体察道则其智识深远,智识深远,其计谋才会久远,由于会合道远,众人就不能见其究竟。韩非以身体道的思想将"身"提升到自然宇宙的高度,把"身"与"道"结合起来,修身、保身则能体道,身若违背了道的规律,则无法辨明是非,即所谓"身失道,则无以知迷惑"(《观行》,第520页)。

身道观在韩非之前已经存在,追根溯源,"身"与"道"的关系可以在《周易》中见到,《周易》中把形上之道称为"太极","太极"中的"太"是"大"的引申义,所以《广雅·释诂》中称:"太,大也。"①而"大"字在许慎的《说文》中被认为是象形字,即像直立的首、手、足,即人的身体形状。因此,从词源学的考察来看,在古人的心目中,形上之太极也就是形下之身。身是人最直接把握的对象,也是最为亲切体己的东西。这样,身就实现了所谓现象学式的还原,一方面,由一种异己的存在回到了本己的存在,如中国古汉语中"身"是指人称代词"我",《尔雅·释言》中说:"身,我也"②;另一方面,这种还原将人与物、内在与外在、主观与客观等对立的两项融合为一体,即张载所说的:

---

① 《广雅·释诂》,[清]王念孙:《广雅疏证》,中华书局,1983年,第5页。
② 刘翔等编:《商周古文字读本》,语文出版社,1989年,第381页。

"我体物未尝遗,物体我知其不遗也。"①由分析可知,身已经不仅仅是一种"肉身"的存在,而成为一种宇宙论的概念。在中国古代宇宙论中,一开始就是一种"身体论"的,它是一种根身的宇宙论,因此,我们才不难理解中国伦理思想史中所谓的"安身""守身""贵身""返身""修身"等问题的解决为何成为贤哲的第一等事。同时,也可以认为修身就是一种以人的身体为坐标的生命如何可能的学说,并落实到具体"如何做"的抉择策略中。梅洛-庞蒂将这种现象称为"潜在的身体",即"身体生存至少建立了在世界上真正呈现的可能性,缔结了我们和世界的第一个条约"②,也就是身体为人类提供了在世存在的和原初的可能性,并且这种可能性并没有终点,它是不断进行的,指向一种无限的可能性。修身体道的过程也正是如此,身已经不再局限于肉体,而是"人身虽小,暗合天地",整个宇宙都被视为身的体现和化身。

以身道合一的思想为前提,中国古人将身体视为国体的象征,或者说身体与国体之间具有同构性。儒家代表人物孟子有言:"天下之本在国,国之本在家,家之本在身"③,荀子说:"正身安国"④;法家同样重视身与国的关联,《管子》说:"君之在国都也,若心之在身体也"⑤,"四肢六道,身之体也。四正五官,国之体也"⑥,"心之在体,君之位也。九窍之有职,官之分也"⑦。韩非说:"身以生为常,富贵其可也。不以欲自害,则邦不亡,身不死。"(《喻老》,第434页)在后来的《大学》一书中,更是提出了"修齐治平"这一古代政治纲领,该纲领不仅宣布"自天子以至于庶人,壹是皆以修身为本",而且明确提

---

① 《张子正蒙·诚明》,[清]王夫之注:《张子正蒙》,上海古籍出版社,2000年,第135页。

② [法]梅洛-庞蒂:《知觉现象学》,姜志辉译,商务印书馆,2001年,第218页。

③ 《孟子·离娄上》,方勇译注:《孟子》,中华书局,2010年,第132页。

④ 《荀子·乐论》,[清]王先谦撰:《荀子集解》,中华书局,2010年,第385页。

⑤ 《管子·君臣下》,黎翔凤:《管子校注》,中华书局,2004年,第583页。

⑥ 《管子·君臣下》,黎翔凤:《管子校注》,中华书局,2004年,第585页。

⑦ 《管子·心术》,黎翔凤:《管子校注》,中华书局,2004年,第758页。

出"身修而后家齐,家齐而后国治,国治而后天下平"。从这样的论述中可知,在中国古人心中,身体与国体紧密相连,将身道与治道完全打通和合并。由此看来,法家也同儒家一样,重视修身的缘由在于正身治国,这是遵循天道的表现,也是韩非在道德修养中特别重视君主德性修养的关键因素。

(二)道德修养的理论设计

前面论述到,教化是道德的真正存在方式,这是就道德的社会实践价值指向而言的,韩非的道德教化思想侧重由外向内的学习、认知、规范过程,而道德教化围绕的核心即是"法","以法为教"即因循个体的特性实施教化,以"能"和"功"作为考量的标准,在外在规范上为个体德性的形成、培养和巩固提供了保障。当然,个体德性的养成一方面需要外在规范的框约,另一方面也需要个体内在素养的修为。韩非强调"身全"是德的实践,所以个体在自身内在修养中,累积"德"便是实现"身全"的有效途径。这里需要提出的是,韩非对个体内在德性修养的认识与其对道德行为主体认识的差异性紧密相连,也就是说,其道德修养的理论设计包含着两个方面:一是对一般道德修养的论述,即每个人都应具备的内在德性;二是对君主的道德修养提出了特别的要求,以德主术,"尊者载之以势"(《功名》,第552页)都是很好的证明。

1.以镜观面的道德认知

人的道德修养是人类社会文明的标志。韩非认为,道德修养的存在在于人类自身能力的局限性,古代的人们已经知道眼睛不能看到自己的面孔,智力又缺乏自知之明,因此要用镜子来观照自己的面容;用道来端正自己。眼睛失去了镜子,就无法修整面容,人如果失去道的指引,就无法分辨是非。这样的道理,韩非在《观行》篇中有明确的论述:"古之人目短于自见,故以镜观面;智短于自知,故以道正己。故镜无见疵之罪,道无明过之怨。目失镜,则无以正须眉;身失道,则无以知迷惑。"(《观行》,第520页)自身认知的局限,促使人们主动去改造和完善,道德修养的意义即在于此,"以镜观面",即是反观自身,返求自己,认识自己的缺点,这是一种向内求的途径;"以道正己"紧接"以镜观面"而来,它指出了道德修养的最高准则——道,那么如何才能将道内化于心,增强自身的道德修养呢? 韩非认为要从"虚""静""福"上下功夫。

在韩非那里,"虚"与"静"既是一种形而上的思考,也是一种具体的道德修养方法。首先,"虚""静"与"无为"有着密切的关系,"无为"本是道家的概念,韩非将它拿过来作为人的处事方法,"无为"不是一切不做的意思,而是要人处虚执要,守法责成。"无为"是"虚""静"行为要达到的目标,其理由大致有以下两点:其一,对于君主而言,"无为"的行动依据是坚守法治,守法责成,让群臣各用其能。韩非认为君主总揽政权,但必须虚静以待,督责群臣,因能而任使,不必事事亲力亲为,就可以任法而为治,这就是"王之所守要,故法省而不侵"(《有度》,第107页)的道理;其二,任法无为也是一种有效的行政管理方式,它通过群臣的分层负责,能取得更好的效率,以弥补人"智不尽物"的局限。总体而言,"虚静无为"是一种以静制动的修养方法,就君臣而言,就是君无为而责成臣下有为;就治国的方法而言,就是君主处虚执要,守法责成,即"人主者,守法责成以立功者也"(《外储说右下》,第805页)。

"守静"是培养人德性的良好途径,韩非说:"静则建乎德,动则顺乎道"(《喻老》,第451页),这是让人们的行为要依循道的纲纪。同时,守静的功夫一旦养成,也会产生巨大的功效,是云:"故圣人执一以静,使名自命,令事自定"(《扬权》,第145页)。所以,"守静"的作用在于能使名命事定。具体而言,韩非认为"守静"的功夫若能推至全国,其积极的一面是"动则胜",保守的一面是"静则安",这样也能使人民的素质得到改良,"小人少而君子多",由此达到"社稷常立"与"国家久安"。所以他说:"使天下皆极智能于仪表,尽力于权衡,以动则胜,以静则安。治世使人乐生于为是,爱身于为非,小人少而君子多。故社稷常立,国家久安"(《安危》,第526页)。韩非还指出人们若不能履行"守静"的德性,则不免造成"万物之害",其曰:"是以圣人爱精神而贵处静,此甚大于兕虎之害。夫兕虎有域,动静有时,避其域,省其时,则免其兕虎之害矣。民独知兕虎之有爪角也,而莫知万物之尽有爪角也,不免于万物之害。"(《解老》,第416~417页)既然"守静"与否的优劣如此明显,韩非极力主张人们应该修养此德性。"守静"的修养形成后,"虚静"的具体成效便紧接而来,"圣人执要,四方来效。虚而待之,彼自以之"(《扬权》,第137页),便是韩非极力推崇的治国愿景。总之,"孔窍虚""思虑静",则"德不去","德不去"则"和气日入","和气日入"又产生新的"德",由此可见,"德"生于"和气","德"又能反过来增促"和气",所以"积德"就能促使"和多",这样一个德性建构的良性循环过程在《解老》篇中有着明确论述:"知治人者其思虑静;知事天者其孔窍虚。思虑静,故德不去。孔窍虚,则和气日入。故曰:'重积德。'夫能令故德不去,新和气日至者,蚤服者也。故曰:'蚤服,是谓重积德。'"(《解老》,第396页)

韩非还在道德修养中讨论了"福"的问题,"福"常与"祸"相伴相生,而认识祸福相生的辩证关系仍然是内在修养的重要环节。人心往往会被灾祸搅得恐惧不安,但恐惧不安并不是坏事,心中有畏惧,可以使行为正直不邪,行为正直不邪,考虑问题就能深思熟虑,这样人们才能正确地认识事物的内在规律。反而言之,行为正直不邪,就不会有什么祸患灾害,没有祸患灾害,就能尽享天年,能够认识到事物的内在规律,办事就一定能成功。能够尽享天年就保全了自己的生命,办事成功就会富裕而且高贵,所以"福"的重要特征就是保全生命、获得长寿、财产富裕,即"全寿富贵之谓福"。在韩非看来,要收获真正的"福",就不要惧怕"祸","福本于有祸",《老子》的"祸兮福之所倚"也正是这个道理。①韩非还谈到,祸能转化为福,而福也可能转化为祸,人有福那么荣华富贵就会到来,锦衣玉食则会滋生骄纵之心,受骄纵之心的影响,人的行为也会邪恶不轨,这就违背了事理。其导致的必然后果即是"身夭死""无成功","身夭死""无成功"便是"大祸",由此看来,祸生于有福,也就是"福兮祸之所伏"。②因此,福与祸的关系是一个辩证的过程,它们对人的道德修养提出层层要求,面对"祸"时不要沮丧,由"祸"而起的敬畏之心能匡正人们的行为,实现全寿富贵;面对"福"时也不能滋生骄纵之心,否则会"身夭死""无成功"。

2.个体情绪和行为的涵养

从以上对虚、静、祸福关系的探讨可知,韩非对修养范围的界定遍及了人生的诸多方面,其中又有所侧重,要求着重"德"的积累以及辩证地看待祸福。既然"德"的积累具有积极的绩效,那么,个体如何去积累"德",实现修养的提升呢?韩非将重点集中在个体情绪的涵养和义礼的道德意识培养上。

个体情绪与修身息息相关,韩非在个体情绪的涵养中强调人应该少怒,认为愤怒并不能解决问题,特别是一国之君,更应该慎重,不能放肆地发出"愤怒之毒"而残害臣民,这样,臣民中也少了一些抱怨,君主与臣民之间便能够以合乎道法的理路相交。如此,既发扬了君主的美名,又将君主的德泽流传后世。也就是韩非在《大体》篇中提到的:"上无忿怒之毒,下无伏怨之患,上下交朴以道为舍。故长利积,大功立,名成于前,德垂于后,治之至

---

① 参见"人有祸则心畏恐;心畏恐则行端直;行端直则思虑熟;思虑熟则得事理。行端直则无祸害;无祸害则尽天年。得事理则必成功。尽天年则全而寿。必成功则富与贵。全寿富贵之谓福。而福本于有祸。故曰:'祸兮福之所倚。'以成其功也"。(《解老》,第386页)

② 参见"人有福则富贵至;富贵至则衣食美;衣食美则骄心生;骄心生则行邪僻而动弃理。行邪僻则身夭死;动弃理则无成功。夫内有死夭之难而外无成功之名者,大祸也。而祸本生于有福。故曰:'福兮祸之所伏。'"(《解老》,第387页)

也。"(《大体》,第559页)在个体情绪修养中,除了应该"无忿怒之毒"外,还不能"变褊心急",因为那将是导致国家灭亡的征兆。《亡征》篇云:"变褊而心急,轻疾而易动发,心悁忿而不訾前后者,可亡也。主多怒而好用兵,简本教而轻战攻者,可亡也。"(《亡征》,第301~302页)心偏邪而气度狭小的君主会有"轻疾而易动发"的情绪,心急躁而易发怒,如果任凭这样的情绪泛滥,好用武力,那自然会殃及民众,也是国家灭亡之兆。因此,君主要时时谨记自己的修养,以免对社会的稳定造成负面影响。虽然君主不应该随意发怒,但是臣民有过失时,君主也应该适时地表达怒气,用刑赏的手段来维护自己的威严。韩非以忿怒可能导致国家灭亡的事例,来劝诫君主要注重自身情绪的涵养,并提出情绪的收放之道:"藏怒而弗发,悬罪而弗诛,使群臣阴憎而愈忧惧,而久未可知者,可亡也。"(《亡征》,第302页)可见,"怒"与"威"之间的调控是有相当难度的,所以君主应遵循修身之道。

道德意识的培养包括个体自我情绪的拿捏,也涉及外在道德规范的了解和遵循。义和礼既是一种道德规范的尺度,也是道德修养的内容。在韩非的道德修养思想中,义和礼都是针对全体社会成员的,是人们进行道德修养的规范和准绳。"义者,谓其宜也,宜而为之"(《解老》,第374页),"宜"是适当之意,君臣、父子、朋友、亲疏之间的对待都是有所差别的,而顺着这些差别来分别进行侍奉,才能逐步建立起社会中的阶级模式。

韩非礼治的观念是承继荀子而来,何谓"礼"?《劝学》篇云:"木受绳则直,金就砺则利"[①],绳就是准绳;砺就是磨石,它们是对礼的比喻,说明人在道德修养中离不开礼的规范,只有在礼的规范下,人们才能很好地遵循道德行为,同时有所评定。韩非赞同礼治观念的存在也可以从其法家先贤崇礼得到证明,对此,林纬毅先生论述道:"比韩非早四百年的管仲,取其在礼治

---

① 《荀子·劝学》,[清]王先谦撰:《荀子集解》,中华书局,2010年,第2页。

传统下行法治国的绩效,也默认礼治在那一时代对治国的作用。在三百多年前的子产治下的小国郑国,也是在礼治的传统下实行法治转弱为强,以致'莫简公身无患',可说是韩国的典范;这也同样默认礼治对郑国的治国作用。韩非对于齐、郑治国思想的吸收,都说明他对前一时代的礼治的肯定。"① 礼是人类情感的直接表现,它与义一样,是建立阶级模式的重要道德规范,君主用礼来约束群臣、区别贵贱,因此韩非说:"礼者,所以貌情也,群义之文章也,君臣父子之交也,贵贱贤不肖之所以别也。"(《解老》,第376页)

礼是一种治国标准,同时它也是个体道德修养的重要组成部分,韩非强调"积德",也就是说,道德修养的过程就是积的过程、学习的过程,学习的过程就是修身的过程。学的最终目的除了要掌握"法",也要掌握"礼",这一点韩非与荀子具有相通之处。②韩非在《解老》篇中论述了众人之礼和君子之礼,他说:"凡人之为外物动也,不知其为身之礼也。众人之为礼也,以尊他人也,故时劝时衰。君子之为礼,以为其身;以为其身,故神之为上礼;上礼神而众人贰,故不能相应;不能相应,故曰:'上礼为之而莫之应。'众人虽贰,圣人之复恭敬尽手足之礼也不衰。故曰:'攘臂而仍之。'"(《解老》,第376页)人受到外界事物的影响会有所动作,殊不知这种动作就是他自身的礼,众人行礼与君子行礼有些不太一致,众人行礼会有"时劝时衰"的现象,君子行礼是"神之为上礼",究其原因,众人行礼是用来尊敬他人,而君子行礼是为了修身。这里需要注意的是,众人行礼和君子行礼的内涵都是一样的,都在实践中践行礼,只是二者对待礼的态度不同,韩非在这里意在强调君子认真对待"为礼"之事,将之奉为"上礼",众人行礼却贰心,要改变这样的现象,

---

① 林纬毅:《法儒兼融——韩非子的历史考察》,文津出版社,2004年,第93页。

② 荀子也将"礼"作为道德修养的内容,道德修养的目的也是在掌握"礼",《劝学》篇曰:"学恶乎始? 恶乎终? 曰:其数则始乎诵经,终乎读礼;其义则始乎为士,终乎为圣人。"(《荀子·劝学》,[清]王先谦撰:《荀子集解》,中华书局,2010年,第11页。)

需要借助"法"来完成。

(三)君主德行修养的积累

除了个体情绪和行为的调节外,韩非还将道德修养的论述遍及《韩非子》一书的其他章节中,比如《南面》《安危》《守道》《亡征》《十过》等篇,都对个体的道德修养提出了基本的要求。特别对君主的修为提出了一系列具体的要求,因此,韩非的道德修养理论设计中还包含着君主道德修养构建的环节,韩非将之称为"中人之君"①。同时,《韩非子》一书中有两次提到"君德","今主君德薄,不足以听"(《十过》,第205页)、"今主君德薄,不足听之"(《十过》,第206页)。书中所提的"君""上""明主""君人""圣人""君上""圣王"等词,都是指"国君"的意思。关于"德"字,各家却有不同的解释,就一般而言,"德"字通常解释为修养、得、得于心者、修养后既成之性、行为节操等,概而言之,"德"即是"得其性"②。我们可以把"君德"理解为国君应具有的内在的、并有得于心的品性。③严格地说,君主的德行要求是不同于一般人的,作

---

① "中人之君"的提法是以韩非的论述而概括得出,韩非说:"吾所以为言势者,中也。中者,上不及尧、舜而下亦不为桀、纣,抱法处势则治,背法去势则乱。今废势背法而待尧、舜,尧、舜至乃治,是千世乱而一治也;抱法处势而待桀、纣,桀、纣至乃乱,是千世治而一乱也。"(《难势》,第945~946页)还说:"使中主守法术,拙匠守规矩尺寸,则万不失矣。"(《用人》,第542页)这个观点也存在于台湾学者黄绍梅的《韩非学说"法术势"均衡运作的困难——以汉代"尚书尊隆"、"酷吏专横"为例的考察》一文中。文中说:"也就是韩非在构建其学说之初,已预设国君一定的道德规范,此一预设的基本修为,我们可称为'中人之君'的理念。"

② 德是什么呢? 中国古书训诂都说"德者,得也。"得之谓德,得到什么呢? 东汉朱穆说:"得其天性谓之德。"郭象也说:"德者,得其性者也。"(《论语皇侃义疏》引)所以中国人常说德行,因为德,正指的是得其性。(参见钱穆:《中国思想通俗讲话》,东大图书公司,1990年,第51页。)

③ 台湾学者黄信彰在其著作《专制君王的德行论:〈韩非子〉君德思想研究》中,专门研究了韩非的君德思想,对韩非君德思想的含义、学术渊源以及主要内容进行了系统的探讨,笔者对韩非君德修养思想的研究也是受到黄信彰先生研究成果的启发。

为一国之君,其德行关系到国家的强衰兴亡,因此君德应具有特殊性;又因为一国之君具有良好的德行,便可影响全国人民积极塑养自身德行,所以君德还应具有示范性。这两点在韩非的君德思想中都有所体现。在君德的特殊性上,韩非强调君主应该本着"君必惠民"(《外储说右上》,第762页)的思想,培养"忠言拂耳"的胸襟,广开进谏之门,由此逐步实现君主的治内之道。韩非君德思想的示范性主要体现在其"法治"思想和"术""势"的运用上,他主张君主在立法时应该法制分明;治国时应"不离法","人主离法失人"(《守道》,第536页);用法时应该"不辟尊贵,不就卑贱"(《难一》,第867页)。同时,韩非还主张君主应以德主术、"尊者载之以势"(《功名》,第552页),由此从内而外地逐步完成君主的德行修养,最终实现君主"修身乃平天下之本"①的目的。

1.君必惠民

韩非认为君主欲在竞争激烈的时代脱颖而出,保全自身的君位,需要一个关键性的因素,即爱护人民,博取民心,视人民为社稷之本的治国理念,即"君必惠民"。在《韩非子》一书的诸多篇章中,我们仍然能找到有关于此的言论,比如"圣人之治,藏于民,不藏于府库"(《十过》,第213页)和"民安则德在上"②,这些都是韩非护国为民君德思想的很好体现。

---

① 韩非推崇老子"尚德"的思想,并对之进行了释义,他在《韩非子·解老》篇中说:"今治身而外物不能乱其精神,故曰:'修之身,其德乃真。'真者,慎之固也。治家者,无用之物不能动其计,则资有余,故曰:'修之家,其德乃余。'治乡者行此节,则家之有余者益众,故曰:'修之乡,其德乃长。'治邦者行此节,则乡之有德者益众,故曰:'修之邦,其德乃丰。'莅天下者行此节,则民之生莫不受其泽,故曰:'修之天下,其德乃普。'修身者以此别君子小人,治乡治邦莅天下者各以此科适观息耗,则万不失一。"(《解老》,第428页)可见,"修之身"是君主的治国之本,凭着修身的功夫逐步促使君主完成"德真""德余""德长""德丰",最终实现"德普"于天下。

② 参见"故曰徭役少则民安,民安则下无重权,下无重权则权势灭,权势灭则德在上矣"。(《备内》,第323页)

　　"圣人之治,藏于民,不藏于府库"是君主在经济政策上的最高指导原则,圣人治理国家,财富是储藏在人民中间,而不是百官的府库里。韩非认为人民所努力创造的财富是国家富裕的根本,也是君主成就霸业的基础,因此,"圣人之所以为治道者三:一曰'利'"(《诡使》,第987页)。君主应该积极地因利导民,因为"利之所在,民归之;名之所彰,士死之"(《外储说左上》,第662页),这里的"利"是具有双赢功效的,由"民利"到"君利",最终是实现整个国家的利益。从君德修养的角度看,韩非"藏富于民"的观点正是他"君必惠民"(《外储说右上》,第762页)思想的体现,实施民之所好的政策,自然是博取人民爱戴的有效途径,也是塑造"内有德泽于人民"的"有道之君"①形象的方法。

　　"藏富于民"的经济政策是爱民的君德思想表现之一,普天之下人民最大的愿望就是求得生活上的安稳,因此求得"民安"便是君主德泽于民的最大凭借,这就是所谓的"民安则德在上"。欲实现"民安",君主首先需要"审于是非之实,察于治乱之情"(《奸劫弑臣》,第287页),去除动乱的因素,使国家"无死亡系虏之患"(《奸劫弑臣》,第287页)。同时,君主还应该身先士卒地展现爱黎民百姓之心。韩非特意引述春秋名将吴起吮兵之脓的故事来展现君主之德,从功利主义角度讲,君主爱兵,可使士兵尽死效力,所以韩非说:"上爱民,民死赏……上不爱民,民不死赏。"(《饬令》,第1174页)反之,如果君主不懂得修养爱民之心,那么君主与人民之间将渐渐疏远,国家也会沦为一盘散沙。

　　由上述可知,无论是"藏富于民",还是"民安则德在上",都将广大人民的利益视为治国之根本,致力于增进人民的福利。可换一个角度思考,从功利层面剖析,这些理念也是韩非获取民心、巩固政权的权宜之计,君主爱民

---

　　① 参见"有道之君,外无怨仇于邻敌,而内有德泽于人民"。(《解老》,第405页)

之修养的最终得利者仍然是君主,所以有学者这样评论:"孔子言爱众,墨子曰兼爱,孟子说民贵。荀子之后,渐渐打破君权神授的'奉天承命'之说,而言'天之生民,非为君也;天之立君,以为民也(《荀子·大略》)'……韩非之言亦不过是继承这个思想的传统而将之附着在新的专制制度之上。"①

2.抱法而治

君主除了需要进行虚静无为的心性修养外,还需要外在品行的表现,外在品行是内在品质的影像。综观韩非的思想,其着力最深的仍然是"法",上至君王大臣,下至黎民百姓,凡涉及治国之道、安身立命之道都以"法"为准,因此,也可以说"法"是韩非君主道德修养中外在品行的表现。又因为"徒善不足以为政,徒法不能以自行"②,而立法、执法者均在于"人",善于为"人"之道才是治国的根本。正是在这个原则下,身为万人之上的君主,更应该修炼其用法之道。

首先,韩非主张君主所立之法应具有公开性与普遍适用性。"法者,编著之图籍,设之于官府,而布之于百姓者也。……故法莫如显。"(《难三》,第922~923页)法是编写成文,设置在官府,而颁布于百姓的,因此法越公开越好。法令不仅要公开,还要具有普遍适用性。韩非主张:"明主立可为之赏,设可避之罚。……则上下之恩结矣。"(《用人》,第543页)"法"是否可行,就在于其赏罚的适当性,因此"立可为之赏,设可避之罚"就是立法时应兼顾的原则。

同时,君主立法时应该做到法制分明,"法分明,则贤不得夺不肖,强不得侵弱,众不得暴寡"(《守道》,第536页)。可以看出,韩非提醒君主立法时不能忽视"不肖""弱""寡"这些弱寡群体,毕竟社会安定,弱寡群体平衡,才

---

① 王晓波、张纯合撰:《韩非思想的历史研究》,联经出版公司,1994年,第141~142页。

② 《孟子·离娄上》,方勇译注:《孟子》,中华书局,2010年,第376页。

能减少怨恨的产生。而君主要做到法制分明,就必须妥善处理好各种利益关系,韩非认为在处理各种利益关系时可以遵循这样一个原则,即"权其害而功多则为之"(《八说》,第1034页),事情的成功如果有害的一面,权衡它虽有害处但功绩很大,那么就去做。而一旦君主制定出高品质的法,又可反过来以此调和各种利益冲突。因此,立法是君主的权利,而立完备的法又是君主的义务。韩非认为法律要兼顾人情,还要考虑到公平对待弱寡群体的问题,同时还需要协调各方利益,这些都需要考验到君主的智慧和修养。

其次,君主立法之后仍然需要致力于"尽力于亲民,加事于明法"(《饰邪》,第344页)的德行,即君主要具有守法的德性。"先王之所守要,故法省而不侵。独制四海之内,听聪不得用其诈,险躁不得关其佞,奸臣无所依。远在千里外,不敢易其辞;势在郎中,不敢蔽善饰非。"(《有度》,第107页)先王所守的,即是"法"。守法则奸臣无以揽权犯上,百姓无以贪婪侵权;同时,"国无常强,无常弱。奉法者强则国强,奉法者弱则国弱"(《有度》,第84页)。国家的强弱兴亡是君主的义务,也是对全国人民应负的责任。在一个法治的国家里,君主一旦从自身遵法、守法做起,必定影响及全国人民崇法与守法。

相反,如果君主"弃法用私",必然导致诸多害处。例如,会招致君臣上下失其身份,"人主释法用私,则上下不别矣"(《有度》,第111页);最为严重的是"人主离法失人"(《守道》,第536页),君主背离法就极易失去民心。因此,韩非主张君主应该坚定对"法"的信仰,不能随自身的好恶而妄加误用,他指出,"释法术而任心治,尧不能正一国"(《用人》,第542页),放弃法术而凭主观想法办事,尧也不能使一个国家平正。这里,韩非以圣王尧帝为标准,一方面是明确强调掌握法治大权的君主,万不能任由"心治"而放弃"法治";另一方面是以尧帝为德行的楷模,以说服君主与之效法,这也可视为韩非君德思想的实践之一。

最后,韩非强调君主还应该懂得"擅法","不擅其法,则奸多"。韩非在

《定法》篇中评述了法家代表申不害重术而不重法的害处。他说:"晋之故法未息,而韩之新法又生;先君之令未收,而后君之令又下。申不害不擅其法,不一其宪令,则奸多……则申不害虽十使韩昭侯用术,而奸臣犹有所谲其辞也。故托万乘之劲韩,七十年而不至于霸王者,虽用术于上,法不勤饰于官之患也。"(《定法》,第959页)韩非认为,申不害不专心于推行新法,不统一韩国的法令,于是在"晋之故法未息,而韩之新法又生"的情况下,导致了法令的混乱,使得臣民对法的标准无所适从,奸邪的事就多起来了。因此,在申不害辅佐韩昭侯王政的长时间里,仍然"托万乘之劲韩,七十年而不至于霸王"。

那么,如何"擅法"呢? 韩非提出了两方面的建议:一方面要求君主废除乱法犯禁之行以及去智巧。他说:"儒以文乱法,侠以武犯禁,而人主兼礼之,此所以乱也。夫离法者罪,而诸先生以文学取;犯禁者诛,而群侠以私剑养。故法之所非,君之所取;吏之所诛,上之所养也。法取上下四相反也,而无所定,虽有十黄帝,不能治也。"(《五蠹》,第1104页)韩非认为儒家利用文学扰乱法治,游侠依靠武力违犯禁令,然而君主却对他们以礼相待,这就是造成国家祸乱的原因,君主理应去除之,以免造成不擅法之害。韩非对儒家利用文学扰乱法治的批判,可以看出他对君主运用智巧妨碍法律的实施颇有微词,比如"圣人之道,去智去巧,智巧不去,难以为常。民人用之,其身多殃,主上用之,其国危亡"(《扬权》,第145页),以及"释规而任巧,释法而任智,惑乱之道也。乱主使民饰于智,不知道之故,故劳而无功"(《饰邪》,第359页)。另一方面,韩非主张君主"擅法"时,应该"不辟尊贵,不就卑贱"(《难一》,第867页)。此观点的具体展开即是:"当世之行事,都丞之下征令者,不辟尊贵,不就卑贱。故行之而法者,虽巷伯信乎卿相;行之而非法者,虽大吏讪乎民萌。今管仲不务尊主明法,而事增宠益爵,是非管仲贪欲富贵,必暗而不知术也。故曰:管仲有失行。"(《难一》,第867~868页)这段文字列举了管仲增宠益爵之事,这就违反了"不就卑贱"的原则,君主面对"行之非法者",应该"虽大吏诎乎民萌",韩非在此强调了在法的适用性上应该一视同仁。由此,韩非还举出上古传言和《春秋》所记之内容,告诫用法"不辟尊贵"引起民怨的现象。"上古之传言,《春秋》所记,犯法为逆以成大奸者,未尝不从尊贵之臣也。然而法令之所以备,刑罚之所以诛,常于卑贱,是以其民绝望,无所告诉。"(《备内》,第323页)如果法令只针对人民,对贵族官吏毫无约束性,势必会造成"其民绝望,无所告诉"的现象,自然就有违于君德修养的本义。

由上可知,韩非不仅重法治,同样重视君主的修养,其在明显地法治建构之路上,处处提醒君主的德行修为,旨在教导君主成为"明主""明君",希冀以君主健全之德行修养,弥补法治无法尽于周全的制约性。这一方面打破了长期以来认为韩非是"非道德主义者"的言论;另一方面也让我们看到韩非在"法"与"德"的调和中所做出的努力。当然,从论述中也不难看出韩非君德思想的特质与局限,韩非的君德思想仍然是在"法"的指引下展开的,是以法为主,以德为辅。并且他的"法"仍然是君主的"法",极少言及"法"对君主的监督与惩罚,这就极易衍生出霸王般的政权。

3.信用术势

韩非指出君主的道德修养还体现在"术"与"势"的运作过程中,虽然韩非继承了申不害的"术"和商鞅的"势",将"法""术""势"融为一体,但是他并没有否定道德的真正功效,在"术""势"的运作过程中,道德依然对它们具有约束作用,由此,韩非提出了"以德主术"和"尊者,载之以势"的思想。

韩非"以德主术"的思想经历了由"道"到"德",由"德"到"术"的过程。在法德关系中,韩非主张法治,批判儒家的仁义之德,提倡法家的庆赏之德,这里所说的"德"是运用它的具体层面的含义。在道德根据论中,韩非的"德"论承继老子而来,具有与"道"同等的概念意义。他说:"道由积而积有功;德者,道之功。"(《解老》,第376页)又说,"德者,内也","德者,德身也"(《解老》,第370页)。"道"是通过积聚而成的,积聚则表现为事功,"德"就是"道"的事功。同时,"德"又具有内在隐含的属性,它正是通过这种属性来表现"道"的事功的。按韩非的思想解释,"德"的内在、隐含的属性就是"静",运用到政治实践中,则表现为无为、无欲、不思、不用,也就是不以"德"自居。只有这样,才能达到"无不为"的境界,这就是所谓的"不德则有德"。反之,如果违背了"德"的这种属性,"为之欲之","用之思之",就是"德则无德"的表现。所以,韩非说:"思虑静故德不去。"(《解老》,第396页)但"静"不是一点不动,否则,"道"的事功就无从体现。"静"中的动是"缘道理以从事"(《解老》,第388页),而不是主动随便地"失度量","妄举动"(《解老》,第407页)。从这个意义上讲,可以把"静"中的"动"理解为无为。但在韩非看来,只有君主才有资格处"无为之位",行"无为之事",而"无为"被君主所独占,也就自然变成"术"了。[①]由此看来,"术"是绝对君权专制的产物,虽然有一些消极作用,但是它又是"德"的逻辑结果,从认识论上含有一定的合理成分。

"静"是"德"的属性,"静",既非不动,也非妄动,它的基本要求是"舍己以物与法"而动。即排除主观因素的干扰,完全因循客观规律的要求行事。韩非认为,这样就能收到"事少而功多",事半而功倍的效果,"少费"就是啬,啬即是"术"。韩非解释说:"圣人之用神也静,静则少费,少费之谓啬。啬之谓术也。"这也是对《老子》"治人事天莫若啬。夫谓啬,是以早服。早服是谓重积德"[②]的进一步阐释。那么,啬啬怎么能成"术"呢? 这是因为"啬啬之术"有一个重要功能"早服",即"虽未见祸患之形,虚无服从道理"(《解

① 王宗非:《〈韩非子〉的"道德之意"与"法术之治"》,《四川大学学报》(哲学社会科学版),1991年第2期,第39~44页。

② 《老子·第五十九章》,[魏]王弼:《王弼集校释》,楼宇烈校释,中华书局,1980年,第155~156页。

老》,第395页),在祸患尚未出现之时,就自觉地服从"道理",这样就可以预见未然,有先见之明。所以说:"积德而后神静,神静而后和多,和多而后计得,计得而后能御万物。"(《解老》,第396页)与此相反,如果不"以物为法",而"妄举动",则必然是"事多而功少",事倍功半,这就是"多费","多费之为侈"(《解老》,第395页),这样做甚至会招致"盲悖狂之祸"。可见,《韩非子》是以"德"的"虚静""因循"之情,将"德""术"联系起来,虽然"凡术也者,主之所执也"(《说疑》,第965页)。但"术"的基本内核并没有发生改变,"万物为法""事少功多"是君主执"术"的基本原则和目的。

以上述思想为指导,君主执"术"需要做到"循名实","因参验"。韩非认为,制者寡,被制者众,君主如果事必躬亲,只能是劳神又不能很好地治理国家,这也正是自以为有"德",其实是无"德"的表现。君主"执术",应该以"静退为室,虚静以待","不自操事,不自计虑"(《主道》,第81页)。具体做法就是:"因任而授官,循名而责实,操杀生之柄,课群臣之能也。"(《定法》,第957页)其中,"任",指的是人的实际能力,"名",指的是职位名分,以人的实际能力来给予职位名分,它们的区别在于"任"是一种客观实在,"名"是一种具体规范。君主要根据人的实际能力授予其官职,根据其官职考察其政事,以使能与职相称,职与事相符,最终达到"名实相持而成"。

只有当臣下出现了能不称其职、职不符其实的情况,君主才能行使"杀"的权力。从这个意义上看,随意地行使生杀予夺的权力,是不在"执术"的要求范围之内的。韩非说,"圣人之术",应当是"循名实而定是非,因参验而审言辞"(《奸邪弑臣》,第282页)。只要君主能按照这个要术去做,那么"左右近习之臣,知伪诈之不可以得安也"(《奸邪弑臣》,第282页),而且会让群臣产生这样一种心理:"我不去奸私之行,尽力竭智以事主,而乃以相比周妄毁誉以求安,是犹负千钧之重,陷于不测之渊而求生也,必不几矣。……我不以清廉方正奉法,乃以贪污之心枉法以取私利,是犹上高陵之颠,堕峻裕之下以求生,必不几矣。"(《奸邪弑臣》,第282页)这样,群臣擅主蔽君、徇私枉法的现象就会得到有力的纠正。另外,韩非认为:"术者,藏之于胸中,以偶众端而潜御群臣者也。"(《难三》,第922~923页)其中,"藏"和"潜"是与"德者,内也","德者,得身也",以及"德"的"虚静"之情相通的。"德",是一种内在的诉求,"静"而不"躁",由此,"术",含而不露,隐而不彰。因此,韩非主张,君主用"术"要依循"德"的思路,由"德"来衡定"术",具体的行为规则就是"虚静以待令,令名自命出也,令事自定也"(《主道》,第66页)。

　　韩非之前的法家都很重视君权的重要性,他们认为谁能把握权势,谁就能驱官使民。[①]韩非继承了他们的学说,认为"万物莫如身之至贵也,位之至尊也,主威之重,主势之隆也"(《爱臣》,第59页)。当然,韩非主张势治也是基于当时的世道人心,因为他看到:"民者固服于势,寡能怀于义"(《五蠹》,第1096页),"民者固服于势,诚易以服人"(《五蠹》,第1097页)。就是说,所谓人民是最容易服从权势的人,只要掌握了权势,实际上很容易让人民服从。"势之为道也无不禁"(《难势》,第945页),也就是说,所谓权势可以制约任何人和事,势是君主的统治力量和抑制力量。君主掌握权势,发布命令,有禁有止,而且君主掌握权柄,这是战胜众人的依靠,所以,善用势才能国安,不善用势,国家就会陷于危险的境地。即韩非所说的"势者,胜众之

---

① 管子、慎子、商鞅都有重势的思想。《管子·法法》篇曰:"凡人君之所以为君者,势也,故人君失势,则臣制之矣。势在下,则君制于臣矣。势在上,则臣制于君矣。"(黎翔凤:《管子校注》,中华书局,2004年,第305页。)《慎子·威德》篇曰:"腾蛇游雾,飞龙乘云,云罢雾霁,与蚯蚓同,则失其所乘也。故贤而屈于不肖者,权轻也;不肖而服于贤者,位尊也。尧为匹夫,不能使其领家;至南面而王,则令行禁止。由此观之,贤不足以服不肖,而势位足以屈贤矣。"[《慎子·威德》,许嘉璐主编:《诸子集成》(中),广东教育出版社,2006年,第1页。]《商君书·修权》篇曰:"国之所以治者三:一曰法,二曰信,三曰权。……权制独断于君则威。"(《商君书·修权》,高亨:《商君书注译》,中华书局,1974年,第110页。)

资"①、"善任势者国安,不知因其势者国危"(《奸劫弑臣》,第283页)。

在韩非看来,君主的权贵全靠自身掌握的权力,但这权力得好好使用才行。"明君"使用得好,便会行政得法,并赢得百姓的尊重;"乱君"使用得不好,为所欲为,就会陷入亡国的境地。可见,"政"依靠"权"才能实施,"权"又依赖"政"的正确施行才能得以巩固,君主的尊贵地位直接来自"权",却又不能不靠正确的行"政"来支撑。"政"不得法,则国不"强"而"权"不固,君主之"尊"当然也难以为继了。

韩非重"势",并把权势的重要性推崇到更加重要的位置,但是我们不能因此就认定韩非的势治学说仅仅是一种君主专制的极权统治,如此把握其势治学说俨然是不全面的。韩非在主张君权至上,臣民无条件服从君主统治的同时,还冷静地透视了君主势位的成因,以及维护势位的必要性。他认为君主的势位来自臣民的支持,所以特别强调君主对臣民的依赖关系,只有"众人助之以力"才能建立丰功伟绩而英名永存,即"尊者,载之以势"②。

韩非对历史上君权的形成有一贯的看法,他认为君主的位置,是人们帮他夺取的。上古时代,人民少而禽兽多,人们经受不住禽兽虫蛇的侵害。有位圣人用树枝搭成像鸟巢一样的住处来避免各种禽兽的侵害,人们爱戴他,便让他统治天下。换言之,有巢氏的"王天下"是民众使然。随着等级制度的出现,有人说,臣子和君主的设立,是等级名分制度规定的。而在韩非看来,臣子之所以能够夺取君主的位置,是他比君主更能得民心。所以违反名分而取得君主的位置,是众人帮他夺取的;背离名分而取得君位的,也是民

---

① 参见"君执柄以处势,故令行禁止。柄者,杀生之制也;势者,胜众之资也"。(《八经》,第1045页)

② 人主者,天下一力以共载之,故安;众同心以共立之,故尊。……人主之患在莫之应,故曰:"一手独拍,虽疾无声。"……圣人德若尧、舜,行若伯夷,而位不载于世,则功不立名不遂。故古之能致功名者,众人助之以力,近者结之以成,远者誉之以名,尊者载之以势。如此,故太山之功长立于国家,而日月之名久著于天地。此尧之所以南面而守名,舜之所以北面而效功也。(《功名》,第552页)

众给予的。即所谓"众人所夺""民之所予"。君主取得君位后,其尊贵的地位全靠人们的支持,天下人"同心""一力"来拥戴他,他的地位才"安""尊",才能建立"太山之功",才有"日月之名"。如果没有人响应他,他就会"功不立,名不遂"。这些言论分别散见于《五蠹》篇、《难四》篇和《功名》篇中:

> 上古之世,人民少而禽兽众,人民不胜禽兽虫蛇。有圣人作,构木为巢以避群害,而民悦之,使王天下,号曰有巢氏。(《五蠹》,第1085页)
>
> 或曰:臣主之施,分也。臣能夺君者,以得相踦也。故非其分而取者,众之所夺也;辞其分而取者,民之所予也。(《难四》,第926页)
>
> 人主者,天下一力以共载之,故安;众同心以共立之,故尊。……人主之患在莫之应,故曰:"一手独拍,虽疾无声。"……圣人德若尧、舜,行若伯夷,而位不载于世,则功不立名不遂。故古之能致功名者,众人助之以力,近者结之以成,远者誉之以名,尊者载之以势。如此,故太山之功长立于国家,而日月之名久著于天地。此尧之所以南面而守名,舜之所以北面而效功也。(《功名》,第552页)

既然君主的权位是由众人助力而来,那么君主如何使用权势、巩固权势就成为一个重要的课题。如果君主在掌权用势方面出了问题,就会有丧权失势的危险。君主只有牢牢地掌握大权,用之得法,才能保持自己尊贵的地位,才能治国安邦,立功成名。为此,韩非提出了一些用权的原则,这些原则是韩非势治学说中最重要的部分,也从侧面反映出韩非无法避免道德对权势的积极要求。

韩非认为君主用势的一个基本原则就是争取人心。《功名》篇云:"明君之所以立功成名者四:一曰天时,二曰人心,三曰技能,四曰势位。非天时,虽十尧不能冬生一穗;逆人心,虽贲、育不能尽人力。故得天时,则不务而自生；得人心，则不趣而自劝；因技能，则不急而自疾；得势位，则不进推而名成。"（《功名》，第551页）权势既然来自众人的拥戴，君主就需要争取人心。这里，韩非把"人心"与"势位"放在同等重要的位置，成为"明君"立功成名的条件之一。英明的君主之所以立功成名，主要有四项条件：一是天时，二是人心，三是技能，四是势位。不顺应天时，即使是十个尧也不能使冬天里结出一个穗子；违背人心，即使是孟贲、夏育这样的勇士也不能逼迫人使出全部的力气。所以掌握了天时，就算不努力庄稼也会自行生长，获得了人心，就算不督促民众也会自我勉励；依靠技能就算你不着急也会很快成功；有了权势和地位，不去追求也会建立功名。作为君主，只有天下拥戴，他的地位才会安稳；众人一心拥护，他的地位才会尊贵。所以君主的忧患在于没有人响应，"一手独拍，虽疾无声"。这里可以看出韩非对人心的重视程度仅次于"天时"，而重于"势位"。

人心如此重要，那么如何获得呢？韩非认为最好的方法是将人心事先引导到统治者方面来，使他们和自己同心同德。于是，韩非提倡"公义"，反对"私心"，"专举公而私不从"（《心度》，第1177页），以此来统一人心，使人们为国家与君主奉献一切，这是其一；其二是君主不能有"忿怒之毒"（《大体》，第559页），以免造成臣民的"伏怨之患"（《大体》，第559页）而动摇自己的统治。

这里需要强调的是，韩非充分意识到"势"的客观性和强制性，它是一种客观存在的且具有强制特征的权力形态，同时，"势"并没有预设的价值倾向和情感色彩，它可以不分善恶地发挥作用，其用意在于凸显"势"作为政治运作所具备的客观前提和物质基础。因为无论掌控"势位"的君主是善是恶，其所代表的政权是正义还是非正义，都无法逃避"势位"决定政治统治能否得以进行这一政治学"铁律"的规范和制约。①

(四)小结

从以上论述可知,韩非重视个体的道德修养,认为再完善和健全的法都需要良好的德性与之配合,换言之,法可以规范和制约人的道德行为,而良好的德性修养有助于法的实施。在道德修养中,韩非从修身则德真、修身则体道两个方面论证了道德修养的必要性,修身成为韩非道德修养的重要环节,围绕着修身,韩非提出从"虚""静""福"方面下功夫,还要注重个体情绪的调节和义礼意识的培养。值得注意的是,韩非还探讨了君主的德性修养,在一个重法的国家里,法制要真正发挥出有效的作用,固然与法的制定和实施有关,而在韩非的时代,君主仍然是最高统治者,他们拥有制法和执法权,所以君主个体的道德涵养显得尤为重要。韩非认为君主的德性重点应体现在护国为民方面,切实地考虑百姓的利益,"民安则德在上";另外,君主除了修炼内在的德性,还应该从外在的治国行为中体现出来,体现的方式就是抱法而治,在依法而治的过程中,更要信用术势,其最终目的是争取民心。韩非的道德修养理论是其法治思想的重要补充,其在法治思想的建构之路上,处处提醒个体的道德修为和君主的德行修养,旨在促进个体道德修养的提升和君主成为"明主""明君",以此弥补法治无法尽于周全的局限性,也对"法"和"德"之间的调和做出了努力。

三、"随于万物之规矩"之理想人格论

在道德实践中,道德教化是道德存在的外显方式,道德修养是道德存在

---

① 宋洪兵:《韩非"势治"思想再研究》,《古代文明》,2007年第4期,第42~51页。

的内在诉求,二者的共同目标都是要促使理想人格的实现,而修身的目的也是要造就理想人格。何谓人格? 人格是个人的尊严、价值和道德品质的总和。在西方,"人格"一词源于拉丁文 persona,意思为"人""个性""性格"等。这一概念最早出现在《罗马法典》中,按照《罗马法典》,奴隶不具有人格,只是奴隶主的财产,只有奴隶主才有作为法律关系主体与法律关系客体的人格。①一些伦理学家把人格说成是超历史与超现实的一种抽象,比如康德在《实践理性批判》一文中把人格说成是先验的"灵物",是由意志法则支配的和具有无限价值的独立于全部感性世界以外的一种生命。黑格尔在《法哲学原理》中说:人格是"无条件地具有真理性"的。而理想人格是某个社会和某种文化中,人们最为推崇的人格典型,它典型地体现了该社会及其文化思想的基本特征和价值观念,以及对人的本质及其价值的最终理解。②在中国古代典籍中,很早就有关于理想人格的探讨,儒家以君子、圣人为理想人格的楷模,道家也有"圣人""至人"的人格追求,法家虽然注重用"法"来规范社会秩序,但是他们并不否认人也需要道德修养,需要成就"君子""大人""圣人"的理想人格,只是不同学派在同一概念下所包含的含义不同而已。接下来,我们就来看看韩非对理想人格的理解与塑造。

(一)"取情而去貌,好质而恶饰"的君子人格

君子最初是对社会上位居高位的人的称呼,后来才逐渐转化为道德理想的人格称谓。在《左传》《诗经》《尚书》中都有"君子"一词,它们都是指在位的贵族或官员,"君子"由身份的称谓,演变为具有道德品质的内涵,经历了一个较为漫长的过程。这个过程大概在孔子之前或者孔子之时开始,在

---

① 朱贻庭主编:《伦理学大辞典》,上海辞书出版社,第43页。

② 葛晨虹:《儒家理想人格境界的二极耦合》,《史学月刊》,1996年第4期,第2~7页。

东汉时期才完成。正式明确定义"君子"一词的典籍是《白虎通义·号》:"或称君子者何?道德之称。君之为言,群也;子者,丈夫之通称也。故〈孝经〉曰:'君子之教以孝也,下言敬天下之为人父者也。'何以言知其通称也?以天子至于民。"①在此句话中我们了解到,"君子"是"天子至于民"的男子的一种通称,但其意义已经偏向于道德方面,而不仅仅表示社会地位的尊贵。由此看来,"君子"的含义包含了"位"与"德",孔子以后儒家经典中的"君子"仍然有"位"与"德"兼用的,其中有单指一义的,也有兼指两义的,但从整个发展方向来看,孔子之后的儒家尽量把"君子"从"位"的专指中解放出来,而强调"道德"这个新义以及"德"对"位"的主宰意义。②

通读《韩非子》一书,"君子"一词共出现36次,其中多偏向"德"的运用,成为韩非理想人格的追求之一。当然,在韩非理想人格的塑造中,君子是最低层次,其最基本的品质是注重内在情感的修养和修身。

1."君子取情而去貌,好质而恶饰"

韩非认为:

> 夫君子取情而去貌,好质而恶饰。夫恃貌而论情者,其情恶也;须饰而论质者,其质衰也。何以论之?和氏之璧,不饰以五采,隋侯之珠,不饰以银黄,其质至美,物不足以饰之。夫物之待饰而后行者,其质不美也。(《解老》,第379页)

---

① [清]陈立撰:《白虎通义·号》,中华书局,1994年,第48~49页。

② 在孔子之后的典籍中,有从"位"的角度来说"君子"的,比如《孟子·离娄上》:"君子犯义,小人犯刑,国之所存者幸也";《荀子·富国》:"君子以德,小人以力。力者,德之役也。"[清]王先谦《荀子集解》注:"君子以德役下,故百姓以力事上也。"也有以"德"来定"位"的,如《荀子·正论》:"圣王在上,决德而定次。"《荀子·致士》:"礼以定伦,德以叙位。"[唐]杨倞注云:"度其德以序上下之位。"

君子的一个重要品格特征就是注重内在情感的修养而厌恶外在的文饰,如果需要依靠外在的表现来评论内在的情感,那么此情恶也;需要等待外在的文饰来评论内在的本质,那么这种本质也一定是虚弱的。韩非在这里提到"君子"的人格修为不能依靠外在的表现去评价,换言之,韩非认为"君子"的人格修养需要自身主动地内在修为,不能浮于形式,这样,"君子"人格就如和氏璧和隋侯之珠,不必装饰,其本质就已经很美了。

2."轻禄重身谓之君子"

君子要获得内在的情感,就需要修其身,修身才能积累其德性。韩非说:

> 身以积精为德,家以资财为德,乡国天下皆以民为德。今治身而外物不能乱其精神,故曰:"修之身,其德乃真。"真者,慎之固也。治家者,无用之物不能动其计,则资有余,故曰:"修之家,其德乃余。"治乡者行此节,则家之有余者益众,故曰:"修之乡,其德乃长。"治邦者行此节,则乡之有德者益众,故曰:"修之邦,其德乃丰。"莅天下者行此节,则民之生莫不受其泽,故曰:"修之天下,其德乃普。"修身者以此别君子小人,治乡治邦莅天下者各以此科适观息耗,则万不失一。故曰:"以身观身,以家观家,以乡观乡,以邦观邦,以天下观天下。吾奚以知天下之然也?以此。"(《解老》,第428~429页)

韩非在这里,通过老子的思想主张传达了治家者、治乡者、治邦者、治天下者应具有的修养,这个修养的共同点就是修身,修炼自己的精神,他的德就会真。真,是指守护得很牢固的意思。修身能积蓄"德",身体以积累精气为德,家庭以积蓄财物为德,乡国和天下都以获得民众为德。因此,韩非总结说:"轻禄重身谓之君子"(《八说》,第1023页),这也是君子与小人的不同之处。

韩非认为君子与小人的区别还在于"君子有义""小人无义"[①],"义"是儒家君子人格的重要特征,也是君子所要履行的道德义务。孔子有"君子喻于义,小人喻于利"[②],孟子有"君子所性,仁义礼智根于心"[③],向"重义轻利"的方向迈进了一步,荀子认为君子是"唯仁之为守,唯义之为行"[④],这是"重道义"是"君子"行为的价值之所在。小人则相反,"唯利所在,无所不倾,若是则可谓小人矣"[⑤]。因此儒家关于"君子"与"小人"的道德价值标准就是"重义轻利"。这样看来,韩非关于"君子有义"的观点与儒家是相似的,重"义"也就成为"君子"理想人格的标识之一。

韩非在君子理想人格的追求中,承袭了不少儒家、道家的思想,但是思想之间也有明显的不同。儒家的君子人格本着人性为善的根基,摒除了君子对"利"的追求,把"义"与"利"绝对地对立起来,这样就把"君子"的品德内涵局限于崇高道德的范畴,显得教条化了。老子重积德,认为人格修养需要"德"的不断积累。韩非也认为"君子"人格中德性修养很重要,只是他的主张比老子更为具体与丰富,比如韩非提出"君子不蔽人之美,不言人之恶"(《内储说上——七术》,第577页)、"君子去泰去甚"(《外储说左下》,第734页)、"繁礼君子,不厌忠信"(《难一》,第840页),等等,让世人了解了成就君子人格可资掌握的方法。

---

① 参见"或曰:李子设辞曰:'夫言语辨,听之说,不度于义者,谓之窕言。''辩'在言者,'说'在听者,言非听者也。所谓'不度于义',非谓听者,必谓所听也。听者,非小人则君子也。小人无义,必不能度之义也;君子度之,必不肯说也"。(《难二》,第888页)

② 《论语·里仁》,杨伯峻译注:《论语译注》,中华书局,1980年,第38页。

③ 《孟子·尽心上》,方勇译注:《孟子》,中华书局,2010年,第906页。

④ 《荀子·不苟》,[清]王先谦撰:《荀子集解》,中华书局,2010年,第46页。

⑤ 《荀子·不苟》,[清]王先谦撰:《荀子集解》,中华书局,2010年,第51页。

（二）"寄形于天地而万物备，历心于山海而国家富"的大人人格

中国文化之所以有"君子"人格的追求，是因为中国文化始终坚持一种"大人"之理想。翻检中国的文化史，其中最常用的文字就是"大"或者是与"大"组合而成的词。①这个"大"字并不是随便添加的。如"大孝"与"孝"就有很大的不同，"大孝"是讲原则、有条件，"孝"则未必；"大学"是一种治国平天下的学问，要具有普度众生的情怀；又如"大勇"不同于一般的"勇"，一般的"勇"只是"匹夫之勇"；临危不惧、视死如归，那才是"大勇"，敢于承认自己心中之不直与不义、敢于向低下卑贱之人表示诚服，那才叫"大勇"。"大人"只是与"大"组合而成的词语之一。在"人"字前加上一个"大"字，其含义自然就不同了，"大人"是"能作圣""敢作圣"的，是深信"圣人是我做得"的。

"大人"具体作为一种理想人格，在孟子那里已经提出，在孟子的思想中，"大人"的内涵应该包括"居仁由义"②、"正己而物正"③，这也是儒家思想的一贯主张。孟子的大人人格应该是从道家那里借鉴过来的，尽管在老子那里并没有出现"大人"概念④，但《黄帝四经》中有"凡人好用雄节，是谓妨

---

① 孟子有"天道荡荡乎大无私"（《孟子·告子上》）、"吾尝闻大勇于夫子矣"（《孟子·公孙丑上》）；荀子有"明于从不从之义，而能致恭敬、忠信、端悫以慎行之，则可谓大孝矣"（《荀子·子道》）；老子有"大道废，有仁义"（《老子》第十八章）；庄子有"夫大道不称，大辩不言"（《庄子·齐物论》）；管子有"大德至仁，则操国者众""大德不至仁，不可以授国柄"（《管子·立政》）；张载讲"大其心则能体天下之物"（《正蒙·太心》）；朱熹讲"大本者，天命之性，天下之理皆由此出，道之体也"。

② 参见"王子垫问曰：士何事？孟子曰：尚志。曰：何谓尚志？曰：仁义而已矣……居仁由义，大人之事备矣"。（《孟子·尽心上》，方勇译注：《孟子》，中华书局，2010年，第909页。）

③ 参见"有事君人者，事是君则为容悦者也。有安社稷臣者，以安社稷为悦者也。有天民者，达可行于天下而后行之者也。有大人者，正己而物正者也"。（《孟子·尽心上》，方勇译注：《孟子》，中华书局，2010年，第903页。）

④ 许建良：《先秦儒家的道德世界》，中国社会科学出版社，第283页。

生。大人则毁,小人则亡"①的记载,后来的道家庄子则对大人的内涵进行了详细的规定,形成了完整的人格形象,诸如"故海不辞东流,大之至也。圣人并包天地,泽及天下,而不知其谁氏。是故生无爵,死无谥,实不聚,名不立,此之谓大人。狗不以善犬为良,人不以善言为贤,而况为大乎!夫为大不足以为大,而况为德乎!夫大备矣莫若天地。然奚求焉,而大备矣!知大备者,无求,无失,无弃,不以物易己也。反己而不穷,循古而不摩,大人之诚"②。《周易》中也出现了"大人"的概念,《周易》中将大人人格与天地之德联系起来,认为大人是与天地合其德的。③同时,大人的品质还包括"尚中正"④、"位正当"⑤,这里值得注意的是,"利见大人,尚中正也",利,即利益,大人也有遇到利益困境的时候,这时崇尚中正是最重要的。崇尚中正,即是要在行为上依归正当。大人人格在自身的要求上是"与天地合其德",在与他人的关系中,要体现出群体的责任感即"大人否亨,不乱群也"⑥,并且"大人以继明照于四方"⑦。"总之,大人是天地之德的具象,行为中正,应对公正,凝聚万物,明照四方;此外,还有危机意识。"⑧

① 《黄帝四经·十大经·雌雄节》,陈鼓应注译:《黄帝四经今注今译——马王堆汉墓出土帛书》,台湾商务印书馆,1995年,第514页。

② 《庄子·徐无鬼》,[清]王先谦撰:《庄子集解》,中华书局,1987年,第219页。

③ "夫大人者,与天地合其德,与日月合其明,与四时合其序,与鬼神合其吉凶。先天而天弗违,后天而奉天时。天且弗违,而况于人乎?况于鬼神乎?"(《周易·文言·乾》,陈鼓应、赵建伟注释:《周易今注今译》,商务印书馆,2007年,第217页。)

④ 参见"利见大人,尚中正也"(《周易·彖传上·讼》,陈鼓应、赵建伟注释:《周易今注今译》,商务印书馆,2007年,第249页。)

⑤ 参见"大人之吉,位正当也"(《周易·象传上·否·九五》,陈鼓应、赵建伟注释:《周易今注今译》,商务印书馆,2007年,第282页。)

⑥ 《周易·象传上·否·六二》,陈鼓应、赵建伟注释:《周易今注今译》,商务印书馆,2007年,第281页。

⑦ 《周易·象传上·离》,陈鼓应、赵建伟注释:《周易今注今译》,商务印书馆,2007年,第369页。

⑧ 许建良:《先秦儒家的道德世界》,中国社会科学出版社,第378页。

韩非的大人人格思想主要沿袭了前人的研究,除了具有德的修养外,其独特之处还在于强调大人应具有宽广的胸怀,其专门有一《大体》篇,该篇讲到"古之全大体者"所具有的品格,概括起来就是:"望天地,观江海,因山谷,日月所照,四时所行,云布风动;不以智累心,不以私累己;寄治乱于法术,托是非于赏罚,属轻重于权衡;不逆天理,不伤情性;不吹毛而求小疵,不洗垢而察难知;不引绳之外,不推绳之内;不急法之外,不缓法之内;守成理,因自然。"(《大体》,第555页)韩非从整个宇宙出发,论述了"全大体者"具备的品质包括"因道"和"全法"两个方面,"因道"就是"望天地,观江海,因山谷,日月所照,四时所行,云布风动""不逆天理""守成理,因自然";"全法"就是"不以智累心,不以死累己;寄治乱于法术,托是非于赏罚,属轻重于权衡""不急法之外,不缓法之内",具备了以上品质的"全大体者"就是一种"大人"的人格。韩非进一步说道:"故大人寄形于天地而万物备,历心于山海而国家富。上无忿怒之毒,下无伏怨之患,上下交朴以道为舍。故长利积,大功立,名成于前,德垂于后,治之至也。"(《大体》,第559页)

这里需要指出的是,韩非将自身塑造的"大人"人格区别于当时流行于世的"大人",他在《诡使》篇中指出,当时社会流行将"言大本称而不可用"(《诡使》,第988页),行为又违背社会现实的人称为"大人",这是应该杜绝的社会现象,真正的"大人"人格应该具备"因道全法"的气度。

(三)"尽随于万物之规矩"的圣人人格

从语义学上讲,圣的最初含义很简单,只是聪明人的意思。圣是聖的简化写法。许慎《说文解字》中说:"聖,通也,从耳呈声。"[1]应劭《风俗通义》中

---

① ［东汉］许慎:《说文解字》,［清］段玉裁注,上海古籍出版社,1981年,第592上页。

说:"聖者,声也,通也。言其闻声知情,通于天地,条畅万物也。"①这说明"圣"与"声"通,是"闻声知情"的意思,也就是从耳闻的具体事物通晓其根本。《诗经》《尚书》《左传》《国语》中出现了不少聖字,但基本上只是聪明人的意思,还没有崇高之义。大概在春秋战国之交及稍后的时期,圣人这一概念才逐渐成为人们心目中崇拜的偶像,具有至高无上的权威性。词义的转变源于社会生产力的进步,春秋之后,社会生产力的发展把黄河和长江两大流域的广大地区在经济上都联系了起来,经济上的联系必然要求政治上的统一。频繁的兼并战争从春秋到战国时期不断发生,客观上就是这一要求的体现。战争使人们陷于水深火热之中,他们迫切需要一个前所未有的伟大人物来结束战争,实现全国的大一统,在当时人们的心目中,这个伟大的人物就是圣人。

孔子在《论语》中关于"内圣外王"的论述已经传递了这样的信息,孔子认为"圣人"得具备两个条件:一是修己,有崇高的德行;二是要能博施济众,安定百姓。孔子的"圣人"观已经超出了"圣"原来简单的意思。孟子认为圣人是百世之师,崇高的德行与具备成就大一统的能力,是"圣人"的必备条件。荀子的"尽伦"为"圣","尽制"为"王",也以"内圣外王"为"圣人"的标准。"圣人备道全美者,是悬天下之权称也。"②可见,在荀子心目中,"圣人"是统一天下的伟人。

由聪明人的含义到一统天下的伟大人物,这样的词义变化是合乎历史发展的客观需要的。当然,这一要求不仅体现在儒家孔、孟、荀那里,也体现在法家韩非那里。《韩非子》一书中,"圣人"出现71次,"圣王"有9处。韩非理想中的"圣人"具有以下品质特征:一方面具有"虚""静"的精神,不依靠智

---

① 《风俗通义序》,[东汉]应劭撰:《风俗通义》,中华书局,1981年,第9页。

② 《荀子·正论》,[清]王先谦撰:《荀子集解》,中华书局,2010年,第325页。

巧,而是遵道履理,即"毋失其要,乃为圣人。圣人之道,去智与巧"(《扬权》,第145页)。"圣人执要,四方来效。虚而待之,彼自以之。四海既藏,道阴见阳。左右既立,开门而当。勿变勿易,与二俱行。行之不已,是谓履理也。"(《扬权》,第137页)另一方面,韩非眼中的"圣人"还是一位救百姓之乱、去天下之祸并能实现大一统的伟大人物。"圣人"是先为人而后自为的,以泛爱天下为己任。"圣人"还善于运用法来治理国家,"圣人者,审于是非之实,察于治乱之情也。故其治国也,正明法,陈严刑,将以救群生之乱,去天下之祸,使强不凌弱,众不暴寡,耆老得遂,幼孤得长,边境不侵,君臣相亲,父子相保,而无死亡系虏之患,此亦功之至厚者也"(《奸劫弑臣》,第287页)。同时,圣人作为一统天下的伟大人物,其言行也要遵循天德,依据万物的规矩。他说:"谨修所事,待命于天。毋失其要,乃为圣人"(《扬权》,第145页),"议言之士,计会规矩也。圣人尽随于万物之规矩,故曰:'不敢为天下先'"(《解老》,第422页)。简单地说,圣而王,王而圣,圣与王是合一的。当然,韩非的圣人人格在具体内涵上与儒家又有很大的差别,儒家圣人人格追求的是内圣而外王,仁与礼的和谐,是一种内在的超越;而韩非认为圣人不仅要有内在德性①,还应该具有"正明法,陈严刑"的能力与魄力,懂得运用法、赏罚分明,有助于圣人成就霸王之业。

(四)小结

韩非同样探讨理想人格,这是其道德教化和道德修养的必然成就方向,韩非的理想人格中仍然以君子的品格为起点,君子的人格特征是注重内在情感的培养,重"义","轻禄重身";而"大人"人格比"君子"人格在心境的修养上进一步提升,"大人"人格应该具有宽广的胸怀,这样才具备"因道全法"

---

① 参见"圣人爱精神而贵处静"。(《解老》,第416页)

的气度;韩非和儒家一样,都推崇"圣人"人格,认为圣人具有高尚的品格,他们的品德是毋庸置疑的,只是韩非"圣人"人格的内涵不同于儒家,儒家是通过圣人内在的仁的修炼,用自身的道德品格影响他人,内在的品德达到一定境界,就能实现天下大治,遵循的是由内到外的推己及人的修养理路。韩非则更加注重圣人内在德性和外在法治治理能力的结合,换言之,圣人除了内在品德的修养之外,还要修炼自身"正明法,陈严刑"的能力和魄力,二者结合才能成就圣人的霸王之业,这样的人格内涵是与韩非整个的伦理思想紧密相连的。

结论 《韩非子》伦理思想的基本特征
及其现代意义

战国末期是一个由纷乱向统一过渡的时代,那个时代"百家争鸣",必然在思想和观念上产生许多突破。此时,各种观念竞争消长,思想也意外地第一次分享到了"道德不一,天下多得一察焉以自好"[①]的蜜果。作为战国末期法家思想的集大成者,韩非的思想既具有时代的使命感,又具有学派的显著特色。他从"好利恶害"的人性论出发,在道德与利益、礼与法、刑法与德礼、因循与治道等问题上阐述了不同于其他学派的观点。具体而言,在道德与利益的博弈中,韩非推崇"事功",以实用性来调和道德与利益之间的矛盾与冲突;秉承了法家注重刑法的思想,以刑法为主,以德礼为辅,并将因循与治道联系起来。

一、道德与利益的博弈

道德与利益是中国古代伦理思想中常讨论的话题,在这些讨论中,基本上认为二者是不能并存的概念,或者推崇道德而排斥利益,或者肯定利益而贬斥道德的作用,这些认识其实是没有认清道德的本质以及道德的目的与

---

① 《庄子·天下》,[清]王先谦撰:《庄子集解》,中华书局,1987年,第288页。

利益之间的内在联系。与之不同，韩非直面人们对"利"的追求，充分肯定其合理性，并且把"利"放在"事功"的层面，将事与功、功与利直接联系起来，"事功"是行为的效果，以行为效果来补充道德要求的空乏与抽象，由此韩非提出"所以进贤材劝有功也"（《八奸》，第196页），以此将德与功相连，形成自身独具特色的道德认知。总的说来，这个道德认知是以"实用"为依托的。

首先，韩非认为"用"是一切道德发展和利益获得的前提，是生存的基础。韩非重视农战等实际的活动，因为它们对国家有用，能富国强兵。《外储说左上》云："夫不谋治强之功，而艳乎辩说文丽之声，是却有术之士而任'坏屋''折弓'也。故人主之于国事也，皆不达乎工匠之构屋张弓也。然则士穷乎范旦、虞庆者：为虚辞，其无用而胜；实事，其无易而穷也。人主多无用之辩，而少无易之言，此所以乱也。"（《外储说左上》，第682页）战国时期，一切有利于国家富强的活动都是有用的，农战即是如此，农战之外的活动都是无用的，言谈虚辞也视为无用，所以韩非说："明主举实事，去无用。"（《显学》，第1145页）由此，韩非正式提出了"以功用为目的"①的道德认知。

其次，在《韩非子》一书中，"实"字出现有八十七处，"实"是一个事实判断的概念，其与"虚"相对，与"用"相连。"实"是通过具体的事物来显示自己，没有实物就无从谈起，《南面》篇云："人主使人臣言者必知其端以责其实，不言者必问其取舍以为之责，此不言之责也。则人臣莫敢妄言矣，又不敢默然矣，言默则皆有责也。"（《南面》，第331页）这里的"实"是一种切实的行为，而非空言，保证"实"的存在需要一种责任心。

最后，韩非还提出"功"的概念，以检验"用"和"实"的价值。在《韩非子》

---

① 参见"以功用为之的彀者也。夫砥砺杀矢而以妄发，其端未尝不中秋毫也；然而不可谓善射者，无常仪的也。设五寸之的，引十步之远，非羿、逢蒙不能必中者，有常也。故有常则羿、逢蒙以五寸之为巧，无常则以妄发之中秋毫为拙。今听言观行，不以功用为之的彀，言虽至察，行虽至坚，则妄发之说也"。（《问辩》，第950页）

中,"功"出现了325次。从概念上讲,无功虽然不等于无用,但是从功用的角度,无功即是无用。①韩非极力反对无功得赏者,他说:"夫有施与贫困,则无功者得赏……国有无功得赏者,则民不外务当敌斩首,内不急力田疾作,皆欲行货财、事富贵、为私善、立名誉以取尊官厚俸。"(《奸劫弑臣》,第293页)贫困者本当得到施与,但是在韩非看来,贫困者无功,无功得赏,势必影响到国家的农战,人们忙于获得财富、富贵、企图通过名誉获得高官厚禄,这样国家必然走向灭亡。

韩非重视实用,并通过对"用""实""功"的分析来证明。有"用"必有"实",有"事"才能产生"功",有"功"就必有"用",这是一个彼此联系的过程。这样一个循环往复的过程在韩非的"事功"概念中体现得最为明显,接下来,笔者从分析韩非的"事功"一词入手,进一步阐释其对道德与利益关系的认识。

事功是传统文化中很常见的词汇和范畴,在先秦典籍中,事功作为合成词出现的尚不多,但在韩非的思想中,"功"的使用频率非常高。"功"的含义主要有三个方面:第一是指付出的实力或收效,比如"功力""功用"等;第二是指具体事物导致的功效和利益,《说文解字》云:"功,以劳定国也。"即是此义;第三是指宏观上的功业、功绩,比如"治强之功""霸王之功"。上述功字的后两个义项更加接近"事功"的含义。具体而言,韩非的"功"偏向于具体事物导致的功效和利益,他说:"人主欲为事,不通其端末,而以明其欲,有为之者,其为不得利,必以害反,知此者,任理去欲。举事有道,计其入多、其出少者,可为也。惑主不然,计其入不计其出,出虽倍其入,不知其害,则是名得而实亡,如是者功小而害大矣。"(《南面》,第331页)入多出少谓之功,入少

---

① 参见"无功虽然不等同于无用,但在功用的天平上,无功就是无用"。(许建良:《实用——法家道德的目标设计论》,《思想战线》,2010年第5期,第99~103页。)

出多不能谓之功,所以韩非的"功"表示事物入出之间的关系。衡量入出即是追求"利",将"利"作为判断一件事情功效的标准和原则。

在韩非的思想中也有事与功对称之例,"事以责其功。功当其事,事当其言则赏;功不当其事,事不当其言则诛"(《主道》,第81页)、"有功者乐进其业,故事成功立"(《八奸》,第196页)、"法所以制事,事所以名功也"(《八说》,第1034页),依照《尔雅广诂》中的解释:"功,事也",这是功与事的互训;《孟子·滕文公下·疏》中云:"事与功者,盖所作未成则谓之事,事之成则谓之功。"

以往评论韩非的思想,基本上都以功利主义来概括其观点,并引用西方的功利主义思想来标示其特点,其实这两者颇有异同。总体而言,功利是一种比较广义的现象,个人、集团乃至阶级、民族的利益是人生和社会实践的基本内驱力,个体对事业的追求和全社会的建功立业,都可以视为一种功利现象。而功利主义作为学术史的术语范畴,则有进一步的界定,它是一种以功利为最终目标和最高价值的元伦理观念。以西方古典功利主义观点为例,他们认为人是在"苦"与"乐"的支配下行为,行为的正当性全部来自对快乐的追求和对痛苦的规避,认为快乐是最大的功利,同时对快乐进行划分和量化。功利主义认为社会利益就是所有组成社会成员个人利益的总和,社会是一个虚拟的团体,并不具有道德行为主体的属性。因此,追求社会伦理规范,就是追求最大多数人的最大幸福。而事功思想则是功利主义思想在社会和政治领域的具体推衍,它无疑也是以利益追求为基础,但其内涵却落实到政治目标、治国方法等的认知和操作层面,具有形而下的特点。所以,我们可以概括地说功利主义反映本质,事功思想反映具体。另外,两者的侧重点也不同,功利的含义是指功名利欲,其侧重点在"利"上;事功是指主体有强烈的建功立业意识,其侧重点在"功"上。事功不能简单地视同于逐利,它包含着某种超越性的因素。比如商鞅的变法实践,就包含着对政治理想的追求和献身精神,是功利主义无法涵盖的。就如王健先生所谈到的:"大体而言,事功思想是由功利伦理观所生发,以其为深层思想内核;它蕴含着政治与伦理间的历史张力,包含着更丰富具体的社会政治内涵和实践风格。"①

韩非重"利",但是我们不能把韩非的利益观笼统地称为功利主义,韩非之"利"是事功之利。具体分析韩非事功之利的内涵,它被赋予了以下几方面的含义:第一,事功是事物入大于出的差额,入大于出,则会有盈利,这称之为功;出大于入,就会有亏损,这称之为害。第二,事功是事物给君主带来的利益,利有不同的主体,君臣之间的利是不同的,所以事功是君主之利。"霸王者,人主之大利""富贵者,人臣之大利"(《六反》,第1007页)、"君臣之利异"(《内储说下——六微》,第617页),霸王之业必然胜过富贵之利。第三,事功是检验君主行为可行性的基本标准,只要入多出少,就是可为的,反之就不可为,这就是所谓的"(人主)举事有道,计其入多、其出少者,可为也"(《南面》,第331页)。第四,在考核事功时不仅要考核其入,还要考核其出,只考核入不考核出,不能真正地考核事功。"计其入不计其出,出虽倍其入,不知其害,则是名得而实亡,如是者功小而害大矣。"(《南面》,第331页)

韩非的"利"是事功之利,换句话说,就是注重实践效用,以此作为判断一切事物的标准。"夫言行者,以功用为之的彀者也。"(《问辩》,第950页)任何言论和行为,付诸行动后都要产生效果才有价值。那么,是不是只追求事功、实效,不注重道德了呢?或者说,韩非的事功之利与道德有着怎样的联系?综观韩非的思想,我们不难发现,事功与道德并不是矛盾和对立的,韩非往往以事功来验证道德,使道德不再成为高高在上的形象,可望而不可

---

① 王健:《法家事功思想初探——以〈商君书〉、〈韩非子〉为中心》,《史学月刊》,2001年第6期,第51~56页。

即,而是让道德的作用具体化、外显化,使之可触可感。事功对道德的作用大概可以归纳为以下两个方面:

首先,通过事功来辨识个体的贤愚。"人皆寐则盲者不知,皆嘿则暗者不知。觉而使之视,问而使之对,则暗盲者穷矣。不听其言也,则无术者不知;不任其身也,则不肖者不知;听其言而求其当,任其身而责其功,则无术不肖者穷矣。……故官职者,能士之鼎俎也,任之以事,而愚智分矣。"(《六反》,第1021页)这段话里讲到辨识人物的贤愚,需要在"任身责功"的实践中获得。[①]所以,明智的君主选用贤材和给予赏罚时,检验其"功"成为一个重要的标准。"明主之为官职爵禄也,所以进贤材劝有功也。故曰:贤材者,处厚禄任大官;功大者,有尊爵受重赏。官贤者量其能,赋禄者称其功。"(《八奸》,第196页)对于这个问题,韩非还专门论述了射箭和马的良驽,以进一步说明实践功效对于辨识事物优劣的重要性。"故有常,则羿、逢蒙以五寸的为巧;无常,则以妄发之中秋毫为拙。"(《问辩》,第950页)这里的"常"是指预设的目标,所以功效是辨识巧射和拙射的依据。"夫视锻锡而察青黄,区冶不能以必剑;水击鹄雁,陆断驹马,则臧获不疑钝利"(《显学》,第1137页),剑的优劣利钝需要在"水击鹄雁,陆断驹马"中获得;"发齿吻形容,伯乐不能以必马;授车就驾而观其末途,则臧获不疑驽良"(《显学》,第1137页),马的良驽需要在"授车就驾而观其末途"中辨识。

其次,事功和道德是相互联系的。《左传·襄公二十四年》有言:"太上有立德,其次有立功,其次有立言,虽久不废,此之谓不朽。"[②]这就是著名的三不朽命题。立德、立功、立言反映了人生的价值取向问题,随着伦理政治化,立德由主观的个体德性引申为施政的政德,重德与重功又引申为重视德政

---

① 用事功来衡量道德的思想源远流长,周初姜尚封齐时提出"举贤而尚功"(《汉书·地理志》)的治国策略。

② 《左传·襄公二十四年》,[清]洪亮吉:《春秋左传诂》,中华书局,1987年,第567页。

和重视功业的问题。实际上,功德来源于事理,谋求功利必须首先明于事理,不明事理是不可能获取功利的。这一点在韩非解读老子思想时已经涉及,他通过阐述"积德"与"计得"之间的关系,来说明功德之间的关系。"积德而后神静,神静而后和多,和多而后计得,计得而后能御万物,能御万物则战易胜敌,战易胜敌而论必盖世,论必盖世故曰'无不克'。"(《解老》,第396页)"计得"在成就霸王之业中起着很重要的作用,是能御万物的必备条件,但是,"计得"必须以"积德""神静""和多"为前提条件。

当然,韩非并不是只谈事功对道德积极性的作用,他也看到了事功与道德之间无法调和的矛盾,这些矛盾体现在是尚力还是尚德(尚仁义)的问题中。

在事功的追求过程中,功的实现需要力的投入,那么,在这个过程中是倚重实力还是倚重道德?在战国那样一个"多事之时"和"大争之世",韩非认定"当今争于力"(《八说》,第1030页),认为实力是国重主尊的必要条件①,并说:"是故力多则人朝,力寡则朝于人,故明君务力。"(《显学》,第1141页)宏伟的霸王之业是需要调动群臣百姓的举国之力才能实现的。"故古之能致功名者,众人助之以力,……故太山之功长立于国家,而日月之名久著于天地。"(《功名》,第552页)春秋五霸的成功就是一个很好的例证,"凡五霸所以能成功名于天下者,必君臣俱有力焉"(《难二》,第879页)。以至于郭沫若在《十批判书》中评论,《韩非子》整本书"都是对力的讴歌"②。

同时,韩非对仁义在事功追求中的价值给予了否定,他认为仁义不合乎时代的要求,无助于霸王之功。"古者文王处丰、镐之间,地方百里,行仁义而

---

① 参见《商君书·慎法》:"国之所以重,主之所以尊,力也。"(《商君书·慎法》,高亨:《商君书注译》,中华书局,1974年,第182页。)商鞅在论及力与德的关系时主张德生于力:"力生强,强生威,威生德,德生于力。"(《商君书·勒令》,高亨:《商君书注译》,中华书局,1974年,第109页。)

② 郭沫若:《郭沫若全集》(历史卷)(第二卷),人民出版社,1982年,第349页。

怀西戎,遂王天下。徐偃王处汉东,地方五百里,行仁义,割地而朝者三十有六国,荆文王恐其害己也,举兵伐徐,遂灭之。故文王行仁义而王天下,偃王行仁义而丧其国,是仁义用于古不用于今也。"(《五蠹》,第1092页)文王与偃王处于不同的时代背景中,在"割地而朝者三十有六国"的混乱政治格局中,仁义显然已经不合时宜,不顾攻守而奢谈仁义实为一种亡国之道,这就是"浅薄于争守之事,而务以仁义自饰者,可亡也"(《亡征》,第302页)的道理。韩非用秦晋间的对比来增强其说服力:"夫慕仁义而弱乱者,三晋也;不慕而治强者,秦也。"(《外储说左上》,第683页)由此,韩非将仁义与事功对立起来,从建功立业的政治抱负中消解了伦理传统的作用①,"赏功以劝民也而又尊行修,则民之产利也惰。夫贵文学以疑法,尊行修以贰功,索国之富强,不可得也"(《八说》,第1027页)。

由以上论述可知,韩非在尚力还是尚德、尚仁义中,明显偏向于尚力,这是因为尚力可以获得更多的"利益"。实际上,韩非也在多处强调要遵循忠臣之德,主张"明主厉廉耻,招仁义"(《用人》,第545页),重视君主的德行修养,并首倡"臣事君,子事父,妻事夫,三者顺则天下治,三者逆则天下乱,此天下之常道也,明王贤臣而弗易也"(《忠孝》,第1151页)。"臣事君,子事父,妻事夫"可视为三纲的雏形,所以韩非激烈反对的应该是儒家礼治道德,而对于专制体制和创立霸业的事功所需要的政治伦理秩序,韩非是给予相当重视的。"行剑攻杀,暴憿之民也,而世尊之,曰'磏勇之士';……赴险殉诚,死节之民,而世少之,曰'失计之民'也。"(《六反》,第1000页)在此段话中,韩非贬斥了世人尊之的"磏勇之士",对"赴险殉诚"的"死节之民"给予赞美。"磏勇之士"用暴力治理民众,这是随意的运用力,而在国家危急时,忠诚而

---

① 《商君书·错法》篇中甚至说:"任其力不任其德……而功可立也"。(《商君书·错法》,高亨:《商君书注译》,中华书局,1974年,第90页。)

死的才是有德之民,这种力才是值得推崇的,可见,韩非也并没有看轻道德。

至此,我们应该从韩非道德与利益的博弈中获得一些启示。其把利益的追求放在事功这一概念中,以入多出少为功,就是说用最小的代价换取最大的功效,重事功自然就重实效,以参验效果作为判断准则的论说,由此务实求用就有了合理性,所以韩非主张"明主举实事,去无用"(《显学》,第1145页),在这样一个逻辑理路中,追求事功,争取获得利益也就无可厚非了。虽然韩非驳斥仁义道德,但是这里的道德是一种特指,即儒家的仁义道德,这种道德在诸侯割据、战乱频繁的春秋战国时期是没有实效的,即是说在建立霸王之业这样的利益上,仁义道德是行不通的。当然,韩非也看到了道德在稳固政治伦理秩序上的作用,因此在用人制度上除了考察事功,他还主张考察个体的贤德,"积德"有助于"计得",正因为这些论述,也让我们重新认识了韩非的道德观,打破了韩非是"非道德主义者"的定论。

客观地说,在韩非的思想中,道德与利益的紧张关系是存在的,二者的冲突比之前的法家代表人物要激烈得多①,但是我们也看到道德与利益各自存在的必要性,并且二者之间又有着不可分割的制约性。在传统伦理研究的历史语境中,事功之利的诉求与道德之间如何保持必要的张力,无疑成为事功思想发展的新走向。从汉代开始,其对前代的事功思想有所继承和扬弃,从汉代儒学所关心的内圣外王到后来的儒法合流,在深层次上都体现了寻求历史与伦理的和谐、立功与立德互补的反思与努力。

---

① 《管子》一书中有"仓廪实则知礼节,衣食足则知荣辱"的经典论述,王辉在博士论文《〈管子〉伦理思想研究》中,将《管子》的道德与经济关系认定为一种互动关系。(王辉:《〈管子〉伦理思想研究》,东南大学人文学院博士论文,2010年12月。)

二、德礼与刑法的交织

韩非的思想主要源于法家,但其部分内容实则兼容了儒法,且明显儒家的思想影响甚巨,这个影响并不在于思想的继承或认同,而是在其影响下所发挥的新观点,产生的新的道德体系。《史记》称韩非"喜刑名法术之学,而其归本于黄老……与李斯俱事荀卿",道出了韩非与荀子的渊源。但是韩非又不拘泥于儒家和荀子,一方面,他很好地完成了由礼到法的过渡;另一方面,他在自身的思想体系中,辨析了刑与德,将刑、德二柄作为治国的手段,这也成为其伦理思想的重要内容。

韩非是荀子弟子,其思想虽出于荀子,但其变荀子隆礼为隆法。总体而言,荀子主张好利恶害是"人之所生而有",强调以礼义来控制人之"欲";韩非认为人性"好利恶害,夫人之所有也……喜利畏罪,人莫不然",这样的观点与荀子很相似,但其深化了礼治的强制力,以法治代之。要深究韩非与荀子的渊源,需要从荀子的主要思想谈起。

荀子是继孔、孟之后儒家的继承者,他的思想在儒家体系中可谓精益求精。但是在荀子的学说中,有不同于先秦儒家代表的观点,即"性恶"说,这也是荀子主张"好利恶害"的依据,《荀子·性恶》篇云:"人之性恶,其善者伪也",因此,"今人之性,生而好利焉"。[①]并进一步论述道:"凡人有所一同:饥而欲食,寒而欲暖,劳而欲息,好利而恶害,是人之所生而有也,是无待而然者也,是禹桀之所同也。"[②]荀子承认人性中"欲"的存在,所以好利恶害是人所共有的。面对"欲"的控制,他强调应该积极面对,即"凡语治而待去欲者,

---

① 《荀子·性恶》,[清]王先谦撰:《荀子集解》,中华书局,2010年,第434页。

② 《荀子·荣辱》,[清]王先谦撰:《荀子集解》,中华书局,2010年,第63页。

无以道欲而困于有欲者也。凡语治而待寡欲者,无以节欲而困于多欲者也"①。反观韩非的人性论,其观点大致继承荀子。《八经》篇曰:"凡治天下,必因人情。人情者,有好恶",接着强调"利之所在,民归之;民之所彰,士死之""情莫不出其死力以致其所欲";然后又因为"民之性,喜其乱,而不亲其法",所以主张用法治,尤其是用赏罚来调节"好利恶害"之人性。只是二者有其人性本质与实际操作上的差异,所以张素贞先生说:"韩非承其说,认人性自利自为,必严刑峻法为后可以为治。惟主制礼以节欲,其终极目的,仍在勉人为善;韩非直以人性本恶,非重刑罚不足禁其私欲,此礼法之大别,亦荀韩性恶说之区别。"②荀子和韩非对人性欲望的确定,使二者的学说分别从礼与法的手段予以控制。

荀子明确提出"礼"的起源,《荀子·礼论》篇云:"礼起于何也? 曰:人生而有欲,欲而不得,则不能无求。求而无度量分界,则不能不争;争则乱,乱则穷。先王恶其乱也,故制礼义以分之,以养人之欲,给人之求。使欲必不穷于物,物必不屈于欲。两者相持而长,是礼之所起也。"③"礼"起源于"争"与"乱"的规律,世人只能以"礼"对欲、争、乱、穷作强制性的规范。这样"制礼义以分之,以养人之欲,给人之求"便成为对人类社会所应该负的责任与贡献。为避免因乱而穷,荀子主张"先王恶其乱也,故制礼义以分之,使有贫富贵贱之等,足以相兼临者,是养天下之本也"④,所以"礼"成为制订一切等差、阶级的依据。既然先王制订天下国家等级之礼,那么"国无礼则不正"⑤,由此,"礼"在治国安邦上具有重要作用,即"礼义者,治之始也"⑥。"隆礼贵义

---

① 《荀子·正名》,[清]王先谦撰:《荀子集解》,中华书局,2010年,第426页。
② 张素贞:《韩非子思想体系》,黎明文化事业公司,1993年,第42页。
③ 《荀子·礼论》,[清]王先谦撰:《荀子集解》,中华书局,2010年,第346页。
④ 《荀子·礼论》,[清]王先谦撰:《荀子集解》,中华书局,2010年,第346页。
⑤ 《荀子·王霸》,[清]王先谦撰:《荀子集解》,中华书局,2010年,第209页。
⑥ 《荀子·王制》,[清]王先谦撰:《荀子集解》,中华书局,2010年,第163页。

者,其国治;简礼贱义者,其国乱。"①可见,礼是治国的最高准则,所以说:"礼者,治辨之极也,强国之本也,威行之道也,功名之总也。王公由之所以得天下,不由所以陨社稷也。"②到这里,"礼"的作用被上升到治理国家的层次,从"礼制"具体化为"礼治",成为君主的治国方针。

同时,荀子还吸收了前期法家的理论成果,援法入礼,充实了礼学,克服了儒家之礼与法家之法的对立,使两者在实际运用中交融互摄。荀子以"礼者,法之大分"来定位"礼"与"法"的关系,又说"法者,治之端也""至道大形,隆礼重法则国有常"。③荀子有时对"礼"的界定与"法"很接近,如:"礼之所以正国也,譬之犹衡之于轻重也,犹绳墨之于曲直也,犹规矩之于方圆也"④,这使"礼"具有了一种严谨性。吕思勉说"荀子专明礼,而精神颇近法家"⑤也是有道理的,因为时代的改变,用"法治"来改造"礼治",也体现了时代的需要。因此,荀子主张礼法并用,即"古者圣人以人之性恶,以为偏险而不正,悖乱而不治,故为之立君上之势以临之,明礼义以化之,起法正以治之,重刑罚以禁之,使天下皆出于治,合于善也"⑥,这是以性恶论作为礼法并用的理论依据。当然,荀子的礼法并用也是有侧重的,他主张以礼为主,以法为辅,并认为礼比法根本,"圣人化性而起伪,伪起而生礼义,礼义生而制法度"⑦,"故非礼,是无法也"⑧。

不同于荀子从"礼"的角度出发控制人性中的"欲",韩非主张以"法"来

---

① 《荀子·议兵》,[清]王先谦撰:《荀子集解》,中华书局,2010年,第270页。

② 《荀子·议兵》,[清]王先谦撰:《荀子集解》,中华书局,2010年,第281页。

③ 《荀子·君道》,[清]王先谦撰:《荀子集解》,中华书局,2010年,第238页。

④ 《荀子·王霸》,[清]王先谦撰:《荀子集解》,中华书局,2010年,第209~210页。

⑤ 吕思勉:《先秦学术概论》,东方出版社中心,1996年,第84页。

⑥ 《荀子·性恶》,[清]王先谦撰:《荀子集解》,中华书局,2010年,第440页。

⑦ 《荀子·性恶》,[清]王先谦撰:《荀子集解》,中华书局,2010年,第438页。

⑧ 《荀子·修身》,[清]王先谦撰:《荀子集解》,中华书局,2010年,第34页。

规范和约束人性中的欲望因子。首先,韩非指出了申不害只讲术不讲法的弊病,《定法》篇云:"申不害不擅其法,不一其宪令则奸多……故托万乘之劲韩,七十年而不至于霸王者,虽用术于上,法不勤饰于官之患也。"(《定法》,第959页)也评判了商鞅只重法不重术,"商君虽十饰其法,人臣反用其资。故乘强秦之资,数十年而不至于帝王者,法不勤饰于官,主无术于上之患也"(《定法》,第959页)。因此,得出结论:"君无术则弊于上,臣无法则乱于下,此不可一无,皆帝王之具也。"(《定法》,第957~958页)同时,韩非认为,法与术的运用必须以政权为保证,即主张重视势,《难势》篇曰:"无庆赏之功,刑罚之威,释势委法,尧舜户说而人辩之,不能治三家,夫势之足用亦明矣。……抱法处势则治,背法去势则乱。"(《难势》,第946页)由此可见,韩非分析了前期法家关于"法""术""势"的理论,并加以发挥,建立起以法为本,兼容术、势的思想体系,"法"是韩非思想的核心,这与荀子有着根本区别。

韩非虽然以人性论作为法治的理论基础,但他认为人与人之间的利害关系并不能通过礼义教化改变,因此礼义教化是没有必要的,犯了法就要受到惩罚,这就是韩非的逻辑。不过,韩非也主张"礼"的运用,其肯定了"仪节之礼"的作用,这时的"礼"是维护君主统治秩序和社会安定服务的,总体而言,韩非是以"法"为纲,以"礼"为用。

韩非受到荀子思想影响,在这个过程中看得很清楚,其将儒家约束性的"礼"转化为法家所认可的"法",以求道德之外约束力的强化,便是其脱离儒家而成为法家的有力凭据。

以上论述了从荀子的"礼"到韩非的"法"的过程,那么,韩非在其思想中是如何展现这一演变,并最终构建自身的刑德思想的呢?

在《韩非子》一书中,"刑"字出现164次,"法"字出现278次,"刑法"的用例有2处,"德"字出现有97次,"礼"字出现87次,"刑德"的用例有8次。从词语的含义上讲,刑与法的内涵接近,德与礼同属于道德范畴。刑是指具体的法律手段;法是对刑的一般性描述,"法者,编著之图籍,设之于官府,而布之于百姓者也"(《难三》,第922页)。从学术思想史来看,显然德与刑、礼与法之间有着更为丰富的话题,在韩非的思想中也体现了这两组概念各自的价值和内在的逻辑关联。

从一般意义上讲,"德"主要是指用人性内在向善的力量来感召人心,由此约束人的日常行为,强调人性的自律;"刑"主要是指用社会强制的力量来解决问题,强调外在他律的作用。在中国古代思想中,"刑德"思想常出现在法家著作中,其实这一思想的渊源当在道家。[①]道家、法家都对"刑德"有过论述[②],这里需要指出的是,相同的词语并不代表其赋予的内涵也相同。道家的"德"有两层含义:一是与"道"同义[③];二是一般的道德意义[④]。法家"德"的含义则更为具体,比如韩非的"德",虽然秉承老子思想而来,具有与"道"同义的意味,但大多数时候却特指与"刑"相对的治国手段,即"庆赏"。"明主之所导制其臣者,二柄而已矣。二柄者,刑、德也。何谓刑、德? 曰:杀戮之谓刑,庆赏之谓德。为人臣者畏诛罚而利庆赏,故人主自用其刑德,则群臣

① 参见"从中国古代思想而言,提到这方面的思想,一般首先想到的是法家的思想,这自然没有错。但是,在道家的系统里,也不乏这方面的思想,在一定程度上说,'刑德'思想的渊源当在道家,而道家对这一思想有系统运思的是《四经》。"(许建良:《〈黄帝四经〉"刑德相养"思想探析》,《东南大学学报》,2007年第3期,第42~47页。)

② 《管子》有"刑德"用例5处,都出现在《四时》篇中,诸如"刑德者,四时之合也。刑德合于时,则生福;诡则生祸"(《管子·四时》,第238页)。道家的《黄帝四经》中说:"刑德皇皇,日月相照,以明其当。……刑德相养,逆顺若成"(《十大经·姓争》,陈鼓应注释:《黄帝四经今注今译——马王堆汉墓出土帛书》,台湾商务印书馆,1995年,第512页。)

③ 参见"夫恬淡寂寞,虚无无为,此天地之平,而道德之质也"(《庄子·刻意》,[清]王先谦撰:《庄子集解》,中华书局,1987年,第32页)、"是故古之明大道者,先明天而道德次之,道德已明而仁义次之"(《庄子·天道》,[清]王先谦撰:《庄子集解》,中华书局,1987年,第116页。)

④ 参见"夫道未始有封,言未始有常。为是而有畛也,请言其畛。有左,有右,有伦,有义,有分,有辨,有竞,有争,此之谓八德"(《庄子·齐物论》,[清]王先谦撰:《庄子集解》,中华书局,1987年,第20页。)

畏其威而归其利矣。"(《二柄》,第120页)"刑"的具体内容是"杀戮""诛罚","德"的具体内容是"庆赏"。所以在韩非的思想中,"刑德"和"刑赏"的意思是一样的。"刑"是选择一种强硬的视角对人进行控制;"德"("赏")是选择一种积极的视角对人进行激励、感召。"刑德"的设计都是针对人性"好利恶害"的,"刑"用于消解和压制人性中对"利"的无度追求,虽然追逐利益是人之本性,但是过度的利益追求势必造成社会的混乱,"刑"的实施是让人在步入恶的行为前产生畏惧心理,进而逐渐与恶绝缘;"赏"是出于对人性的向善引导,引导人选择为善。所以,韩非主张"刑德"并施,软硬兼施,这无疑对国家的治理是有启发意义的。

韩非的"刑德"思想与荀子的主张正好相反。荀子主张礼治,以礼治为主,以法治为辅,由此看来,荀子的思想逻辑是德刑,对善者施以"德",对不善者施以"刑",即"以善至者待之以礼,以不善至者待之以刑"[1],坚持德刑结合,"故奸言、奸说、奸事、奸能,遁逃反侧之民,职而教之,须而待之,勉之以庆赏,惩之以刑罚"[2],荀子的"德刑"组合,是先德后刑,这是符合儒家的价值取向的;而韩非的"刑德"思想是主张先刑后德,先刑后赏[3],正是这个思想倾向,受到了西方学者的赞赏:"韩非和《老子》的作者是好像生活在对应平行的宇宙之中,在《老子》中,你使自己适合于自然力量在各方面的运作的不可控制的秩序,这是对人无所关爱的'道'之所为,另一方面,韩非主张,你能够理解和驾驭自然力量去创造一个与天地相对应的自动运转的社会秩序,人的自然倾向能够被赏罚'二柄'强制纳入这个秩序。韩非确实是中国古代最

---

① 《荀子·王制》,[清]王先谦撰:《荀子集解》,中华书局,2010年,第149页。

② 《荀子·王制》,[清]王先谦撰:《荀子集解》,中华书局,2010年,第149页。

③ 许建良:《韩非的"刑德"世界图式》,《苏州科技学院学报》(社会科学版),2007年第11期,第14~21页。

接近于当代西方的一位思想家。"①

在韩非那里，如果说"刑德"是处于制度伦理中操作层面的运思，那么"礼法"则属于制度伦理中范畴性的探究。《韩非子》作为法家著作，书中有二百多次言及"法"，对"法"的推崇溢于言表，使"法"具有了与儒家"礼"相同的制度意义。韩非受荀子思想影响，但并没有像荀子那样推崇"礼"，而是重"法"，其中缘由可在？综观韩非的思想，我们可以从中理出这样一个脉络：韩非中对"礼"的论述多是指"仪节行为之礼和道德之礼"②，对于这样的"礼"，韩非给予了肯定和重视，同时又指出了其弊端，由此提出以"法"代"礼"的合理性。

首先，韩非通过对老子"礼"的思想分析，谈到他对仪节之礼和道德之礼的认识。在《解老》篇中，他对仪节之礼的意义加以否定。"礼以貌情"，这是先秦思想家对仪节之礼的一般认识，韩非对《老子》中的"上礼为之而莫之应，则攘臂而仍之"③一句给出了解释，君子、圣人在行为上对礼的认识和实践与众人有着不同的表现，君子为礼，是为了自身表现真情的需要，圣人以礼来引导众人。众人"为礼"，是尊重他人，这种来自外在的要求，使众人对"礼"有所懈怠。由于君主与众人"为礼"的目的不同，因此，韩非才提出"上礼为之而莫之应"，并"攘臂而仍之"。

其次，韩非又将"礼"置于与道、德、仁、义相并列的关系中。《老子》中有"失道而后德，失德而后仁，失仁而后义，失义而后礼"④，韩非对之进一步解释，"道有积而德有功，德者道之功。功有实而实有光，仁者德之光。光有泽

---

① ［英］葛瑞汉：《论道者：中国古代哲学论辩》，张海晏译，中国社会科学出版社，2003年，第331页。

② 王启发：《礼学思想体系探源》，中州古籍出版社，2005年，第133页。

③ 《老子·三十八章》，陈鼓应、赵建伟注释：《周易今注今译》，商务印书馆，2007年，第93页。

④ 《老子·三十八章》，陈鼓应、赵建伟注释：《周易今注今译》，商务印书馆，2007年，第93页。

而泽有事,义者仁之事也。事有礼而礼有文,礼者义之文也"(《解老》,第376页)。《说文解字》中解释"失,纵也"①,梁启雄据此解释认为两者的意思相同。②这里,韩非仍然肯定了"礼"作为外化的作用,是有其存在的意义的。

最后,韩非认为,当"礼"只剩下形式上的繁文缛节而失去本质后,"礼"就成为"忠信之薄"和"乱之首"了。韩非认为仪节之礼固然重要,但是其表达的情感心志只是"貌",是做表面文章,并不能触及人们的内心,仍然免不了纷争,有纷争就会引起社会混乱,所以虚礼也会招责生怨。可见,韩非的思想中已经认识到现实生活中争乱的虚妄所在,其将"礼"视为争乱的罪魁祸首。如此看来,"礼"在作为社会生活准则和规定性的层面显出了自身致命的弊端,以至于在社会制度和政治实践中,"法"代替"礼"成为历史的必然趋向。

韩非"以法为本"的思想正是迎合了这样的趋势。《饰邪》篇云:"故先王以道为常,以法为木,本治者名尊,本乱者名绝。"(《饰邪》,第359页)又说:"家有常业,虽饥不饿;国有常法,虽危不亡。"(《饰邪》,第355页)韩非明确将法作为治国安民的根本手段,所以《六反》篇云:"圣人之治也,审于法禁,法禁明著则官法(治),必于赏罚,赏罚不阿则民用。官官治(官治民用),则国富,国富则兵强,而霸王之业成矣。"(《六反》,第1007页)同时,韩非的"法"还以道家遵循"自然"为理论依据,主张"法"不逆天理,不伤人情,即所谓:"寄治乱于法术,托是非于赏罚,属轻重于权衡,不逆天理,不伤情性"(《大体》,第555页);还有"不急法之外,不缓法之内;守成理,因自然;祸福生乎道法,而不出乎爱恶"(《大体》,第555页)。在韩非的思想观念中,圣王的法治是完善的,他说:"圣王之立法也,其赏足以劝善,其威足以胜暴,其备足以必完法。"

（《守道》，第533页）韩非认为通过法治是可以实现理想政治的，所谓"圣人者，审于是非之实，察于治乱之情也。故其治国也，正明法，陈严刑，将以救群生之乱，去天下之祸，使强不凌弱，众不暴寡，耆老得遂，幼孤得长，边境不侵，群臣相亲，父子相保，而无死亡系虏之患，此亦功之至厚者也"（《奸劫弑臣》，第287页）。这样的理想政治在儒家那里是以"礼治"实现的，韩非的"法治"与儒家的"礼治"想要实现的目的并无多大区别，只是二者的用意不同，前者是希望用法来解决如何才能仁爱人间的问题，后者是谈人间需要仁爱的问题，由自律转向他律，应该说，这是法家比儒家高明的地方。①客观地说，"法治"与"礼治"是在政治理想与现实之间或此或彼的选择，二者都有相通之义，并没有对立到非此即彼的程度。

从思想主张而言，韩非更加重视"法"的功用，并辅以"术、势"，使"法、术、势"统一起来。他并没有使"法"走向极端，而是倡导施法者应该修炼自身德行，他说："仁者，慈惠而轻财者也；暴者，心毅而易诛者也。慈惠则不忍，轻财则好与。心毅则憎心见于下，易诛则妄杀加于人。不忍则罚多宥赦，好与则赏多无功。憎心见则下怨其上，妄诛则民将背叛。故仁人在位，下肆而轻犯禁法，偷幸而望于上；暴人在位，则法令妄而臣主乖，民怨而乱心生。故曰：仁暴者，皆亡国者也。"（《八说》，第1037~1038页）只是这种劝说在现实政治实践中极易陷入不可解的矛盾。因为儒家主张的"心治"和"身治"在政治领域中已经根深蒂固，韩非要让君主成为纯粹"法治"原则的执行者，是有难度的，这一点在其《说难》篇中体现得很明显，即所谓"凡说之难，在知所说之心"（《说难》，第254页），于是，便有了"术"的登场，可术需要藏于心中，"术者，藏之与胸中"（《难三》，第922~923页），以保证君主"有术以知奸"

---

① 参见"采用法是为了解决如何才能仁爱人间的问题，而不是局限于谈人间需要仁爱的问题，这是法家超越儒家的高明之处"。（许建良：《韩非的"刑德"世界图式》，《苏州科技学院学报》，2007年第4期，第14~21页。）

这又有几分"心治"的嫌疑。韩非一方面反对"心治",另一方面又鼓吹"心治",由此体现了其思想内部的矛盾,这种思想的矛盾源于现实矛盾的不可解。其实,韩非思想的矛盾是整个法家思想的共同点,正如韩东育所评价:"理想的'法治'秩序不断为现实所抵消,最后则陷于瘫痪。它为君主专制而立,又为君主专制所毁。尽管理论上讲,'心治'与'身治'是对'法治'的反动,但权力一元化却使'心治'与'身治'的实行具有不可逆性,这是不以法家理论上的理想为转移的社会真实。"①

在极权政治下,韩非所主张的纯粹"法治"无异于是一种理想追求,但是在权力一元化的君主专制制度里,他的"法治"思想无疑为当时的社会注入了一个新的思想元素,虽然本质上是为了更好地为君主服务,但是却为"法治"思想的发展开辟了一条探索之路。

综合以上论述可知,韩非是主张"刑""德"(赏)并用的,刑为主、德(赏)为辅,而严刑在于求不刑,刑不善在求民善;在"礼"与"法"之间,韩非比之前的法家思想走得更远,侧重"法"的运用,并辅以"术"和"势",所以,有学者评价韩非为"刑法家"也是有所依据的。

三、因循与治道的融通

在韩非的思想中,除了事功之利、刑德、智力思想之外,还有一个思想值得重视,那就是"因循"思想。虽然在《韩非子》一书中并没有出现"因循"二字的连用,但是"因"的用例有232处,"循"则出现了21次。当然,"因循"思想并不是韩非的独创,在之前的著作中就有涉及,其源头可追溯到道家老子

---

① 韩东育:《"心治""身治"与"法治"——析法家政治思想中不可解的内在矛盾》,《史学集刊》,1993年第2期,第1~5页。

那里①,《老子》虽然没有明确提到"因循",但其"人法地,地法天,天法道,道法自然"②、"弱者道之用"③等命题已经蕴含了去除我执、顺随外物、因循自然的思想萌芽。④而真正把"因循"作为理论术语提出来,并把它用于治国治民的,当属《管子》等法家学派。《管子》将"因"与"无为之道"相提并论,他说:"无为之道,因也。因也者,无益无损也。以其形,因为之名,此因之术也。……因也者,舍己而以物为法者也。感而后应,非所设也;缘理而动,非所取也。"⑤此外,《慎子》书中专门有《因循》篇,他认为"天道因则大,化则细",把"因"当作应事理物的唯一准则。《管子》《慎子》之后,《韩非子》更加明晰、深入地把"因"的思想运用于治道之论中,在道德教化和国家治理等思想中都有所体现。

要明晰韩非的"因循"思想,首先需要释清这二字的含义。从词源学上讲,"(因,就也)就下曰:就高也。为高必因丘陵,为大必就基址。故曰从口大。就其区域而扩充之也"⑥。"因"即"就",意思为凭借。"为高"是"因丘陵","为大"是"就基址",也就是说,"丘陵"和"基址"所具有的自然本性是"因"与"就"的前提条件,"为高"和"为大"需要凭借这样的前提条件才能实现。"循,行也。"⑦桂馥注释说:"循,行顺也,……行顺也者,当为顺行。"⑧"因"与"循"

---

① 提到"因循",人们自然会想到《史记·太史公自序》中的:"道家无为,又曰无不为,其实易行,其辞难知。其术以虚无为本,以因循为用。无成势,无常形,故能究万物之情。不为物先,不为物后,故能为万物主。"其实,"因循"思想的首创者应是老子。这个观点在许建良《"辅"——因循哲学的始发轮》一文中已经提出。

② 《老子·二十五章》,陈鼓应、赵建伟注释:《周易今注今译》,商务印书馆,2007年,第65页。

③ 《老子·四十章》,陈鼓应、赵建伟注释:《周易今注今译》,商务印书馆,2007年,第110页。

④ 陈丽桂:《秦汉时期的黄老思想》,文津出版社,1997年,第42~43页。

⑤ 《管子·心术上》,黎翔凤:《管子校注》,中华书局,2004年,第771页。

⑥ [东汉]许慎:《说文解字注》,[清]段玉裁注,上海古籍出版社,1981年,第278页。

⑦ [东汉]许慎:《说文解字注》,[清]段玉裁注,上海古籍出版社,1981年,第76页。

⑧ [清]桂馥:《说文解字义证》,中华书局,1987年,第164页。

的含义接近,都有顺应之义,当然也会有区别,"因"侧重于主体具有的主动意识,主动去顺应客体才能实现行为或目的;"循"侧重于主体主动顺应客体时应具有的一种态度,即"顺行",也就是"无为"。更进一步理解"顺"的含义,"(顺,理也)理者治玉也,玉得其治之方谓之理,凡物得其治之方谓之理,理之而后天理见焉,条理形焉……顺者,理也。顺之所以理之,未有不顺民情而能理者"①,"顺"就是"理",而"理"是"整治玉",在"整治玉"的过程中,只有找到玉的纹理才能顺理整治。因此,"循"就是"顺行","顺行"的依据即是"理"。在国家治理中,要实现整治,就得顺应民情,不有意为之。所以,"因循"的含义即是依据客体的本性,在思想和行为上主动去顺应而为。

明确"因循"的词源义后,我们来看看韩非是如何理解"因循"思想的,在《喻老》篇中,其专门对这一思想进行了解读,他说:

> 夫物有常容,因乘以导之。因随物之容,故静则建乎德,动则顺乎道。宋人有为其君以象为楮叶者,三年而成。丰杀茎柯,毫芒繁泽,乱之楮叶之中而不可别也。此人遂以功食禄于宋邦。列子闻之曰:"使天地三年而成一叶,则物之有叶者寡矣。"故不乘天地之资,而载一人之身;不随道理之数,而学一人之智;此皆一叶之行也。故冬耕之稼,后稷不能美也;丰年大禾,臧获不能恶也。以一人之力,则后稷不足;随自然,则臧获有余。故曰:"恃万物之自然而不敢为也。"(《喻老》,第451页)

韩非认为因循的依据在于事物本有的形态,凭借这种形态加以引导,事物静止的时候不失去本性,运动的时候能顺应事物的法则。如果违背了事

---

① [东汉]许慎:《说文解字》,[清]段玉裁注,上海古籍出版社,1981年,第418下页。

物的自然法则,就得不到丰厚的收获。并以宋人用象牙雕刻楮叶为例,指出不顺应自然界的法则而表现一个人的智巧,"此皆一叶之行也"。因此,顺应自然,不敢妄有作为,这就是"恃万物之自然而不敢为也"。

这里,韩非将原本《老子》中的"辅"改成"恃","辅"的本义是车旁横木,其意思为辅助;据《说文》解释:"恃,赖也"①,本义为依靠。严格地说,"辅助"和"依靠"所隐含的思想价值取向是有区别的,为了完整地理解老子的意思,我们先来看看老子的原文,《老子·六十四章》说:"为者败之,执者失之……是以圣人欲不欲,不贵难得之货;学不学,复众人之所过,能辅万物之自然,而不敢为。"②从此段话看,"辅"的行为是"圣人"发出的,"辅"的对象是"万物之自然",但是"圣人"也只能是"辅助"万物,"而不敢为",换句话说,之所以采取"辅"的行为,理由是"不敢为"。"辅"的行为意义在于主体辅助客体,使客体能顺利实现自己的价值,更为重要的是,《老子》的"辅"的行为还暗含着一种相互性③,这在《郭店楚墓竹简》里的《太一生水》材料中可以得到证明④。

---

① [东汉]许慎:《说文解字》,[清]段玉裁注,上海古籍出版社,1981年,第506上页。

② 《老子·六十四章》,陈鼓应、赵建伟注释:《周易今注今译》,商务印书馆,2007年,第166页。

③ 参见"在辅助行为的语境中,行为追求的价值中心不是行为主体,而是行为客体,是行为主体对行为客体的辅助,润滑行为客体自己价值实践的历程。使行为客体顺利实现自己的价值,这些是行为主体的责任所在,是行为主体价值实现的唯一维系。所以,客体在这里始终是第一位的,居于主要的位置,这是应该注意的。另外,在完整的意义上,'辅'的行为多推重的是相互性。"(许建良:《"辅"——因循哲学的始发轮》,《云南大学学报》(社会科学版),第一卷第三期:第35~43页。)

④ 许建良先生在《"辅"——因循哲学的始发轮》一文中运用《太一生水》这则材料证明"辅"的行为暗含的相互性。即"太一生水,水反辅太一,是以成天。天反辅太一,是以成地。天地[复相辅]也,是以成神明。神明复相辅也,是以成阴阳。阴阳复相辅也,是以成四时。四时复[相]辅也,是以成寒热。寒热复相辅也,是以成湿燥、湿燥复相辅也,成岁而止。故岁者,湿燥之所生。湿燥者,寒热之所生也。寒热者,四时[之所生也。]四时者,阴阳之所生[也]。阴阳者,神明之所生也。神明者,天地之所生也。天地者,太一之所生也。是故太一藏于水,行于时,周而又[始,以己也]万物母:一缺一盈,以己为万物经。此天之所以不能杀,地之所以不能埋,阴阳之所以不能成"。(李零:《郭店楚简校读记》,北京大学出版社,2002年,第32页。)

由此可见,"辅"所蕴含的辅助万物、不敢为的思想与因循思想是契合的。韩非改"辅"为"恃",词语变换的背后暗含着思想丰厚程度的差异。"恃"字的"依靠"之义与"因"的"凭借"接近,并且他也主张"不敢为",应该顺应自然,因此"恃"的思想也体现了因循的价值取向,只是"恃"的行为体现却是单向度的,它并没有体现出事物之间共生互生共存互存的内在关联,由此将老子的因循思想狭隘化了。

顺着老子的思想,韩非进一步提出物之理也是因循的前提,他说:

> 凡物之有形者易裁也,易割也。何以论之?有形,则有短长;有短长,则有小大;有小大,则有方圆;有方圆,则有坚脆;有坚脆,则有轻重;有轻重,则有白黑。短长、大小、方圆、坚脆、轻重、白黑之谓理。理定而物易割也。故议于大庭而后言则立,权议之士知之矣。故欲成方圆而随其规矩,则万事之功形矣。而万物莫不有规矩。议言之士,计会规矩也。圣人尽随于万物之规矩……(《解老》,第 422 页)

在韩非看来,"凡理者,方圆、短长、粗靡、坚脆之分也"(《解老》,第 414 页)即"短长""大小""方圆""坚脆""轻重""白黑"都是物之理,明了物之理,才容易对物进行分割、分类,即"理定而物易割也"。"理"可理解为一定的规则,后文提到"万事之功形"需要随物之规矩,这个"规矩"即指物之理,万物都有自己的规矩或理,"议言之士"要计算人们的行为如何才符合这些规矩;圣人的言行也依据事物的拒绝,因此遵循万物本身的规矩是很重要的。

以上是韩非对因循思想的前提性讨论,这些论述无疑为他将此思想运用于现实社会中做了铺垫,在教化思想和治国思想中都可以看到因循思想的呈现。

其一,韩非在教化思想中提出"循天顺人而明赏罚"(《用人》,第 540 页)

的因循思想,使个体能各施其才,并通过个体的能力来责其功。《孤愤》篇云:"当涂之人擅事要,则外内为之用矣。是以诸侯不因则事不应,故敌国为之讼。百官不因则业不进,故群臣为之用。郎中不因则不得近主,故左右为之匿。学士不因则养禄薄礼卑,故学士为之谈也。"(《孤愤》,第240页)也就是说,诸侯、百官、郎中、学士采取"因"的行为,有助于其"应事""进业""近主""厚养禄"。那么为什么因循的行为如此重要呢?是因为"物者有所宜,材者有所施,各处其宜,则上下无为"(《扬权》,第141页),物的"材"是本身存在的,"材"就是才能,因此遵照个体的才能加以使用就很重要了。那么如何考察个体的才能呢?韩非将"功"与"能"联系起来,由"功"来判定"能"。他说:"明主之为官职爵禄也,所以进贤材劝有功也。故曰:贤材者,处厚禄任大官;功大者,有尊爵受重赏。官贤者量其能,赋禄者称其功。是以贤者不诬能以事其主,有功者乐进其业,故事成功立。"(《八奸》,第196页)显然,韩非以"功"来衡量"能",将"能"具体化,这确实是一个值得肯定的思想,这样个体的"能"的显现就更为客观,才能更有效地"因能使之",也有助于国家的强大。

其二,韩非在治国思想中提出了"因物以治物"的思想,并配备了赏罚的机制,使国家能得到有效的治理。《难三》篇曰:"且夫物众而智寡,寡不胜众,智不足以遍知物,故因物以治物。下众而上寡,寡不胜众者,言君不足以遍知臣也,故因人以知人。是以形体不劳而事治,智虑不用而奸得。"(《难三》,第914页)"因物以治物"的原因是"物众而智寡";"因人以知人"的原因是"下众而上寡"。世间事物众多而智力有限,"智不足以知物",因此要依靠事物来治理事物;臣下众多而君主只有少数,"君不足以遍知臣",所以要依靠民众来了解民众。这样就可以弥补智慧的不足,使社会得到有效的治理。这是因循的方法在操作层面上的表现。那么如何因循民众呢?最为重要的是要以人的能力为依据,社会对人才的使用,不能凭借个人的喜好恩怨来决定,正如《说疑》篇所言:"圣王明君则不然,内举不避亲,外举不避仇……观其所举,或在山林薮泽岩穴之间,或在囹圄缧绁缦索之中,或在割烹刍牧饭牛之事。然明主不羞其卑贱也,以其能、为可以明法,便国利民,从而举之,身安名尊。"(《说疑》,第976页)因此,"治国之臣,效功于国以履位,见能于官以受职,尽力于权衡以任事。人臣皆宜其能,胜其官,轻其任,而莫怀余力于心,莫负兼官之责于君。故内无伏怨之乱,外无马服之患"(《用人》,第540页)。韩非认为社会除了应该因循个体能力授之事之外,还应该为个体能力的施展创造和谐的空间,这也就是"物者有所宜,材者有所施"更为广阔的解读。

韩非看到治理国家仅依靠因循是远远不够的,在"因法数"(《有度》,第107页)的指引下,还鼓励运用赏罚的手段,赏罚不仅能保证教化思想的有效实施,还能最大限度地发挥民众的能力。前文提到个体具有自身的能力,君主应该因能使之,那么如何激励个体能力的施展,并保证能力的施展与国家需求一致?这就需要由赏罚来调控。《喻老》篇云:"赏罚者,邦之利器也"(《喻老》,第437页),同时,实行赏罚的意义在于:"百官不敢侵职,群臣不敢失礼"(《难一》,第856页),"今有功者必赏,赏者不得君,力之所致也;有罪者必诛,诛者不怨上,罪之所生也。民知诛罚之皆起于身也,故疾功利于业,而不受赐于君"(《难三》,第906页),"若夫厚赏者,非独赏功也,又劝一国。受赏者甘利,未赏者慕业,是报一人之功而劝境内之众也,欲治者何疑于厚赏!"(《六反》,第1011页),"设法度以齐民,信赏罚以尽民能,明诽誉以劝沮"(《八经》,第1082页)。也就是说切实实行赏罚不仅有助于治理朝中百官,还能调控民众:官员不越职,不失礼,就能很好地"宜其能";民众获得赏赐是在于自身的功业,得到惩罚也是因为自身的原因,这样民众也无所埋怨,还能激励那些没有受到赏赐的人积极慕业。赏罚还有一个更为重要的价值即是"尽民能",使民众最大限度地发挥自身的才能,从而保证社会的秩序。

　　总体而言,在韩非的因循思想里,形而上的思辨减少,更多地倾向于因循思想的致用之功,这体现在因能以任、称禄赋功等方面。韩非重"法",并将"法""术""势"统一起来,这是其思想的主旋律,但是其重视个体才能,因能以任的思想却被长久地忽视,这对我们理解其思想的完整性无疑是一种缺憾。

　　综上所述,道德与利益的博弈表明了韩非继承了前人的讨论传统,欲将这一问题放在一个更为实际的层面上探讨并解决,他肯定事功之利的存在,同时也并没有否定道德的影响力,用符合法家理解的方式赋予道德丰富的内涵与外延;刑法与德礼主要是针对儒家等学派提出的新举措,在这个问题上《韩非子》吸收了荀子和前期法家的思想,主张以刑法为主、德礼为辅,虽然韩非所处的时代无法脱离"人治""身治"的矛盾,但是其积极倡导"法治"的精神,对于如今我们建设法治社会无疑是有启发意义的。因循与治道让我们看到韩非除了用"法"这一外在的强制性工具外,还重视个体能力的发掘与使用,这个隐含在其治国方法里的新路径,无疑让我们看到韩非伦理思想的另一道风景。因而,对韩非伦理思想总体特征的厘清,不仅可以帮助我们更好地理解其理论主张,还对我们追求更仁爱、更美好的社会生活有着重要的现实意义。

参考文献

一、原典注疏

1.班固:《汉书》,中华书局,1962年。

2.陈鼓应:《老子注释及其评价》,中华书局,1984年。

3.陈鼓应、赵建伟注译:《周易今注今译》,商务印书馆,2005年。

4.陈奇猷校注:《韩非子新校注》,上海古籍出版社,2000年。

5.陈奇猷、张觉:《韩非子导读》,巴蜀书社,1990年。

6.陈启天编:《韩非子校释》,中华书局,1958年。

7.陈千钧:《韩非子集解》,上海书店,1986年。

8.方勇译注:《孟子》,中华书局,2010年。

9.高明:《帛书老子校注》,中华书局,1996年。

10.郭璞注:《尔雅注疏》,上海古籍出版社,2010年。

11.桓宽:《盐铁论》,北京图书馆出版社,2002年。

12.黎翔凤撰:《管子校注》,中华书局,2004年。

13.梁启雄:《韩子浅解》,中华书局,2009年。

14.刘盼遂:《论衡集解》,古籍出版社,1957年。

15.刘向编订:《战国策》,上海古籍出版社,2010年。

16.刘向：《说苑校证》，中华书局，1987年。

17.吕不韦著，陈奇猷校释：《吕氏春秋新校释》，上海古籍出版社，2002年。

18.司马迁撰：《史记》，中华书局，1963年。

19.宋洪兵、孙家洲编著：《韩非子解读》，中国人民大学出版社，2010年。

20.孙希旦撰：《礼记译解》，中华书局，1989年。

21.王先谦撰：《庄子集解》，中华书局，1987年。

22.王念孙撰：《广雅疏证》，上海古籍出版社，1983年。

23.王聘珍撰：《大戴礼记解诂》，中华书局，1983年。

24.王世舜译注：《尚书译注》，四川人民出版社，1982年。

25.王先谦集解：《荀子集解》，中华书局，2010年。

26.王先慎集解：《韩非子集解》，中华书局，1998年。

27.杨伯峻译注：《论语译注》，中华书局，2009年。

28.杨伯峻注：《春秋左传注》，中华书局，1990年。

29.张觉译注：《韩非子全译》，贵州人民出版社，1995年。

30.朱熹撰：《四书章句集注》，岳麓书社，2008年。

31.左丘明著：《国语》，山西古籍出版社，2007年。

二、著作类

1.蔡元培：《中国伦理学史》，上海书店，1984年。

2.陈启天：《中国法家概论》，中华书局，1936年。

3.陈瑛：《中国伦理思想史》，贵州人民出版社，1985年。

4.［德］黑格尔：《精神现象学》，贺麟、王玖兴译，商务印书馆，1979年。

5.［德］康德：《实践理性批判》，韩水法译，商务印书馆，1999年。

6. 杜维明：《人性与自我修养》，中国和平出版社，1988年。

7. 封思毅：《韩非子思想散论》，台湾商务印书馆，1980年。

8. 冯友兰：《中国哲学史》，华东师范大学出版社，2000年。

9. 谷方：《韩非与中国文化》，贵州人民出版社，1996年。

10. 郭沫若：《十批判书》，东方出版社，1996年。

11. 韩东育：《日本近世新法家研究》，中华书局，2003年。

12. 侯外庐等：《中国思想通史》，人民出版社，1957年。

13. 胡适：《中国古代哲学史》，安徽教育出版社，1999年。

14. 蒋重跃：《韩非子的政治思想》，北京师范大学出版社，2000年。

15. 焦国成：《中国伦理学通论》，山西教育出版社，1997年。

16. 李泽厚：《中国古代思想史论》，安徽文艺出版社，1998年。

17. 梁启超：《先秦政治思想史》，东方出版社，1996年。

18. 梁漱溟：《东西文化及其哲学》，商务印书馆，2005年。

19. 刘泽华主编：《公私观念与中国社会》，中国人民大学出版社，2003年。

20. 吕思勉：《先秦学术概论》，东方出版中心，1985年。

21. 吕思勉：《中国制度史》，上海世纪出版社集团，2005年。

22. 吕振羽：《中国政治思想史》，生活·读书·新知三联书店，1955年。

23. 钱穆：《先秦诸子系年》，河北教育出版社，2002年。

24. 任继愈：《中国哲学史》，人民出版社，2003年。

25. 施觉怀：《韩非评传》，南京大学出版社，2002年。

26. 宋希仁主编：《西方伦理思想史》，中国人民大学出版社，2003年。

27. 王邦雄：《韩非子的哲学》，东大图书有限公司，1983年。

28. 王启发：《礼学思想体系探源》，中州古籍出版社，2005年。

29. 韦政通：《中国思想史》，上海书店出版社，2003年。

30. 吴秀英：《韩非子研议》，文史哲出版社，1979年。

31.萧公权:《中国政治思想史》,辽宁教育出版社,1998年。

32.熊十力:《韩非子评论》,台湾学生书局,1984年。

33.许建良:《魏晋玄学伦理思想研究》,人民出版社,2003年。

34.许建良:《先秦道家的道德世界》,中国社会科学出版社,2006年。

35.杨国荣:《历史中的哲学》,华东师范大学出版社,2009年。

36.杨国荣:《思与所思》,北京师范大学出版社,2006年。

37.杨鸿烈:《中国法律思想史》,台湾商务印书馆,1984年。

38.姚蒸民:《法家哲学》,东大图书股份有限公司,1999年。

39.[英]约翰·穆勒:《功用主义》,唐钺译,商务印书馆,1957年。

40.张陈卿:《韩非的法治思想》,北平文化学社,1930年。

41.张岱年:《中国古典哲学概念范畴要论》,中国社会科学出版社,1987年。

42.张岱年:《中国观念史》,中州古籍出版社,2005年。

43.张立文:《中国哲学范畴发展史》,中国人民大学出版社,1995年。

44.章太炎:《国故论衡》,上海古籍出版社,2003年。

45.郑良树:《韩非之著述及思想》,台湾学生书局,1993年。

46.周炽成:《荀子韩非子的社会历史哲学》,中山大学出版社,2002年。

47.朱伯崑:《先秦伦理学概论》,北京大学出版社,1984年。

三、论文类

1.晁福林:《试论战国时期宗法制度的发展和衍变》,《史学史研究》,1999年第1期。

2.陈谷嘉、黄震:《论韩非子的德育思想》,《求索》,1999年第1期。

3.陈千钧:《韩非新传》,《学术世界》,1935年第2期。

4.陈千钧:《历代韩学研究述评(续)》,《学术世界》,1936年第12期。

5.沟口雄三:《中国与日本"公私"观念之比较》,《二十一世纪》,1994年第2期。

6.韩东育:《从"脱儒入法"到"脱亚入欧"》,《读书》,2001年第3期。

7.韩东育:《徂徕学与日本早期近代化的思想启蒙》,《历史研究》,2002年第5期。

8.韩东育:《法家的发生逻辑与理解方法》,《哲学研究》,2009年第12期。

9.黄裕宜:《〈韩非子〉的规范思想——以伦理、法律、逻辑为论》,台湾大学文学院国学研究所博士学位论文,2008年第6期。

10.江荣海:《论韩非的人治思想》,《北京大学学报》,1993年第3期。

11.梁治平:《法辨》,《中国社会科学》,1986年第4期。

12.钱逊:《中国古代人性学说的几点启示》,《哲学研究》,1993年第10期。

13.宋洪兵:《韩非子政治思想再研究》,东北师范大学博士学位论文,2007年5月。

14.王博:《论"仁内义外"》,《中国哲学史》,2004年第2期。

15.王健:《法家事功思想初探——以〈商君书〉、〈韩非子〉为例》,《史学月刊》,2001年第6期。

16.王宗非:《韩非子的"道德之意"与"法术之治"》,《四川大学学报》(哲学社会科学版),1991年第2期。

17.魏义霞:《殊途而同归:墨子与韩非子哲学的比较研究》,《齐鲁学刊》,1997年第3期。

18.魏义霞:《有生于无与中国哲学的本体特征——兼论中西哲学的本体论差异》,《北方论丛》,2000年第1期。

19.夏伟东:《法家重法和法治但不排斥德和德治的一些论证》,《齐鲁学刊》,2004年第5期。

20.刑晓晖:《中国法家道德法律化研究》,《法学杂志》,2005年第1期。

21.徐进:《韩子亡秦论——商鞅、韩非法律思想之比较》,《法学研究》,1994年第4期。

22.许建良:《"辅"——因循哲学的始发轮》,《云南大学学报》(社会科学版),2008年第3期。

23.许建良:《韩非"德则无德"的道德世界》,《湖南科技学院学报》,2006年第9期。

24.许建良:《韩非的"刑德"世界图式》,《苏州科技学院学报》(社会科学版),2007年第11期。

25.许建良:《韩非"以法为教"的德化思想论》,《现代法学》,2006年第5期。

26.许建良:《实用——法家道德的目标设计论》,《思想战线》,2010年第5期。

27.于树贵:《法家伦理思想的独特内涵》,《哲学研究》,2009年第11期。

28.张伯晋:《法家伦理思想的最终建构——以韩非与〈韩非子〉为研究对象》,吉林大学博士学位论文,2010年6月。

29.张京华:《理想到现实——论孔孟荀韩"仁""义""礼""法"思想之承接》,《孔子研究》,2001年第3期。

30.张运华:《韩非思想所受道家影响》,《西北大学学报》,1994年第5期。

后　记

　　韩非的伦理思想潜隐在其功利和实用的主张中,需要通过对原典的分析和解释逐步梳理。而伦理表明的是一种关系,道德问题是伦理学的基本问题,伦理思想的研究需要考虑道德要求的技术性处理,即需要回答道德的根据和标准、道德范畴以及道德的实践方法等基本问题,韩非对此进行了详尽的论述。虽然学界将韩非的伦理思想划分为道德根据、道德范畴、道德实践三个部分,但是韩非在其伦理思想的思考过程中,并没有刻意地将形而上的思想与形而下的思想区分出来,也没有将抽象的理论与具体的道德规范做明显的区分,而是将三者融合在一起讨论,这就使得对韩非伦理思想的研究与归纳异常困难。在理解韩非伦理思想时,要打破儒墨学派伦理思想的思维樊篱,抓住韩非伦理思想的核心线索,即主道任法,主道是因循天地之道,这样的认识归本于黄老,又有对黄老的超越;任法就是运用法来解决当时社会的混乱状态,并赋予法以道德的正当性和正义性。韩非在道德的根据论中,将道作为万物的始源,道是"万物之始""是非之纪",德、理是道的具象,它们又依循道而生而衍。道不仅存在在德与理中,它还存在于所有的道德规范中,功德的检验要依循道、仁义的取舍要依循道、公私的调和要依循道、名实相合要依循道、赏罚分明要依循道,天地万物都因循道,只有因循道,排除内心的欲望,才能实现不偏执之心。法正是在道的导引下登场,以法为教的教化方式既能从外在规范人的行为,有效地约束个体为非,又能培养个体的道德意识,逐步通过修身,达到全身的目的,凭借法的教化与个体的道德修养,最终实现君子、大人、圣人的理想人格。韩非的伦理思想理路也是从理论到实践,从外向内,又由内向外,用一种双向的道德制约和互动来探寻获得幸福生活的方式,并以此实现个体道德与社会规范的和谐统一。

本书在写作中也存在很多遗憾,如果能更广泛地研读原著和资料,从横向和纵向上对韩非的伦理思想进行阐发,定能更深刻地把握韩非的伦理思想,更客观地评价韩非的伦理思想。另外,对韩非伦理思想的现代意义阐发得也不够,这些都有待笔者进一步的研究和完善。